第Ⅱ期 日本の仏教

第2巻

日本仏教研究会✣編

編集委員＝大久保良峻・佐藤弘夫・末木文美士・林淳・松尾剛次

法藏館

日本仏教の研究法

——歴史と展望

日本仏教の研究法——歴史と展望——＊目次

『日本の仏教』第II期・第2巻

II　仏教諸潮流の研究史と方法　79

装幀　高麗隆彦

日本仏教の研究法

——歴史と展望——

『日本の仏教』第II期・第2巻

本巻は『日本の仏教』第Ⅰ期第5巻「ハンドブック日本仏教研究」（一九九六）と相補うものである。本巻に収録されていない分野や異なる視点からのアプローチについては、そちらを参照されたい。

各章の主要参考文献に関する情報は巻末の文献一覧にまとめた。ただし論文などで、そこに収録しなかったものは、本文中にデータを示した。

またコラムに関するものは、巻末の文献一覧には含めなかった。

新たな日本仏教像の構築を目指して

佐藤弘夫

一　研究状況はどう変わったか

およそ何事かの研究に手を染めようとするにあたって、通常まず第一に踏まなければならない手続きは、その分野においてこれまでいかなる研究が試みられ、今日どのような研究水準に達しているかを確認する作業であろう。

私たちは過去の研究成果との出合いを通じて、単に新たな知識を得るだけではない。かつて研究者たちが歩んだ苦闘の足跡を辿ることによって、みずからの視点を掘り下げ、問題意識を研ぎすますことが可能になるのである。本書は、各時代と主要な分野とについて、これまで蓄積されてきた日本仏教に関わる研究成果をふりかえり、現在の学界が直面する課題について問題意識を共有することを目指している。

さて、本書を一読してまず気づかれるであろうことは、近年における研究状況の著しい変化である。

従来、日本仏教研究の柱をなしてきたものは、辻善之助と島地大等をそれぞれの祖とする史学と教学二つの分野であった。これら二つの研究分野は、その方法とアプローチの仕方において大きな隔たりをもっていた。両者間の学問的な交流も、必ずしも盛んとはいえない状態にあった。

だがそれにもかかわらず、史学と教学の立場からの日本仏教研究は、ある共通点をもっていた。それはどちらも研究の主たる対象が思想や教理だったことである。そこで使用される資料も、代表的思想家の残した体系的な著作が中心だった。その点からいえば、伝統的な日本仏教研究は、思想・教理という同一の標的に対する教学的・歴史的二つの方面からの接近の試みであったといえよう。

それに対し、近年の研究状況を一言で表現すれば、問題関心と方法の「多様化」といえるのではなかろうか。たとえば史学の分野について考えてみよう。体系的思想に対する歴史的視点からのアプローチという範疇を越えて、それまでは仏教史研究の中心対象から外れていた教団・制度・神祇・女性といった問題に光があてられはじめた。またそれとの関連で、従来限られた研究者だけがとりあげてきた金石文・大蔵経・墓石などの新たなタイプの資料が、広く活用されるにいたっている。

さらに伝統的な日本仏教研究からすれば周辺領域であった民俗学・美術史・文学・建築学等の方面で、仏教と関わる刺激的な業績が次々と生み出され、それらの成果を抜きにしては近年の研究を語れない現状となっている。

問題関心の多様化といった傾向は、教学についての研究にもみてとれる。かつてみられた教義そのものへの関心の集中とは異なり、今日ではそうした教義を生み出す場としての法会や芸能、その教義の流布と受容といった側面の重要性が認識されるに至っている。

方法の面でも多様化は著しい。黒田俊雄氏の提示した「顕密体制論」(『日本中世の国家と宗教』岩波書店、一九九五）は、ややもすれば新仏教から旧仏教への視座の転換を論じたものと捉えられがちだが、思想や教理を捉える「方法」の問題として改めて論議される必要があるように思われる。教学研究でも、宗派史を超える視点として本覚思想が注目されてきたが、それに加えて近年では、「批判仏教」や「アジアのなかの日本」といった新たな視座が提起され、盛んな議論を呼び起こしている。

方法の問題についていえば、外国人研究者による研究の新動向も無視することはできない。「オリエンタリズム」の問題提起を受けつつ、禅の思想と体験を純粋形へと抽象化しようとする既存の研究を批判するベルナール・フォール（The Rhetoric of Immediacy, Princeton, 1991）や、鈴木大拙の禅論のイデオロギー性を鋭く指摘するロバート・シャーフ（"The Zen of Japanese Nationalism", Curators of the Buddha, Chicago, 1995. 邦訳「禅と日本のナショナリズム」『日本の仏教』四、法藏館、一九九五）の研究はきわめて刺激的である。また、本覚思想を軸に広く日本仏教を捉え直そうとするジャクリーン・ストーン（Original Enlightenment and the Transformation of Medieval Japanese Buddhism, Hawaii, 1999）やルーベン・アビト（Original Enlightenment, studia Philologica Buddhica XI, 1996）らの斬新な研究をみるとき、もはや日本仏教研究が日本の国技ではなくなったことを痛感せざるをえない。

仏教研究におけるこうした研究動向の「多様化」の背景のひとつに、歴史学の分野における社会史のめざましい進出があると考えられる。

歴史を巨視的な視点から法則性において把握しようとする歴史学の主流に対し、生活者の目線から民衆の生活と文化の豊かさを複眼的に描き出そうとする社会史の興隆は、それまでの巨艦大砲主義の視点から抜け落ちていた非農業民・女性といった存在に、新たな角度から光をあてることになった。そうした諸要素を不可欠のものとして組み込んだ歴史像の構築が求められることになった。歴史学と密接な関係をたもって進展してきた日本仏教研究、とりわけ仏教史研究における多様化への志向が、社会史の興隆という歴史学の新思潮の影響を受けていることは否定できない。

いま一つ指摘すべき要因は、外国人研究者を中心に急速に影響を強めつつある、ポストモダン的方法であろう。歴史を描くにあたっての超越的な視点の存在を否定し、「大きなストーリー」を幻想としてしりぞけるポストモダンの思潮もまた、視座と方法の多様化に一役買っている。

本書においても編集にあたっては、可能なかぎりそうした研究の新しい動向を組み込むよう工夫している。研究の多様化は、ややもすれば拡散や分散と同義になりかねない。同じ時代や対象を扱っても、視点や方法が違えば他の研究をまったく知らないという結果を招く可能性もある。研究の棲み分けに甘んじ、個別分散化された自分の領域を掘り進むだけでなく、広く日本仏教研究の現在の動向を知り、その中に自分の研究を位置づける試みを不断に追求していく必要があるだろう。

二　多様化を総体化にどう結びつけるか

さて、私は先に、近年の研究動向を「多様化」という言葉で総括した。その一方で、そうした多様化傾向の中に、個別分野における実証の深まりを踏まえた総合性・包括性への志向が窺えることも見逃してはなるまい。たとえば仏教民俗学について考えてみよう。そこでは年中行事・葬送習俗・法会などの実際のあり方を通じて、生活者の日常レベルにおいて、仏教がどのように機能していたかが詳細に解明されている。私たちはこうした研究を踏まえることによって、祖師の説いた教説が人々にどのように受容され、諸信仰と共存しついかなる社会的役割を担っていたかを、はじめて十全に理解することができる。これは仏教をかつてのように抽象化された理念型として把握するのではなく、生きた姿において理解するうえで不可欠の手続きといえよう。

仏教美術や絵画史料についても同様のことがいえる。人々の生活とイメージを可視的に表現する絵画は、文字では追うことのできない五感の世界を垣間見せてくれる。当時の人々がどのような色彩と形の世界の中で生きていたかをリアルに再現してくれる。最近めざましい進歩を見せる図像学からも学ぶべき点は多い。さらに、仏教文学の研究は教理や説話の生まれる「場」を明らかにし、建築についての研究もまた仏教が宗教として機能していた聖なる空間を私たちの前に再現するものである。

こうした多様な分野における研究の進展は、個々の分野において完結することなく、総体としてより豊饒な日本仏教のイメージを構築するうえで重要な役割を果たしうるものであろう。私たちはいまや周辺諸分野から次々と生み出される成果を吸収することによって、かつてとは比較にならないほど、仏教の全体像を作り上げるうえでの多彩で豊富な素材を手にすることができるようになったのである。

しかし、素材と研究環境の向上が即座に新たな日本仏教像の結実に結び付くかといえば、必ずしもそうとはいえない。

今日、日本仏教の研究を志すものが必ず読まなければならない古典的な研究がある。家永三郎氏の『中世仏教思想史研究』（法藏館、一九四七）や井上光貞氏の『日本浄土教成立史の研究』（山川出版社、一九五六）などは、さしずめその一つに挙げられよう。これらの研究は現在の私たちの研究レベルからみると、実証面で多くの限界を抱えている。そこにおける多くの論点が、今日の研究界ではもはや通用しないものとなっている。

これらの著作のもととなる論文が書かれたのは、すでに半世紀も前のことだった。史料の面からいえば、当時は、その後膨大な量の翻刻や写真版が出版され、それを踏まえた高度な史料批判の蓄積をもつ現在とは、比較にならないほどの制約を負っていたはずである。加えて、私たちは周辺諸分野の斬新な成果をフルに活用できる状況にある。だがそれにもかかわらず、構想の全体性と叙述の迫力という点において、今日でもそれを凌駕する研究が多くないのはなぜであろうか。その原因は、家永氏や井上氏がいだいていた問題意識と、私たちがもつそれとの落差にあるように思われる。

仏教とは何か。それは現代においていかなる意義を有するのか。仏教を研究する意味は何なのか――。

素材と研究成果が豊富になればなるほど、それらを総合して仏教の全体像を描き出すためには、研究者側の透徹した問題意識と卓越した力量がもとめられるのである。それなくしての研究はいかに精緻なものであっても、所詮は命のかよわぬ部品の寄せ集めに過ぎない。いかに広範囲な業績に目配りしたとしても、宗学の集積の上に仏教史を描こうとする試みと、いかほども違わないものとなるであろう。逆に、深い問題意識を根底に据えた研究は、学問的な説得力を越えて、心に感動を呼び起こす力をもっている。

本書で取り上げられたさまざまな成果を踏まえて、次の時代にはどのような研究が生まれてくるか。それはひとえに私たちの志と、その実現に向けてのたゆまぬ精進にかかっているのではなかろうか。

I　仏教史学の歴史と方法

古代

上川通夫

一　研究史整理の視点

古代仏教史研究の学問としての生命は、今日、固有の存在意義によって維持されているであろうか。膨大な蓄積があるこの分野について、制約ある紙数で研究史整理を試みるに当たり、この拭いがたい疑念を前提にしようと思う。その理由を述べ、この稿の視点を明らかにしたい。

今日の古代仏教史研究像には、そのライト・モチーフとして、古代国家の盛衰を軸とする「国家仏教」史ならびにそれと対をなすかのごとく想定された「民間仏教（民衆仏教）」史、があるように思われる。一方を重視して他方を相対視する見方もあるが、それぞれの概念内容が組みかえられている訳ではない。そして、明確な概念規定と成立史叙述とを欠いたまま、古代仏教を「日本仏教」の一段階と見る暗黙の前提が敗戦前から今日まで長く問い直されていない。また、成立史のみならず、古代仏教史が展開する史的必然性もあまり問われていない。たとえば、六世紀に仏教史が始まる理由について、「水の低きにつくように」（渡辺照宏『日本の仏教』、岩波書店、一九五八年）文明国中国から仏教が伝播した、という説明は克服されていない。仏教史が展開する究極の要因を、功徳を期待する人々の信仰心に求め、歴史的本質の考察に立ち入ろうとしない学説も多い。

このような現状が長く続いている理由は、仏教史研究者が仏教世界像をほぼ自己完結的に描き、社会史や国家史への言及を、その辻褄合わせ程度の意味でしかなさないことにありはしないか。また古代史研究者が、あとでとりあげるような少数者を別として、仏教史を狭義の文化史の一つと見、仏教史研究者の言説を付加的に採用する傾向も一つの理由であろう。既成の枠組みにおけるこの分担と依存との関係は、結果的に仏教史研究側の学問的生命を脅かしているように思われる。

この稿では、以上のような見方から、仏教史研究者の学説への言及を最小限度にとどめたい。むしろ国家史研究の中から、仏教史への積極的発言のある学説、または仏教史研究に強い影響力を持つ学説、を中心にとりあげたい。また小文は、「国家仏教」論批判を通して研究視点を模索し、古代仏教史をスケッチした別稿（上川通夫「大乗戒主義仏教への基本視角―『国家仏教』論への批判を通して―」『古代文化』第四九巻第十二号、一九九七年）と密接な関係にある。

二　古代史と仏教

古代史への視点と枠組みを示し、かつ仏教史へも積極的に言及する学説として、井上光貞・石母田正・吉田孝各氏の研究に注目したい。

井上光貞氏は、「国家仏教」論の今日の定説を示された（井上光貞、一九七一年）。仏教を保護・統制した国家について、独自の古代国家論を構想されている。そのことは、氏の「国家仏教」論を平板なものにしない一つの理由だと思う。

井上氏は、六世紀には整っていたという氏姓制度に基づく集権的な族制国家を前提に、中国輸入の律令法を独自の形式で採用した日本律令国家が形成された、という構想を跡づけられた（井上光貞、一九六五年）。氏姓国家と律令国家を通じて、「国家仏教」の時代である。その「国家仏教」は、呪力によって国家の繁栄をもたらすことを期待されたもので、「呪術宗教的な民俗宗教と融合」したものである、という。また南北朝期中国の法制を継受した仏教統制機構は、推古朝・大化期を経て天武・持統朝に完成するが、自治の伝統を基底にもつ点で、やはり「固有法的」だという。

井上説では、国家史と仏教史がパラレルな関係で描かれていることに注意したい。問題は、両者が結びつかねばならない理由、古代国家が仏教を必要とした史的必然性が説かれていないことであろう。そのため、定説化した「国家仏教」論は、仏教史研究者によって古代国家史と切り離して受容され、井上氏独特の氏族制的社会秩序論とは無関係に展開することを可能にしてしまった。「国家仏教」論に内在する論理構成上の問題点は別稿で述べたが、井上説は、古代仏教史研究にとって、急所というべき位置にあると思う。

石母田正氏には、国家史研究の一環として、仏教についての言及がある。

ヤマト王権の中・末期、五世紀には「呪術宗教の時代から体制と支配の時代へ」、「未開から文明へ」進歩したという。古代日本の「英雄時代」には、地方族長層を含めて、呪術的共同体的なものより権威的専制的なものが優位になった。そのような時代の仏教受容は、最大の思想史的事件であるという。その背景に、「西蕃」への対抗、支配層の呪術的宗教意識からの解放、といった政治的・思想的条件が存在した。律令体制の時代には、国際的に認められた文明の指標たる律令法（その基本理念としての儒教）と仏教が、東アジアの政治秩序を契機とする史的過程によって結実した（石母田正、一九六二年）。

このように、東アジアの政治秩序と関係する国家史の諸段階を仏教史の前提とし、両者を関連づけられたのである。さらに、次のように、律令国家時代の仏教を、天皇との関係で論じられた点も重要である。

石母田氏によると、天皇は、統治権総攬者としての「国家内的権力」と、国家機構やその法体系を超越した「国家外的権威」を、自らの人格に統一した存在である（石母田正、一九七一年）。天平期に国分寺や大仏の造立政策を推進した天皇は、官僚制的な「国家内的権力」の行使によりつつも、「国家外的権威」を前面に押し出して、自ら「菩薩ノ大願」の実践者たるがごとく装った。聖武天皇は、「三宝ノ奴」と自称し、官僚制や法制を備える天皇権力のフィクションとして、「国家内的仏教」を「国家を超越した主人」とする原理的転換を示した（石母田正、一九七三年）。

以上、石母田説の特徴は、東アジアの史的構造を踏まえ、権力機構の構造を考慮し、イデオロギー権力としての国家の史的考察に、仏教論を組み込んだ点にあると思う。ただ、考察が仏教固有の内在的特質にまで及んでいないこと、イデオロギー装置としての権威の「国家内的」な位置を考慮していないこと、天皇の権力と権威との関連の根拠に東アジア史的視点が充分に生かされていないこと、などは指摘してもよかろう。儒教と仏教は国際的に公認された文明の指標、という石母田氏の指摘は、古代国家の仏教政策の本質を理解する鍵であるように思われる。

問題の深刻さは、石母田説を受けた仏教史研究者の論説にみられると思う。中井真孝氏は概説的叙述の中で、聖武天皇時代の「仏教国家」への転化について、そこに権力関係が介在する限り、石母田氏の言うように拡大されたフィクションだとされる。それにもかかわらず一方で、天平期の仏教諸事業は、「聖武・光明夫妻の仏教信仰が律令国家の最高意志となって、国家の富と官僚機構を駆使して完遂した一大事業」であり、「仏教至上の観念が支配する『仏教国家』の出現は、聖武天皇ご一家の宮廷仏教の、国家組織への外延に他ならない」、という（中井真孝「古代仏教史論―国家と仏教の交渉―」『日本史を学ぶ』1、一九七五年、有斐閣）。別の概説では、「権力機構の介在」やフィクションについての言及が省略された（『日本歴史大系』1、山川出版社、一九八四年、第二編第二章第四節の「奈良仏教」の項）。また速水侑氏は通史叙述の中で、大仏建立詔をめぐって、「仏教国家」が石母田説のごとく「共同性の幻想形態」によるフィクションだとしても、そこには「仏教をもって超国家的な普遍的真理」とし、「国土を蓮華蔵世界に化そうとする聖武天皇の理想がうたわれている」、と言われる（速水侑『日本仏教史　古代』、吉川弘文館、一九八六年）。概説や通史だけでなく、専論でも同様の論説は多い。仏教史研究の多くは、事実上、権力機構や国家史への視点を退けているように思われる。

吉田孝氏は、二重構造論によって古代史を構想し、仏教史への発言も加えておられる（吉田孝、一九八三年）。「日本仏教」成立史の観点をもつ点で、特色がある。すでにこの学説を前提とする仏教史研究もある（吉田一彦、一九九五年）。吉田孝氏は、古代国家研究について、井上光貞説を律令制と氏族制による、石母田正説を律令制と首長制による、それぞれ二重構造論とみられた。両学説は、未開社会の上に急速な文明化が進められる、という特徴において一致するという。また井上氏の氏族制論は国制としてのもの、石母田氏の首長制論は生産関係としてのもの、と捉え、両者に不充分な点を、社会の基礎構造たる親族組織に求められた。そして、双系的な基層社会の上に、父系制的な系譜関係を紐帯とする支配組織としてのウジが存在する、という構造を示された。さらに、古代「文明」としての律令制と「未開」の底層社会とが天平期に本格的接触をはじめ、律令政治は軌道を修正するという。律令的国制の先取と後代における現実化という見方は、律令制的機構を基盤とした中世国家の形成や、律令制理念の近世幕藩制国家での現実化を構想される、石井進説からの影響もある（青木和夫他『シンポジウム日本歴史4　律令国家論』、学生社、一九七二年）。

「未開」と「文明」の関係史的な歴史像については、天平期を中心とする時代の実証研究を除いて、あまり確かな根拠は示されていない。このことに関係して、仏教史への言及は、さらに抽象的・論理先行的の感がある。「日本文化の基本的なパターンは仏教的表層と神道的底層の二重構造であった」という見解は、比喩として言われているのではないらしい。世界宗教である仏教と原始信仰との本格的交渉、最澄や空海らによる密教の形成と原始信仰の流れをくむ山岳信仰との関係、などとも言われる。九世紀こそ日本的仏教の原型形成期とし、「古典文化」「古典時代」の内容を成すという。密教の両界曼荼羅に双系的親族組織とその統合の反映を見るのも、決して比喩ではない。

井上氏の言う氏族制は、「固有法的」と言われているものの、それは中国南北朝期の国制継受を認めたうえでのことである。石母田氏の言う首長制は、ヤマト王権時代には共同体的・呪術宗教的制約から解放された支配の体制となった、と考えられている。ともに未開の底層を言っているのではないのではなかろうか。また九世紀を密教の成熟した時代とするのは、純教理史としてではなく社会の基礎構造との関係で言われる限り、いかにも尚早と思え、かえって「古典文化」説を疑わせる。律令制前史と九世紀以後の見通しとが平板な感を受けるのは、吉田氏の神仏交渉史的な宗教史によってよりはっきりしてしまったかもしれない。

三　東アジア・天皇制

古代仏教史を再考するための手がかりは、東アジア・世俗社会・天皇制への視点にあるように思う（前掲別稿）。このうち、寺院史・僧伝・仏教制度史等に考察範囲を限定しないという意味での、世俗社会への視点については、小稿で触れる諸研究にほぼ共通して認められる。そこでこの節では、東アジアと天皇制への言及を含む諸学説をとりあげたい。

(1) 東アジア史と仏教

成文化・体系化され、哲学的思想と独自の儀礼をもつ外来宗教であり、皇帝による欽定形式のもとで漢文翻訳経典を集成・序列化された仏教は、日本古代仏教史として自生したわけではない。

西嶋定生氏による「冊封体制《さくほうたいせい》」論は、「歴史的文明圏」としての東アジアの政治構造を捉えようとされるものである（西嶋定生、一九八三年・一九八五年）。西嶋氏は、「古代東アジア世界」を構成する指標として、またそれに媒介されて伝播したものとして、漢字・律令制・儒教・仏教をあげられた。多元的イデオロギーの中で仏教の占める位置はどこにあり、どのような機能を果したのか、東アジアの政治構造の中で、また日本古代独自の場に即して、見定める課題が提起されている。

「冊封体制」論を踏まえ、六世紀における国家形成に、文字言語の創造と普及とによる民族的統合を関連づけて理解し、さらに仏教導入に注目した見解がある。山尾幸久氏は、『隋書』倭国伝の「文字無くただ木に刻み縄を結ぶのみ。仏法を敬い、百済に仏経を求め得て、始めて文字あり」という叙述を重視された。ヤマト国家の書記担当部局が、漢訳仏典の表記方法を応用して和語の文字言語化を創出した、とみられたのである（山尾幸久、一九九六年）。

文字言語のみでなく、技術を含めた中国南朝系の先端文化を体得し、ヤマト国家の学術文化を直接担った知識人は、百済王から派遣された者や移住者であった。かつて北山茂夫氏は、七世紀代にかけて物質的・精神的な開発に仏教が関係したと評価し、「創造の主役は帰化人集団である」、と論じられた（北山茂夫、一九六八年）。仏教史研究にとっては、なお今後生かすべき見解として、斬新な響きをもっている。

石上英一氏は、六、七世紀に須弥山《しゅみせん》世界といった仏教的世界観を獲得した倭が、中国王朝を中心とする天下から離脱し自立する理論的根拠をもった、とされた。六〇七年の国書で煬帝に「菩薩天子」（『隋書』倭国伝）とよびかけたのは、「仏教に帰依する国王として対等」だという意識をこめた表現、とみられた（石上英一、一九八七年）。東アジア政局を背景とする中央支配集団の仏教理解が、教理内在的かつ政治的だったことを思わせる。しかし大王は決して「菩薩天子」と自称してはいない。仏教思想上は皇帝と対等ではないのである。

東野治之氏は、仏教教理書をも研究対象とされた。そして、六〇七年に煬帝に送った国書中の「日出づる処の天子」云々の文言（『隋書』倭国伝）が、『大智度論』の文言を典拠にしていることを突きとめられた（東野治之、一九九一年）。汎東アジア的な中国仏教の共有が、外交上に意味をもっていることが窺える。権力中枢部は、決して呪術の一種としてのみ仏教を位置づけていたのではない。かりに部分的であったとしても、思想内在的な理解を求めていたはずである。「蕃神」（『日本書紀』欽明天皇十三年条）などという表現をもって、非仏教的・固有信仰的な呪術視、とする仏教史学の通説は検討の余地がある。

古代仏教史には、東アジア史との密接な関係が、一貫して存在すると思う。田島公氏による『日本、中国・朝鮮対外交流史年表』（一九九三年）は、その全貌を推測する手がかりとして貴重であろう。対外政治史の重要な局面に、造寺・造仏・写経・法会など仏教史上の政策が関係している例を、いくつも見出すことができそうに思う。

（2）古代天皇制と仏教

功徳を求めた天皇の信仰心といった抽象的言及ではなく、古代史と天皇制を本質的に関係するとみなす立場からの仏教論を、いくつか探ってみたい。

前述したように、石母田正氏は、天皇が「国家内的権力」と「国家外的権威」を自らの人格に統一した存在であるとし、後者に含まれる仏教の存在意義を論じられた。これとは別に、儒教を基本理念とする律令法と仏教とが、国際的に認められた文明の指標として継受されたことを指摘された。前の方は国内的問題、後の方は対外的問題としてそれぞれ述べられているが、両者は必ずしも密接に論じられているとは思えない。そこで、国内的・対外的両面に留意し、問題の所在を、古代天皇の史的位置と律令国家の政治・宗教思想との関連、ということの見定めに置いてみたい。

関晃氏は、手段としての律令制度によって「畿内集権」体制を維持した、という「律令国家の政治理念」を二つ挙げられた。一つは、「現神《あきつみかみ》」の思想であり、畿内勢力を代表する天皇の精神的権威によって、全国の在地豪族層の忠誠を確保するためのもの。もう一つは、「公《おおやけ》」の観念であり、共同支配の主体たる畿内勢力構成員間の結束を企てるもの。これに対して、すでに律令貴族世界に充満していた儒教と仏教は、律令制度と同じく外来思想であって、国家の思想基盤としての政治理念ではない、とされた（関晃、一九七七年）。「現神」と「公」は、対外的に国家公権を代表する超越権威的存在として、天皇に統一されていると考える余地はないだろうか。儒教と仏教の装備は、東アジア政治世界の中における国家主権にとって、欠くことのできない正統権威性を与えた、という推測もしてみたい。

儒教と仏教を「国家イデオロギー」として重視される吉川真司氏の説は、関晃説とは対照的な面がある（吉川真司、一九九五年）。孝徳朝から天智朝の間、両思想はウジと神祇祭祀を基盤とする旧体制の克服と、中国的専制国家の建設に、不可欠の基盤だったという。この路線は、七二〇、三〇年代に、前衛的な「文明化」政策として、藤原氏によって推進された。当時藤原氏は、婚姻によって天皇家と結合し、権力機構に不可欠の構成員たる地位を確立しつつあった。儒教を担う官人と、仏教を担う僧尼は、天皇のもとで国家体制をイデオロギー面で支える存在であった、とされる。

現時点では、「国家イデオロギー」としての儒教と仏教に備わる特徴ある思想内容、両思想による天皇の具体的理念づけ、推古朝に儒仏導入を対外的に明示した（『隋書』倭国伝）理由、などに触れておられない。ただ、東アジア政治世界への視点を重視する小稿の立場からは、汎東アジア性をもつ儒仏が国内的な「国家イデオロギー」として機能する面を、さらに深く知りたいと思う。藤原氏を推進主体とする大規模な仏教政策が七二〇、三〇年代に本格化するとすれば、外交史や仏教史の新展開と符合するからである。外交史では、東アジア政治世界が変化する。唐と新羅の親交、唐に対立した渤海と新羅に対立した日本の友誼、という関係の成立である。仏教史では、在家民衆に対する仏教信仰への誘導政策が矢継ぎ早に計画され、律令的（僧尼令的）仏教とは見なし難い異質の内実の構築が目指される。これらの延長上に、「菩薩天子」たる皇帝に対峙する理念のもと、菩薩戒を受ける天皇がいた（七五四年）。

関・吉川両氏は、外来思想たる儒教と仏教を、受容以後の段階で国内的な政治理念たりえたか否かに注視された。しかし両思想が汎東アジア的特質をもち、その受容が外交の場で意味をもつとする推測に妥当性があるとすれば、「国際的に認められた文明の指標」とする石母田説を軽視できない。また、古代天皇を、東アジア世界から析出され自立した国家公権の人格的体現者、とみられる山尾幸久説も想起される（山尾幸久、一九八九年）。この考えに従えば、天皇こそ、礼や救済といった儒教と仏教の中心的価値の体得者として、国内を代表しえたのではないか、と考えられる。

この節の最後に、天皇の宗教的権威と神祇との関係を重視し、天皇と仏教との本質的関係を認めない、という通説的見方に触れておきたい。その際ここでは、「現神」と「神仏習合」の概念をめぐり、少し述べてみる。

山尾幸久氏による「現神」の内容理解は、『日本書紀』孝徳天皇の巻に載せる詔勅の分析から導かれたもので、関晃説が一般的指摘だったのに比して、より思想内在的である。「現神」とは、「天つ神」の委託を受け、宇宙万物が生成変化する根本理法によって君臨統治する超越的存在である、といわれた。そして、道教または陰陽説的・神仙説的な思想によりながらも、国家公権の自立という政治過程の中から独自に創出されたもの、と論じられた（「孝徳紀の品部廃止詔について」、日本史論叢会『歴史における政治と民衆』、一九八六年）。このことは、「現神」の思想は、仏教の汎東アジア性と対照的関係にあるのではないか、と考えさせる。律令国家形成段階において、仏教と神祇を互いに排除し合うものと見るのではなく、天皇権威の構成要素としてむしろ密接な関係にあるものとみなすべきなのである。さらに儒教・道教・法家などとも関係をもっていたらしい。仏教史研究者には、それら諸思想の配置構造を解明し、仏教の位置を明らかにする課題がある。

「神仏習合」という用語が文献上に現われるのは、中世末期であるらしい。八世紀後半から九世紀の宗教史の実態を理解する上で、一つのキーワードとなっている。その際、八世紀半ば以前の神仏併存、次代からの習合、明治に至っての分離、という常識的見方が背後にあるのではなかろうか。むしろ近代の「神仏分離」こそ認識の起点であり、その応用として古代宗教史が理解されたように思えなくもない。これらの多くは虚偽なのではないか。八世紀以前、律令国家形成期に神仏の関係が密接だったことは、前述の通りである。八世紀後半から九世紀こそ、仏教の優勢化とその影響によって「神道の自覚化」が進む時代、とする高取正男氏の「神道の成立」論（高取正男、一九七九年）。「神仏習合」思想は中国仏教におけるそれを輸入したものである、という説に史料的根拠を与えて論じた吉田一彦氏の研究（吉田一彦、一九九六年）。明治初年の「神仏分離」政策が、復古的体裁による「純粋」かつ「伝統的」な「神道」を創造しようとしたものだったこと。今日、通説的な古代神仏交渉史は組みかえが求められている。

四　古代仏教史の史料学

研究史段階の今日的特色の一つとして、分析対象とする史料の拡大がある。

経典類や写経をめぐる研究は、仏教史研究を深化させる上で、重要な可能性を蔵していると思う。やや極端に言えば、一万巻近い漢訳経典類と、数十万巻と推測される写経、さらには写経事業をめぐる帳簿類が、歴史史料として威力を発揮するのである。仏教学的知識のほかに、文献学的方法と膨大な作業が必要となろう。仏教史研究者の本領を発揮できる分野かと思うが、むしろ仏教史研究者と自任していない研究者による、地道かつ精力的な作業と、着実な成果が、目立つように思う。

『日本書紀』の叙述に、『金光明最勝王経』などの文言を用いた部分のあることは、よく知られている（井上薫『日本古代の政治と宗教』、吉川弘文館、一九六一年）。『続日本紀』に載せる詔や宣命に、「経に云く」として引用される文言の出典を特定することもできる。近年、中村史氏は、日本文学研究の立場から『日本霊異記』を分析され、説話のベースには懺悔・滅罪を勧める戒律思想があることを指摘された。本文中に『法華経』の名が登場することは周知のことだが、説話文言そのものが悔過《けか》を説く諸経典と対照しうることを、随所において考証されたのである（中村史、一九九五年）。「民間仏教」論の中心的根拠たる『日本霊異記』の史料的性格は、根本的に再考すべき段階を迎えたと思う。民衆に対する仏教信仰への政策的誘導策を企てる国家の立場で、この唱導説話が編まれた可能性がある。一方、『日本霊異記』や『東大寺諷誦文稿』の文章に、六国史等からは知り得ない「歴史の具体像」を認め、律令制にもとづく「国家仏教」を実態視する通説に疑問を述べる学説がある（鈴木景二「都鄙間交通と在地秩序—奈良・平安初期の仏教を素材として—」、『日本史研究』三七九、一九九四年）。官大寺僧と在地の豪族および村里の人々が、法会の場で結びつくのが一般的であった、と見られた。すでに七三〇年ごろからはじまる仏教政策の画期性を踏まえ、両史料の思想的立場性を捉える課題があると思われる。


井上光貞氏は、経典注釈活動に注目し、奈良時代の仏教思想史の動向を考察された（「東域伝燈目録より見たる奈良時代僧侶の学問」初出一九四八年、一九八二年著書所収）。一〇九四年撰述の史料に注目されたのだが、平安時代や中世の宗教史料研究が前進すれば、古代仏教史料はさらに充実するかも知れない。

書写された経典そのものを見た場合、「漢手」「新羅手」「倭手」などの区別を奈良時代の人ができたとしても（「正倉院文書からみた新羅文物」、一九九二年著書所収）、日本での写経か舶載経か、やはり現代人には区別が難しい。鑑識眼の問題というより、やはり本質的には仏教の汎東アジア性の一端、と考えてよいのではなかろうか。この視点からすれば、奈良時代だけで二十セットほどの書写が確認される一切経（大蔵経）は、仏教史の国家史的意義を探る上で、重要な研究対象だと思う（山下有美「日本古代国家における一切経と対外意識」『歴史評論』五八六号、一九九九年、上川通夫「一切経と古代の仏教」『愛知県立大学文学部論集』第四七号〈日本文化学科編第一号〉、一九九九年）。

写経研究は、奈良時代について、正倉院文書の大部分を占める写経所帳簿群の駆使によって、目覚ましい成果をあげつつある（大平聡「正倉院文書研究試論」『日本史研究』三一八、一九八九年）。この研究の有効性について、栄原永遠男氏は、一九八〇年代半ば以降の共通認識として、次の点を挙げられた。「写経のあり方、仏教史（制度史・思想史・経典）、官僚機構の実態（事務処理・労務管理・勤務の実態など）その他について発言しうるという強い予感」、である（栄原永遠男「正倉院文書研究の課題」一九九三年、『奈良時代の写経と内裏』、塙書房、二〇〇〇年所収）。栄原氏の言われる通り、政治史と仏教史の関係はかなり明らかになってきた（正倉院文書研究会、一九九三年～。山下有美、一九九九年）。すでに今日、少なくとも奈良時代の仏教史研究は、正倉院文書研究を軽視しては成り立ちがたい段階にあると思う。

一方、古代史研究の基本史料としての六国史等の重要性は、仏教史研究でも同じである。特定の政治的立場による二次的編纂物たるこれらの文献は、没個性的で断片的に見える出来事についても、思想性を介した叙述がなされている。仏教史関係部分が例外たりうる余地はない。しかし仏教史研究では、史料批判への配慮を欠く場合がないだろうか。仏教興隆策の意図を、詔勅の文言に従って歴代天皇の信仰心に求める説は、今日でも多い。『続日本紀』の検討によって、確たる原素材を想定できない行基の「大仏勧進」に疑義を示した重要な学説は(福岡猛志、一九八二年)、史料批判の徹底へと継承されず、「正史」への思想批判を含んだ問題提起自体が黙殺されようとしていないか。

むすび

古代仏教史についての研究史整理としては偏りの多い論述となった。特に、国家史研究の観点に重点を置いたことを自覚しているが、これには少し訳がある。〝日本の仏教〟を歴史的に考察する場合、まず正面に据えるべき観点であることを、研究史の思想から学べるように思うからである。

「国家仏教」論の研究史的生命力は、敗戦前後を一貫している。迎合的・批判的の別や実証的精粗の差などを超えて、認識的枠組みにおける共通性が前提になっている。それは、「国家仏教」と「民間仏教(民衆仏教)」の併存を常に想定し、全体としての「日本仏教」の存在を古代史に一貫して認める、近代国民国家的認識の古代仏教史版的な見方である。「民間仏教」の自立性や独自性を追求しようとする研究はあるが、「国家仏教」への対抗的性格を見出す点では、両者の一対性を認めている。両者を無関係であると考えると、「国家仏教」に対しては傍観的立場に近づき、「民間仏教」の存在理由については信仰心に求めるという歴史離れに陥る。また、古代日本の仏教は、〝古代日本に存在した仏教〟という意味以上の、古代国家領域内に根付いて自生する独自の仏教、として黙認されているようである。しかもこれらの認識の枠組みは、国家史研究に主導されて定着したと思われるのである。

井上光貞氏は、日本律令国家の時代の「国家仏教」に、呪術宗教的民俗宗教的な側面を認められた。石母田正氏は、「国家仏教」等の用語は用いられなかったが、日本列島の首長制社会がたどる必然的帰結としての日本古代国家の支配層が、「西蕃」に対抗する政治思想の一つとして仏教を受容した、と見られた。東アジア史的契機に注目する視点を継承した石上英一氏は、仏教的世界観を裏づけとする支配層の、中国的天下からの自立を想定し、「東夷の小帝国」論を実態視された。吉田孝氏は、律令的国制の段階的深化の宗教史的側面として、九世紀に成立する「古典文化」の代表たる神仏習合的日本仏教を想定された。古代国家史研究によって、日本古代国家の日本古代仏教が認定されている。一方、「民間仏教」論の拠り所は、多く史料的事実の中にある。ただし、今後の研究が奏功するかどうかは、国家史との関係で陳述された史料への批判的検討に耐えるかどうかであろう。

古代に「日本仏教」を想定する説や「民間仏教」を過大視する説への疑問は、ここまでに取りあげられなかった次の諸説への注視に関係している。

津田左右吉氏は、上代日本の仏教は国民の実生活から出た信仰とは無関係の、「文弱浮華な貴族」の知識に過ぎない、とされた（津田、一九一六年）。近代国家の下での国民観を基盤にしていたが、国民の人格的独立性や尊厳性の発展を価値とする市民の立場からする合理的史料解釈からは、古代仏教に国家的・国民的な独自性を認めなかった。河音能平氏は、古代アジア的専制国家に対する人民的イデオロギー闘争を媒介として、十世紀にフォルクとしての民族が形成されるとされた。それ以前の、仏教などの奇怪な古代文化を担う貴族にとって、孤立的・種族的な地方農村の世界はいわば「異国」であった、という（河音、一九七〇）。黒田俊雄氏は、アジア的共同体を克服した民衆意識を反動的に再編してなった、中世国家の正統宗教としての顕密仏教に、民衆化された仏教の第一段階を認められた（黒田、一九七五年）。また、東アジア的世界からの日本仏教の成立という視点から、その画期が十世紀にあることを示唆された（黒田、一九九〇年。この点については上川通夫「顕密主義仏教への基本視角」、『歴史の理論と教育』第九七号、一九九七年、参照）。

九・十世紀の仏教史についての独自の構想を、実証的に進める課題は、広く残されている。その点を含めて、歴史学研究として仏教の史的本質を考察するのであれば、国家史や社会史と切り離すことは全く不可能である。何より三氏から教えられるのは、歴史的存在としての仏教に対する思想批判の立場を堅持する視座であり、仏教を抽象的権威的な救済信仰として神聖視するような、歴史離れした世俗認識から自立することの重要性である。仏教史研究の学問的存在理由を問う提起的学説こそ、批判的継承と克服の対象として、価値ある研究史の遺産だと思う。

中世

松尾剛次

はじめに

仏教史研究の中でも、中世仏教史に関しては、ことさら研究の厚い蓄積がある。というのも、現在においても大きな影響を与え続けている鎌倉新仏教という魅力的な対象があるからである。それゆえ、莫大な量の研究を一つひとつ紹介し、位置づけていったならば、それこそ一冊の本が必要となる。そこで、ここでは研究史上の画期となった研究を中心にとりあげる。

ところで、中世とは、いつからいつまでを言うのか、何を指標にして中世と考えるのかに関しても意見の相違がある。というよりも、それこそ、後述する「中世仏教とはなにか」という議論と密接に関わり、軽々しく論じられない論点の一つである。しかし、ここでは、研究史整理という本稿の性格から、便宜的に十二世紀末から十六世紀末を指すこととする。それは、単に論の展開の都合上からであって、決して私がそうした時代区分を認めているわけではない。私自身の宗教史の時代区分については後で述べたい。

さて、ここ十年くらいの間に、中世仏教史研究は種々の点で大きく変化している。その顕著な論点・論題をあげるならば以下のようになる。①中世仏教史理解の枠組み関係、②中世国家と仏教との関係、③寺院史（ことに旧仏教寺院）の研究、④中世仏教制度史研究、⑤女人と仏教との関係、⑥非人と仏教との関係、⑦葬式と仏教との関係、⑧戒律と仏教との関係、⑨仏教と神祇信仰との関係、⑩勧進活動と文芸との関係など。

とくに、①として挙げた「中世仏教史理解の枠組み」に関する議論は、最も重要な論点で、それをめぐる議論に連動して、②以下の論点が見直され、研究が深められたといえる。それゆえ、まず「中世仏教史理解の枠組み」に関する議論を中心に研究史の整理を行ない、その後で少し②以下についても、重要な研究を整理しておこう。

一　通説Aをめぐって

「中世仏教史理解の枠組み」に関する議論、換言すれば、中世仏教の特徴をどうとらえるかをめぐっての議論は、「鎌倉新仏教とはなにか」「中世仏教を代表するのは鎌倉新仏教か、それとも旧仏教か」「中世仏教とはなにか」などに関する議論と密接に関係してなされてきた。そして、そうした議論の枠組みとなってきた学説を細かい相違点は無視し、共通点に注目して大づかみに整理すると、ひとまず通説A・通説Bの二つにまとめられる（次頁以下の表を参照）。

	通説A	通説B（顕密体制論）
新仏教	法然、親鸞、日蓮、栄西、道元、一遍らを各々祖師とする教団の仏教	法然・親鸞・日蓮・道元の仏教と弾圧を受けた一握りの弟子たちの仏教も
旧仏教と同改革派	南都六宗（三論、成実、法相、倶舎、華厳、律）・平安二宗（真言、天台）は旧仏教、明恵・叡尊は改革派	南都六宗・平安二宗は旧仏教 明恵・叡尊・栄西・一遍は改革派、法然・親鸞・日蓮・道元らの大部分の弟子も改革派
新仏教の特色	選択・専修・易行 民衆救済	密教の否定・世俗権力と対決 （異端として弾圧される）
旧仏教の特色	兼学・雑信仰・戒律重視 国家・貴族仏教	密教化・世俗権力と癒着 （正統）
中世仏教	新仏教	変質した旧仏教、新仏教は少数派
布教対象	武士・農民・都市民	荘園農民
社会経済史との関係	荘園制を古代的とみ、荘園領主である寺社を古代的とみる	荘園制を中世的とみ、荘園領主である寺社を中世的とみる

	私見
新仏教	**遁世僧僧団**（法然、親鸞、日蓮、栄西、道元、一遍、明恵、叡尊、恵鎮ほかの遁世僧を各々中核として構成員を再生産するシステムを作り出した僧団）の仏教
旧仏教	**官僧僧団**（天皇から鎮護国家を祈る資格を認められた僧団）の仏教

新仏教の特色	「個人」救済を第一義とする 祖師信仰・女人救済・非人救済・葬式・勧進に従事 天皇とは無関係の独自な入門儀礼システム（黒衣ほか）の樹立 在家の信者を構成員とする教団を形成 寺の総責任者は長老という 個人宗教
旧仏教の特色	鎮護国家の祈禱を第一義とする 女人救済・非人救済・葬送・勧進活動従事に制約をもつ 国家的得度・授戒制下（白衣ほか）にある 寺の総責任者は別当（座主、長者）という 在家の信者を構成員とする教団を形成しない 共同体宗教
中世仏教	新仏教（中世仏教の新しさを典型的に示すという意味で）
布教対象	「個人」（都市民）

私が通説Aと呼ぶ説は、家永三郎、井上光貞らを代表とする説で、祖師の思想に注目して鎌倉新仏教に関しての指標を見出してきた。すなわち、鎌倉新仏教には、禅宗などの自己の修行を重視する自力の立場と阿弥陀の救済に自己を委ねる他力の立場といった相違があるにしても、選択・専修・易行（反戒律）・民衆救済などの共通性があったとする立場で、法然・親鸞らの仏教を鎌倉新仏教の典型とする。たとえば、法然・親鸞・一遍は念仏（「南無阿弥陀仏」と唱えること）という易行（容易な行為）を選択・専修し、日蓮は唱題（「南無妙法蓮華経」と唱えること）を、道元ら禅僧は坐禅を選択・専修した。この新仏教こそ、民衆救済に努め、中世を代

表する仏教である。他方、旧仏教の僧侶は鎮護国家（天皇・国家の安泰）を祈禱するなど天皇・貴族の救済は行なったが、民衆救済は行なわなかった。

この通説Aの立場は、明治の原勝郎（「東西の宗教改革」『芸文』一九一一年七月号）によって提起された、鎌倉新仏教を日本における宗教改革と捉える見解にその源を遡ることができるもので、辻善之助の中世仏教に関する実証的、包括的な研究などをも踏まえている。そして、戦後の社会経済史研究、ことに石母田正の領主制論によっても支持された。すなわち、旧仏教寺院が基盤とする荘園制を古代的なものと考え、それを下部構造とする旧仏教寺院は古代的な存在であるとし、他方、武士による領主制の進展に中世の発展を見る見解である。通説Aは長らく通説的な立場を占め、現在も高等学校の教科書で教えられている。

この通説Aを基にして、親鸞、法然、日蓮、道元、一遍ら新仏教の祖師の思想研究や信者に関する研究が深まった。その成果は『日本名僧論集』全十巻、『日本仏教宗史論集』全十巻などにまとめられている。また、国家と仏教との関係については、田村圓澄の「鎌倉仏教の歴史的評価」（日本仏教学会編『鎌倉仏教形成の問題点』平楽寺書店、一九六九）などが出ている。こうした通説Aを基にした成果は、たとえば、笠原一男編『日本宗教史研究入門』の第三章の「中世に関する研究成果」によって一覧できる。それ以後の研究で、それに紹介されていないものの中では、笠原一男『女人往生思想の系譜』が、最近さかんな「女性と仏教」をめぐる問題に対する、通説Aの立場からの達成である。笠原によれば、民衆救済に努め、女性を眼前にした鎌倉新仏教の僧たちによって、女人往生論、女人成仏論が展開されたという。

このように、通説Aは示唆にとんでおり、以後の多くの研究のバックボーンとなったが、問題も多い。たとえば、通説Aが指標の一つとする反戒律は、戒律を重視していた禅宗に関しては、あてはまらない。専修に関しても、栄西などは密教を兼修し、鎌倉では禅僧というよりも密教僧として重要視されたのである。さらに、通説Aがもっとも重要視する民衆救済に関しても、明恵・叡尊ら、通説Aが旧仏教とする僧侶も行なっている。すなわち、民衆救済についても指標たりえるかどうかは問題である。さらに、法然・親鸞ら浄土系の祖師が主に注目され、密教の果たした役割はほとんど無視されている。それゆえ通説Aは、次に述べる顕密体制論によって厳しい批判にさらされることになった。

二　通説Bをめぐって

私が通説Bと呼ぶ説は、通常は顕密体制論と呼ばれ、一九七〇年代になって黒田俊雄によって提起され、最近では通説Aを圧倒しつつある。その内容を簡単にまとめると以下のようになる。通説Bは、鎌倉新・旧仏教概念は、近世以来の宗派史観を中世に当てはめたもので、有効ではないとする。それにかわって正統と改革・異端概念を使って、中世仏教全体を説明する。すなわち、中世において正統とされたのは顕密主義であったという。顕密主義とは、仏教ひいては全宗教を顕教と密教との両面から捉え、それらの一定の関係として理解する論理のことで、それは、九世紀を通じて発展・成熟し、十世紀には教学的にも教団的にも完成され支配的となった。歴史的には、密教の絶対的優位を承認するなかで展開したもので、本質的には密教の一形態で、その典型は天台本覚思想である。この顕密主義を基調とする諸宗、いわゆる旧仏教諸宗（具体的には天台・真言および南都の諸宗）が国家権力と癒着したかたちで宗教のあり方を固めた体制を顕密体制と呼ぶ。中世において、法然、親鸞ほかのいわゆる鎌倉新仏教は、質的にも量的にもマイナーで、異端であったのに対して、顕密仏教の方が、質的にも量的にもメジャーであった。顕密体制は、中世の正統的な存在で、十二世紀末から始まる仏教革新運動は、正統的な顕密仏教に対する異端・改革運動という性格をもつ。

このように、通説Bは、鎌倉新・旧仏教の概念の有効性を否定し、顕密体制に対する「正統と異端」概念によって、中世仏教を説明しようとするものであった。しかし、通説Aとの違いをはっきりさせるために、通説Bでは鎌倉新仏教をどう見ているか、に注目してみると以下のようになる。

すなわち、通説Bは、僧侶集団と世俗権力（朝廷や幕府ほかの権力、黒田は権門体制と概念化している）との関係に注目し、世俗権力と共生の道を歩むことを仏教者の堕落した姿とし、世俗権力から異端として弾圧された教団を鎌倉新仏教教団とする。すなわち、僧侶集団と世俗権力との関係によって、仏教者の位置づけを行なう立場なのである。また、通説Aがいわば鎌倉新仏教中心史観ともいうべき立場にあったのに対して、通説Bは、国家と癒着し、荘園制を基盤とした旧仏教、ことに密教に大きな光をあてた。そして、国家や荘園制を論ずるさいにも、仏教が無視できないことを指摘し、その後の研究に大きな影響を与えた。こうした通説Bは、社会経済史の研究が、荘園制を古代的な下部構造ではなく、中世的なものと考えるように変化したことにも支えられている。

しかし、黒田説は、モデルの提起（後述するように、そのモデル自体にも大きな問題がある）に力がこめられ、具体的な実証は十分になされていなかった。そこで、以後の多くの研究は、黒田説を前提に実証面を深める方向で進んできた。

「中世国家と仏教との関係」については、佐藤弘夫、佐々木馨、平雅行ほかの研究が生まれた。平らの研究は、法然、親鸞、日蓮ら、異端として弾圧された鎌倉新仏教の思想構造を明らかにしている。とくに、平は、法然、親鸞らの思想の新しさを、一元性に見出している。たとえば法然が、「「南無阿弥陀仏」と唱えることは、往生のための唯一の正行であり、それをすれば、だれでも往生できる」と説いた一元性に革新性を指摘する。

永村真、富田政弘（「中世東寺における法の制定と編纂」『京都府立総合資料館紀要十六号』一九八八など）、久野修義（「鎌倉末―南北朝期における東大寺別当と惣寺」『中世寺院史の研究 下』法藏館、一九八八）、稲葉伸道、大石雅章（「中世大和の寺院と在地勢力――西大寺を中心にして」『ヒストリア』八五、一九七九）ほかの、東大寺、東寺、興福寺、西大寺といった、いわゆる旧仏教寺院史の研究が深められたのも、黒田の顕密体制論による旧仏教寺院研究の重要性の指摘に導かれたものである。牛山佳幸の中世僧綱制度史（「僧綱制の変質と惣在庁・公文制の成立」『史学雑誌』九一―一、一九八二）や松尾の国家的得度・授戒制度史の研究も顕密体制論に触発された研究であった。

大隅和雄、西口順子を中心とする「女性と仏教研究会」（一九八四年の八月に第一回のセミナーがなされ、第五回のセミナーで終了）が発足したように、女性と仏教との関係にも大いに光があてられ、先に触れた笠原の研究を超える優れた研究が生まれている。その代表的なものは、『シリーズ　女性と仏教』、『仏と女』等にまとめられている。それらによって、官尼にかわって、在家の女性信者の、家の仏教における役割の大きさに光が当てられた。しかし、叡尊ら律宗教団や、明恵教団らの女人救済活動の意義を低く評価し、信如尼や無外如大ほかの指導者的な尼の存在が軽視されがちである。

顕密体制論の影響というよりも、正確には網野善彦らを旗頭とする社会史ブームに影響されたものだというべきであるが、八〇年代以降には非人と仏教との関係、葬式と仏教との関係、勧進活動と文芸との関係などにも大きなスポットがあてられ、顕密体制論に立つ数多くの研究もなされた。たとえば、細川涼一の非人研究や、高田陽助、勝田至らの葬送に関する研究、松尾の勧進に関する研究が挙げられる。また、仏教と神祇信仰との関係に関する研究も大いに進み、今堀太逸、佐々木馨らによって研究がなされた。

このように、通説B（顕密体制論）は、多くの研究に枠組みを提示し、実証的に深められてきたが、通説Bの論理構造上の問題も明らかとなり、末木文美士、佐々木馨、松尾らの、顕密体制論に疑問を呈する研究も出ている。とくに、松尾の一連の研究は、顕密体制論の改良説ではなく、新たなモデルの提示を目指している。

ここでは、まず通説Bの根本にかかわる三つの問題点を指摘しておこう。第一に、世俗権力がある教団を異端として弾圧するか否かというレベルと、ある思想が教学的に異端であるか否かという思想上のレベルとの間には相違があることを区別していない。そもそも、ある教団の思想が革新的であるからといって、世俗権力が弾圧するとは限らない。たとえば、最澄が北嶺戒壇を樹立しようとした試みは、当時、極めて革新的、異端的なものであったが、天皇によって公認された（正統とされた）のである。宗教者はひとまず革命家ではなく、権力者、たとえば天皇であれ将軍であれ、悩める人であれば救済しようとしたのであり、権力と共生の道をあゆんだからといって、ただちに革新性がないとは言えない。

第二に、通説Bは、旧仏教の密教化を重視し、それが旧仏教寺社勢力の結合の核であったとする。これはいわば、密教中心史観といえる。しかしながら、たとえ中世の仏教界が密教化していたとしても、密教化が旧仏教寺社勢力の結合の核であったとは到底いえない、と考える。そのことは、南北朝期以降に密教化は進むのに、旧仏教寺社勢力体制（通説Bでは、顕密体制と呼んでいる）は衰退期に入るといった通説Bの論理矛盾に現われている。密教化が旧仏教寺社勢力の結合の核であったとすれば、そんなことになるはずはない。それゆえ、そのことは、密教化が旧仏教寺社勢力の結合の核でなかったことを逆に示していると考える。さらに、通説Bは、顕密といいながらも、密教中心主義で、顕教である天台本覚思想すらも密教の典型とするなど、顕教の役割を無視している。稲葉伸道も、その著書において、南都における顕教グループの役割の大きさを指摘し、密教中心の顕密体制論に疑問を呈し、その有効性を否定している。

第三に、通説Bは、いわゆる旧仏教寺社勢力も民衆救済（正確には、個人救済）をしていたとするが、女人救済・非人救済・葬送活動などに組織として取り組んでいたのは、正統派（興福寺、延暦寺の官僧）の方ではなく、異端・改革派（後述する遁世僧）の方である。もし、旧仏教寺社勢力も民衆救済をしていたとすれば、そうしたことはないはずである。やはり、旧仏教寺社勢力は民衆救済を組織としては行なっていない、と考えられる。

こうした問題点は、通説Bの根幹にかかわる問題点であり、通説Bの部分的な修正によって解決する問題ではなく、新しい枠組みを提起する必要がある。そこで、私は、仏教者がどのような人々を救済しようとしたのか、それ以前の仏教者ができなかった活動を組織として行なっていたか否かなどに注目して、中世仏教を捉え直そうとしている。そのさい、宗教学、神話学の成果に示唆されて、入門儀礼や祖師神話などを利用した。

三　新たなる枠組みをめざして

まず、従来の通説とともに先に示した私見を検討しておこう。私の考えを大づかみに述べると以下のようになる。入門儀礼システムと祖師神話とに注目すると、中世の僧侶集団は官僧僧団（尼を僧によって代表させている、以下、同じ）と遁世僧僧団という二つの基本的なグループに区分される。一方の官僧僧団は、天皇の許可を得て得度し、東大寺・観世音寺・延暦寺の三戒壇のいずれかで受戒（したことに）して一人前となった僧侶の集団であり、得度儀礼にさいして白衣（中心的・正統的存在であることを象徴する）を着し、鎮護国家を祈る清僧を典型とする僧団であった。要するに、国家的祭祀権を有する天皇から鎮護国家を祈る資格を認められた僧団で、彼らには在家の信者を教団として組織化する必要がなかった。彼らが救済対象としたのは、鎮護国家（鎮護国家の国家とは大和民族共同体の体現者である天皇であり、天皇イコール大和民族共同体であった）の祈禱に象徴されるように、共同体に埋没した人々であった。他方、遁世僧僧団は天皇とは無関係な入門儀礼システムを創設し、官僧から離脱して二重出家した遁世僧を中核として成立した僧団であった。もっとも、遁世僧教団が公認されるようになると、一遍のように官僧にならなかった祖師もいるが、遁世僧と一括された。遁世僧僧団は黒衣（異界に身を置く存在であることを象徴する）を着し、なかには妻帯を容認する僧団もあった。さらに、遁世僧僧団は、祖師信仰を有し、女人救済・非人救済に従事（あるいは女人救済・非人救済の神話を有）することを典型とするように、「個人」の救済をめざす僧団で、在家信者を構成員とする教団を形成した。

私見では、一方の官僧僧団が担ったような、共同体に埋没した人々の救済をめざす宗教を共同体宗教と規定し、他方の遁世僧僧団が担った「個人」の救済をめざす宗教を個人宗教と規定する。さらに、この個人宗教を、近世末以来の天理教などの新宗教と区別するために、第一個人宗教とし、近世末以来の新宗教を第二個人宗教と規定する。日本の宗教史の展開は、共同体宗教→第一個人宗教→第二個人宗教というモデルで整理できるのではないか。もっとも、たとえば、共同体宗教と第一個人宗教が並存できるように、新しい宗教は、以前の古い宗教と並存可能である。そして、第一個人宗教の成立の背景に、貸借関係を中心とする商業の広範な展開を、第二個人宗教の成立の背景に、売買関係が無視できない要素となった商業の広範な展開を想定している。

ところで、鎌倉新仏教僧団とは何かといった場合には、平安末から鎌倉時代に続々と興った新興仏教集団だとするのはひとまず誰しも認めることであろう。とすれば、先述の遁世僧僧団こそが鎌倉新仏教僧団ということになる。しかも、鎌倉新仏教と呼べるだけの共通の新しさを有していたのである。それは、個人宗教という点にあり、それ以前の宗教とは決定的に異なる新しいものであった。そして、中世の仏教史の展開は、官僧僧団と遁世僧僧団の対抗と共生関係とによって説明できると考える。もっとも、私見は、鎌倉新仏教が旧仏教よりも、倫理的に優れているといっているのではなく、複雑で新しい機能をもっていると考えている。すなわち、鎌倉新仏教中心史観に立っているわけではない。このモデルに立てば、いわゆる鎌倉新・旧両仏教や正統派・異端・改革派にも光を当てられ、かつ、通説A・Bがもつ矛盾を回避することができると考える。

ところで、通説には「社会経済史との関係」という欄があるのに、私のにはないことの説明をしよう。それは、中世をいつからいつまでとするかという時代区分に関連して、従来は、マルクス主義歴史観の影響により、社会経済史的な時代区分が重んじられ、宗教史という文化史の展開も、それと関連づけられてきたことによる。たとえば、通説Bでは、中世は封建社会であり、その下部構造は荘園制で上部構造の一つとして顕密体制は理解されている。それに対して私は、宗教史の展開は、社会経済史の展開に対してひとまず自律的な動きをしたと考えている。ようするに、マルクス主義歴史観の立場にたっていない。そして、宗教史の展開については、宗教史独自の展開をさぐる必要があると考えている。ここで大づかみな見通しを述べておくと、古代とは、共同体宗教が正規的な時代であり、中世（近世も）は、第一個人宗教が正規的（共同体宗教がなくなるわけではないが）な時代で、近・現代とは、第二個人宗教の時代と考えている。それゆえ、遁世僧の仏教と官僧の仏教とは、同一時期に並存し、密接に関連していようとも、異質な存在であったと考える。

こうした私見は、宗教学、神話学の成果や網野善彦らの社会史の成果などに触発されて、通説A・B両説を見直そうとするものであった。私見に対しては、顕密体制論の立場にたつ平（「書評　松尾剛次著『鎌倉新仏教の成立―入門儀礼と祖師神話』」『史学雑誌』九九―三、一九九〇）らの批判が出ているが、到底承服できるものではなく、反論（拙稿「鎌倉新仏教論の深化をめざして」『史学雑誌』九九―一〇、一九九〇、「官僧・遁世僧体制モデル」『日本の仏教1』法藏館、一九九四など）を行なっている。私見の当否は別として、顕密体制論もまた、再検討の時期に来ていることは確かであろう。また、私の研究によって「戒律と仏教との関係」などが注目されるようになり、たとえば蓑輪顕量（「『通受』考」『南都仏教』六八、一九九三）、追塩千尋、下間一頼（「明恵の戒律復興」『龍谷史壇』一〇七、一九九七）らの貴重な研究が出ていることも指摘しておこう。また、私は、信如尼ほかの伝法灌頂までも受けた指導的な尼の存在を指摘し、遁世僧たちの女人救済における役割の大きさにも光を当てている。

おわりに

以上、私の立場から研究史の整理を行なった。ここ十年ほどの間は、顕密体制論を肯定するにせよ、否定するにせよ、顕密体制論を核として、さまざまな研究がなされてきたといえよう。もっとも、鎌倉新仏教と本覚思想との関係に光を当てた田村芳朗や、鎌倉新仏教の成立の背景を、平安中・末期以降の貴族たちの知的活動に見出した大隅和雄の研究（「鎌倉仏教とその革新運動」『岩波講座日本歴史　五』一九七五）、無縁の場としての寺社に光を当てた網野善彦らの研究のように、顕密体制論とは異なる独自な研究の存在も忘れてはならない。

【コラム】

時代区分論

佐藤弘夫

歴史学の最終的な目標は時代区分にあるといわれる。時代区分は、それを行なう人物の歴史認識の帰結であり、歴史的存在としての自己の位置を確認するもっとも有効な手立てであった。それはすでに古代から、多くの人々によってさまざまに試みられてきたのである。

歴史の展開を時系列に即して客観的に捉えようとする近代歴史学の時代に入ると、社会の発展段階に応じて時期区分を行なうことは、研究上の不可欠の手続きとなる。なかでも戦後日本の歴史学界において、時代区分論を主導してきたのはマルクス主義歴史学であった。そこにおける時代区分とは、「世界史の基本法則」が貫徹する姿を日本の歴史のなかに発見することにほかならなかった。やがてマルクス主義歴史学においても、単なる図式の適応ではなく、地域の歴史発展の固有性に着目する方向へと重点が移し替えられていったが、歴史の進展を巨視的な視点から法則性において把握しようとする方向は一貫して堅持された。社会はある理想に向けて進化しつづけるものであるという信念を前提としつつ、現在をそのうちのどの段階に位置づけるかという視点からの時期区分は、現状を肯定するにせよ否定的に捉えるにせよ、マルクス主義歴史学だけに留まらず戦後歴史学の共通の立場だったのである。

しかし、やがて「近代」の神話は崩壊の時期を迎える。近代化に伴う弊害が顕在化するにつれて、「進歩」という概念の持つ虚偽性が露呈していった。あらゆる進歩の観念を拒否するポスト・モダンの時代を迎えるのである。

その影響はマルクス主義も避けることはできなかった。加えて、ベルリンの壁の崩壊とそれに続く社会主義国家群の解体は、それを目のあたりにした人々に、最終的な到達目標としての共産主義社会の実現という構想を幻想として退けさせるのに十分であった。歴史の進化の観念を前提とするマルクス主義歴史学もまた、厳しい問いを突きつけられることになったのである。

社会の発展を法則性において捉えようとする試みが衰退するいま一つの原因は、社会史の急激な興隆にみられるような歴史意識の多様化である。

マルクス主義歴史学の魅力は、社会の構成体とその進化に対する、理論的で鋭い分析にあった。だがそれは特定の歴史的段階の社会を、ややもすれば単一の分子構造を持った等質の社会とみなしてしまう危険性をはらんでいた。

社会史は、このような社会の把握の仕方に根源的な疑問を突きつけるものであった。社会史が主張したことは、社会の多様性をその多様な相において把握していくことであった。日本においても一九七〇年代から、網野善彦氏はこうした視点に立って、既存の歴史学が持っていた「水田一元史観」「単一民族史観」に対して執拗に批判を加えた。そして、それまで見落とされてきた非農業民の豊かな世界や、地域の独自性を発掘していくのである。このような方法的特質をもつ社会史は、社会の中の特定の一生産形態をその時代の本質とみなしてそれを時代区分のメルクマールとみる立場とは、決して相いれないものだったのである。

今日、歴史学はいかなる共通の課題をも喪失した時代のようにみえる。かつて研究者の間で広く共有された「封建遺制の克服」や「近代化」といったテーマも、もはやキーワードとはなりえない。歴史の進化という概念も、いまや幻想と化した。これは、歴史学にとってきわめて危機的な時代というべきであろう。歴史の発展を前提とする「時代区分」の意味が、根本的に問い直されているのである。

こうした歴史学の現状は、それと密接な関わりをもって展開してきた日本仏教史にも、大きな影響を及ぼさずにはおかなかった。しかし、仏教史学界の現状は、一見歴史学の世界とは対照的に、若手研究者を中心にむしろ時期区分論が盛行しているような印象を与えるのである。これはどうしたことであろうか。

こうした現象の背後に、実証レベルにおける戦後の日本仏教研究のめざましい進展があることは否定できないであろう。かつての新仏教中心の研究に比して、今日の仏教史研究はその対象も方法も視座も、格段の多様性と精密さをみせるに至っている。次々と新たな分野が開拓され、新資料や新知見が日々呈示されている。「古代国家仏教から中世民衆仏教へ」という古典的な時代区分が神通力を失う一方、研究を進めるうえでかつてないほど豊富な素材を手にすることができるようになったいま、かつての古典的図式に代わる新たな仏教史の全体像を描こうとする研究者が、みずからの研究の独創性の指標とすべく、独自の時期区分論へと向かうことはむしろ当然であろう。

私は百家争鳴的なこの状況に対して、決して否定的な立場をとっているわけではない。日本史においても仏教史においても、研究者の視座と方法によって、時代区分の仕方は多様でありうると考えている。またアプローチの仕方をめぐる議論の盛行は、研究のさらなる深化にとって不可欠の前提である。だが他方で、それぞれの時代区分論が学界の共有財産となるためには、視座と方法の相違だけには還元できない、ある条件が備わっていなければならないと思う。

丸山真男氏が思想史研究者としての不動の名声を確立した著作に、『日本政治思想史研究』がある。その中で丸山氏は、近世における思惟様式の旋回を「自然」から「作為」という図式で捉えられ、古学派における「作為の論理」の発見に近代的思惟の形成を見出しておられる。

丸山氏のこの図式自体は、その後の研究の進展に伴って実証レベルでの批判を被り、いまやそのままの形では通用しがたいものとなっている。だがそうした限界にも拘わらず、私たちがそれを読んだときに、いまなお新鮮な感動を覚えずにはいられないのはなぜであろうか。

それは、その著作の背後にある、氏の透徹した問題意識によるものであるように思われる。研究史上のものとなっても、なお古典的名著として感動を呼び起こすという点では、ほぼ同時期に著された家永三郎氏の『中世仏教思想史研究』や石母田正氏の『中世的世界の形成』も同様である。

これらの仕事の根底には、いずれも同時代の社会と自身の生き方に対する厳しい批判と反省のまなざしが存在する。個々の論証が意味を失ってもなお、そのまなざしの深さが私たちの心を捉え続けるのである。親鸞や道元や日蓮の著作が数百年の時を経ていまなお私たち現代人に訴えかけることと、どこか共通するものがあるように思われる。


ふりかえってみるとき、私を含めて今日の研究者のうちのどれほどが、彼らに匹敵するだけの深い問題意識をもっているであろうか。

際限なく豊かになりつつある研究素材に囲まれた私たちは、それらと恣意的に戯れる、あたかも飽食の時代の子供のごとくであってはならない。何よりもまず、みずからの思想と視座を鍛え、その豊かさに呑み込まれないだけの主体性を確立していく必要があるだろう。

私は先に、いまは人々が共通の課題を喪失した時代だとのべた。だが、客観的に見れば時代が与える課題は決してなくなったわけではない。現代は、人類の存在そのものが根本から脅かされている時代なのである。その意味では、かつてない危機を共有するに至った時代であるといえよう。このときにあたって、私たちは何をなしうるのか。私たちは未来に向けてどのようなあるべき社会を呈示しうるのか。その際に、仏教はどのような意義と可能性を持つのか。

こうした問題を真剣に受けとめ自らの思想を鍛えていくものだけが、次の時代のパラダイムをなす新たな歴史像と時代区分論を提起することができるのではなかろうか。

近世

朴澤直秀

一

近世仏教史研究者の立場からの、近世仏教史研究の研究動向整理は、既に、一九七九年の大桑斉氏によるもの（「研究史と文献」〈『寺檀の思想』〉、「幕藩制仏教論」〈『近世仏教』四―一〉）、西脇修氏によるもの（「近世仏教史研究の動向」〈『近世仏教』四―二〉）、一九八五年の千葉乗隆・藤井学・圭室文雄三氏による座談会（「〈座談会〉近世仏教研究の動向をめぐって」〈『歴史公論』一一一〉）等数多くなされている。大桑氏は、辻善之助氏によるいわゆる近世仏教堕落論（『日本仏教史』近世編）の提起以降、近世仏教史研究がその克服を共通課題として進められ、それが近世仏教の生きた機能を発見するという方向でなされたことを指摘している。そして、「近世という時代において、仏教とはいったい何であったのかが問われねばならず、堕落や（仏教の＝引用者註）生き方の幕藩制的意味が問題にされねばならないのである」と批判を加えている。西脇氏は、戦後の近世仏教史研究が、辻氏の指摘した「近世仏教の形式化」論の克服を企図して進められながらも、結局「形式化」の形態

（本質に対する意味での）の詳細な分析に留まっていることを指摘し、近世仏教の本質と、近世仏教において何が「近世的」であるのか、という点を追求すべきだとしている。

その後、大桑氏により幕藩制仏教論が展開され、「近世という時代において、仏教とはいったい何であったのか」を問おうとする仏教思想史研究がさらに提起されている（『日本近世の思想と仏教』、「近世民衆仏教の形成」〈朝尾直弘編『日本の近世』一、中央公論社、一九九一年〉、「仏教的世界としての近世」〈『季刊日本思想史』四八、一九九六年〉）。また尾藤正英氏による、十五・六世紀に、仏教・神道等を含む「一つの宗教」である「国民的宗教」が成立したとする理解（「日本における国民的宗教の成立」）や、有元正雄氏による「宗教社会史」（『真宗の宗教社会史』、吉川弘文館、一九九五年）の提起等の動きもみられる。そのように仏教思想史を中心に大局的な提起は行われているが、一方で、制度・教団構造に関わる論点や、仏教と地域との関係に関わる論点等については、個別分析は進展しているが、論点の深化はあまりみられない様に思われる。また、個別分析の成果を反映した、近世社会の社会構造のなかでの仏教、教団、寺院等の把握も依然十分にはなされていないといい得るのではなかろうか。

圭室文雄氏は、『近世仏教の諸問題』（圭室文雄・大桑斉編、雄山閣、一九七九年）の「はじめに」において、第一次『近世仏教』（一九六〇年六月—一九六五年六月）終刊後、第二次『近世仏教』（一九七九年四月—一九八八年一月）発刊に至る時点での問題点として、「近世仏教史研究にとって、まず何よりも必要なことは、現在各地で行われている研究の集約化である。そして地道な研究を続けている人々の論文をどうとりあげていくかであろう」という点をあげている。その後、第二次『近世仏教』では、幾つかの特集を組んで、個々の論点において検討すべき課題が指摘されている。だが、現在に至っても、「研究の集約化」はまだ十分に進んでいないといえよう。また、特に寺檀関係・寺檀制度等については、実態分析の提示が影響を与えておらず、従来からの定式化された像が広く共有され、前提とされているという点を指摘し得る。個別分析からの総合化、あるいは各テーマにおける論点の深化が求められる。ただし、ややもすれば問題設定と実態分析との乖離がみられがちな現状においては、研究の集約から論点を導き出そうとするだけでなく、各事例の個別性を尊重しつつ、個々の実態分析を通して、それぞれの事例に内在する論点を見出していこうという姿勢が必要なのではないかと思われる。

二

さて、以上述べた現状に関し、最近研究が停滞傾向にあると思われる本末関係・本末制度、寺檀関係・寺檀制度、及び研究の必要が繰り返し主張されてきた地域社会と仏教の、三つの論点に絞って近年の動向を簡単に検討してみよう。

1　本末関係・本末制度

高埜利彦氏は、幕藩領主権力のみならず、門跡等をも含む広義の朝廷を含めた近世国家権力の特質の解明を企図し、近世国家権力による宗教者の身分的な編成や、宗教者の組織・支配方式の研究を進めた。そこでは、教団仏教をも含む諸宗教における本末体制、その本末体制と寺檀関係との関係、及び触頭制度等への論及がなされている。高埜氏は、修験に関し「末端山伏の村落活動を前提にして、上下統属関係を維持しつつ同時に身分制維持の機能を果たすところの、本末関係・官位制など、種々の制度で秩序づけられた体制」を本末体制と規定し、その本末体制が、仏教諸宗派の僧侶や神職についても成り立っているとしている。そしてその体制の維持は農民による経済的支持を前提としていたとし、檀家組織・氏子組織等がその経済的支持における強制力として機能していたとしている（「近世国家と本末体制」〈『近世日本の国家権力と宗教』〉）。さらに、「『末寺院—檀家』を一体として財源の基礎とした本山・本寺による本末体制と、それを、個別人身支配・身分制維持をも目的とした宗教政策として推し進めた幕藩権力とが」寺院による檀家役強制の背後にあるとしている（「近世の村と寺社」〈同〉）。このように、高埜氏は、幕藩権力による宗教政策を背景に、本末体制と寺檀制とを包括的に捉えようとする視点を提示した。今後さらに、寺院本末組織・僧侶集団・寺檀関係の具体像を踏まえた検討が必要となろう。また、第二次『近世仏教』の本末制度特集（四—四、一九八〇年九月）では福間光超氏（「問題提起」）・大桑氏（「総括」）による論点整理が行われた。大桑氏は、身分制を、「民衆を（中略）ヨコ割に分割支配するもの」と規定し、各身分は領域支配を越えた国家的広がりを持っており、その統制の為に必要な機構が本末制であるとしている。そして、「本末制は、門跡という権威によって統括される、民衆の身分保障の任務をもつ僧侶という特殊身分の統制機構である、ということもできる」という仮説を提示している。なお、杣田善雄氏は、近世教団・本末制を統合し権威づけるものとしての門跡の評価に対し、それは現象論としての域を出ていない、と批判を加えている（「近世の門跡」〈『岩波講座日本通史』近世一、一九九三年〉）。

以上のような位置付けが提示される一方、仏教教団における本末関係・本末制度の具体的な分析としては、触頭制度、特定地域の本末組織の展開等を含め、各宗派毎に蓄積が行われている。『歴史公論』一一一号においては、「本末制度の成立と展開」と題して、天台宗・真言宗・浄土宗・浄土真宗・曹洞宗・日蓮宗の各宗派について紹介がなされた。

しかし、寺院組織の構造・機能、寺院組織と僧侶（集団）との関係（あるいは寺院の本末編成と僧侶の編成との関係）、本末関係の形成過程、本末制を通した幕藩権力による宗教支配・政策意図の具体像、あるいは宗教支配・政策意図の貫徹の如何といった点に関して、実態分析の成果に立脚した、論点の発掘、ならびに総括の試みをさらに進める必要があろう。

2 寺檀関係・寺檀制度

次に寺檀関係・寺檀制度についてみてみよう。当該分野については、近世的家（イエ）の成立や、民衆の葬祭への欲求との関連での論及が多い。また、実態に即した研究としては、特に真宗を中心としたものが多く、さらに、半檀家（複檀家）をめぐる議論や、寺檀制度の成立をめぐる議論が多くなされてきた。特にキリシタン史の視点からは、寺檀制度の成立については議論がなされているが、何故近世を通じてその寺檀制度が継続されたか、という問題はあまり論じられてこなかった様に思われる。そのなかで、大橋幸泰氏は、近年、島原天草一揆が近世を通じて長く記憶されたことを取りあげ、「宗門改は幕藩権力にとって、現実的に存在していたキリシタン民衆の脅威を払拭するための制度であったのである」との所説を展開している（「幕藩権力にとってキリシタン禁制とは何だったか」〈『新視点日本の歴史』新人物往来社、一九九三年〉）。しかし、キリシタン禁制の側面のみならず、宗教者と民衆との関係一般等をも視野に入れて位置付けていく必要があろう。

寺檀制度は辻善之助氏により「仏教の形式化」の一大要素として捉えられ、さらに圭室文雄氏が「葬祭から祈禱へ」というシェーマを提起して、近世初期には既に寺檀関係に基づいた信仰は形骸化したとした（『江戸幕府の宗教統制』、『日本仏教史』近世)。また近年にも、神田秀雄氏により「一般に、民衆の宗教生活に占める檀那寺や産土神の位置は相対的に低下してゆき、他方、共同体外の宗教次元が重要性を増してゆくことは間違いないといえよう。農業生産力や商業が飛躍的な発展を遂げた近世中期以降の民衆にとって、より広い宗教的世界と関わることで自己の信心を更新することは、おそらく、かなり普遍的な要求だったのである」(「信心の世界の変容と新たな救い」〈ひろたまさき編『日本の近世』一六、一九九四年〉という把握がなされている。しかし、こういった論点は、さらに寺檀関係をめぐる社会構造、及び寺檀関係に関わる信仰をも含めた民衆の信仰の全体像のなかで位置づけていく必要がある。

福田アジオ氏(「寺檀関係と祖先祭祀」〈石川和夫・藤井正雄・森岡清美編『シリーズ家族史』一、三省堂、一九八八年〉、「近世寺檀制度と複檀家」〈戸川安章編『仏教民俗学大系』七、名著出版、一九九二年〉等)は、寺檀制度に関する研究史整理と法令の参照とから、「幕府が命じたのは、必ずどこかの寺の檀那となって寺請をしてもらうことであり、その寺については原則的には各人の判断に任されていたのである。離檀の禁止が幕府法令として出されることはなかったのである」と述べている。また、一家一寺(の)制を定めた幕令はなかったとしている(福田氏は、文政十一年の一家一寺制に関する法令を、幕府法としては確認されず、特定藩領において出されたものと考えられる、としている。しかし、同内容の法令は文政十年以降に越後の幕領で出されたことが確認され〈とりあえず、活字化されたものとして、出雲崎代官所による、『出雲崎町史』資料編II所収史料及び『牧民金鑑』所収史料を挙げておく。なお、これらの法令その他については別稿での詳述を予定している〉)、この点に関しては福田氏の所説は誤っている。だが、確かに今のところ全国規模の一家一寺制法令の実在が確認されていないのは事実である。そして福田氏は、「もちろんこのことは寺檀関係の設定が自由に行われたとか、また離檀が日常的に起こっていたとかいうことを意味するのではない」としている。そういった福田氏の主張に対し、大桑氏は、幕法のみから幕藩領主一般の政策を論ずるのには無理があると批判している。また、福田氏が寺檀関係の諸類型を提示したのに対し、一家一寺が寺檀関係の本来的形態であると批判を加えている（「半檀家の歴史的展開」〈『近世仏教』六―三・四、一九八六年二月〉）。離檀や、一家一寺以外の寺檀関係が近世を通じてみられることは周知の事実である。また寺檀制度に関する法令の、通時的な検討は未だ不十分であるといえよう。

しかし一方、幕藩権力・民衆・宗教者の三者それぞれの言説の中に、離檀困難観（拙稿「近世中後期における祈禱寺檀関係」〈今谷明・高埜利彦編『中近世の宗教と国家』岩田書院、一九九八年〉において若干関説）、及び、一家一寺制が既定のものであるとする観念をしばしば確認することができる。この離檀困難観及び一家一寺制観念の通時的検討、及び幕藩権力による寺檀制度に関する法令の再検討が、宗門帳の機能論的検討と共に、寺檀制度の継続理由や、寺檀関係の存立構造を明らかにする上で必要な作業となろう。そしてまた、（宗判）寺檀関係を、宗教者と、宗教者と信仰的・経済的関係等を結ぶ者との関係一般のなかで捉えていく視角も必要である（拙稿「近世中後期における祈禱寺檀関係」参照）。

3　地域社会と仏教

地域社会のなかに位置付けた寺院・僧侶の研究、あるいは「地域仏教史」研究への提言は、近世仏教史研究において度々なされてきた。第一次『近世仏教』創刊号において、近世仏教研究会発足に当たっての理念を示した論文である竹田聴洲氏の「近世寺院史への視角《アプローチ》」では、寺院、及びその護持組織を、地域社会の要求、地域社会における機能に留意して分析すべきことが提言されている。また竹田氏は、地方史研究が宗教に関しては立ち後れていることを指摘し、そして、宗教的契機を全く欠いた具体的社会生活は現実には存在せず、またいかなる地域社会の宗教生活も政治・社会・経済との関連を切り離してはその真の意味を探ることができぬ故、宗教史（殊に仏教史）研究は「生活史の研究」に他ならないとしている。さらに、「何が共通要素であり何が偏差であるか、これが明らかになるためには基礎的事実のモノグラフィックな個別研究がある程度積み重ねられることが何を措いてもまず必要である」として「我々が今日意図すべきは仏教的地方史或いは地方史の仏教版である」と提言している。なおその後、先述の『歴史公論』座談会においては、戦後の地方史研究の活発化及びそれに伴う史料の発掘と、近世仏教史研究との連動との動きが、発掘された史料の利用への期待をも含めて指摘されている。

一方、第二次『近世仏教』の、近世仏教と地域・民衆特集（五―四、一九八二年八月）においては、大桑氏が、竹田氏がいうところの「地方史」を、「日本史的課題を究明する好個のフィールドとして地方が選ばれただけであった」と批判し、また、竹田氏の視座からは、仏教が生活における機能面においてしか捉えられないと指摘している。そして、「地域仏教史」の意義を、個別教団史の枠を越えて「総合的仏教史」の形成を目指し、かつ民衆・地域による主体的仏教受容を（検討）課題とするところに捉えている。

その後も、澤博勝氏により、近世史の地域社会研究においては、従来仏教を通した視点による検討が不十分であり、また近世仏教史の観点からは、地域社会から捉えた検討は不十分である、との批判が行われている（「近世中後期の村・地域社会と仏教」（『仏教史学研究』三六―一、一九九三年七月。のち改稿・改題のうえ澤博勝『近世の宗教組織と地域社会』〈東京大学出版会、一九九九年〉に所収）。

だが、近年、近世史研究において、宗教的要素を村落・地域社会との関連で捉えようとする動向は漸く盛んになった。しかし、在地社会における宗教的諸要素や、それをめぐる諸社会関係の提示にとどまらない分析がさらに必要となろう。

なお、この近年の動向には、社会集団論が大きな影響を与えている。社会集団論の提起に参画した塚田孝氏は、研究者が、研究対象（例えば、百姓・町人・賎民身分等）の視野に限界づけられるという制約を突破して、社会集団（共同組織）の重層と複合とによって構成されている近世社会をトータルに把握する為に、「諸集団間相互の関係論」が有効であると指摘した。塚田氏によれば、「重層」とは村々が組合村を、町々が組合町を形成するといったような、基礎的な社会集団が二次的三次的に集団を形成していく様な関係であり、「複合」とは、異種の社会集団間の交流・関係の側面である。そして、諸社会集団の複合として全体社会を考えることこそが、研究者の視野を、研究対象の視野から解き放ち得るのではないかとの提起がなされている（「社会集団をめぐって」〈『近世日本身分制の研究』兵庫部落問題研究所、一九八七年〉）。深谷克己氏は、「百姓」（『歴史学研究』別冊特集、一九八〇年）において、百姓共同体が、それぞれに異なる原理により結合している職人や宗教者等、他の共同組織と交流しなければ存続し得なかったことを指摘し、その例として、寺檀制を取りあげている（但し、具体的な分析はなされていない）が、この指摘は、塚田氏によって、複合の視点として引用されている。

渡辺尚志氏は、この塚田氏の問題提起を受け、「近世の村と寺」（『国立歴史民俗博物館研究報告』六九、一九九三年六月）において、諸社会集団の複合の問題として村落と寺院との関係を考察した。そして、寺院の住職が堂座や村民との対抗の為自己の属する社会集団（寺院本末組織）の上位に権威を求め、また堂座メンバーが住職や村民との対抗の為村を越えた社会集団への帰属に存立基盤を求めようとすることを指摘した。つまり、ここでは、社会集団の構成員による権威の利用あるいは獲得の試みという側面が強調されている。

また、一九九〇年に発足した身分的周縁研究会による最初の論文集『身分的周縁』（塚田孝・吉田伸之・脇田修編、部落問題研究所、一九九四年）には、従来あまり明らかにされてこなかった宗教者集団に関する論考が四編収載された。そして、澤博勝氏は、宗教的諸事象を、社会集団論・社会関係論的視点から、「前近代の社会関係に新たな指標を提示しうると考える、（中略）主として宗教を通じた社会関係を宗教的社会関係と名づけ、その分析方法を宗教社会史と呼ぶ」と、「宗教社会史」の提起を行っている（『近世の宗教組織と地域社会』）。この様に、宗教者の集団のあり方・身分制社会における位置付けや、その民衆や地域社会・都市社会との関係のあり方を明らかにしようとする研究が活発化している（二〇〇〇年には、高埜利彦編「シリーズ近世の身分的周縁1」『民間に生きる宗教者』〈吉川弘文館〉が発刊された）。

なお、宗教者組織のみならず、宗教者と関係を結ぶ側の集団に着眼した指摘も行われている。近世寺院史における、護持組織としての檀家集団の、地域社会の中での研究の必要性は早く竹田聴洲氏によって指摘されているが（「近世寺院史への視角《アプローチ》」）、高埜利彦氏は、先述の様に檀家組織（檀中）を村落共同体よりも小さい規模の共同体として捉え、本末体制等との関係を論じている。筆者も、下越後真宗優勢地帯における事例を検討し、檀家組織が、檀家役の上納という側面のみならず、信仰的活動や、檀那寺・教団側との関係等においても機能を果たしていることを指摘した（「近世後期における寺檀関係と檀家組織」『史学雑誌』一〇四—六、一九九五年六月）。また、筆者は寺院と僧侶とを分析方法上区別し、僧侶（集団）と、檀家組織や村との関係を媒介するものとして寺院を捉える（また、教団も、寺院本末組織とそれに対応する僧侶集団との両面に着眼して捉える）、という分析視角を提示した（「近世中後期における在地寺院の運営をめぐって」『史学雑誌』一〇六—八、一九九七年八月)。

しかし、こういった動向のなかで、教団仏教における宗教者集団(僧侶集団)の様相、僧侶身分の内実を具体的に明らかにする研究や、僧侶集団と他の社会集団との交流の具体層を明らかにする研究は不十分であるといえよう。近世史研究においては、教団や、教団レヴェルの僧侶集団は定式化したイメージで捉えられる傾向があるといえるのではないか。

三

次に、近世史研究において、仏教研究の意義がいかに捉えられてきたか、という点を瞥見しよう。一九七六年、小沢浩氏は、「幕藩制国家と宗教」(『日本史を学ぶ』三　近世〈有斐閣〉)において、戦後の歴史学が神道史との癒着を断ち切ろうとしたことからくる、歴史研究と「宗教史」研究との分化の促進に言及している。そして、近世史において「宗教の問題が何故問題として取り上げられなければならないのか」ということの理由として、第一に、国民の宗教意識に、宗教イデオロギーの形をとって復活しつつある皇国史観や軍国主義のイデオロギーを峻拒しえない問題性が根深く存在しており、その問題性の生成につながる近代天皇制国家の宗教的性格を直接的に媒介したものとして、幕藩制国家における宗教の特質的なあり方があるのではないか、という点、また第二に、一般的に、政治イデオロギー・法イデオロギー等の諸観念が未分化で、宗教的な意識がそれらを最終的に保証する公理としての役割を果たしていた前近代社会における、宗教の社会的役割の大きさをあげている。つまり、一つには現代の国民の宗教意識のなかに存在する問題を明らかにする為に、もう一つには前近代社会としての近世社会の把握の為に必要な作業として、宗教研究の必要性が認識されている。そして小沢氏は、太閤検地・兵農分離を画期とした、共同体村落に密着した「農民的」宗教組織の実現と展開、一向一揆制圧とキリシタン禁圧の思想史的意義、幕藩制国家の支配イデオロギーとその宗教的性格の如何、寺請制の影響、民衆宗教の展開とその意義等について論点整理を行っている。そのなかで、教団仏教に関しては、寺請制を幕府の宗教政策の中で民衆に最も重要な影響を与えたものと捉え、圭室文雄氏の「葬祭から祈禱へ」というシェーマを、幕藩制下の民衆の意識変革を困難化した呪術的観念や習合的多神観を寺請制・檀家制の展開の所産として捉えたものと位置付け、寺請制・檀家制の精神史的意義の追求の必要性を述べている。

しかしその後も、近世史研究において、仏教に関する研究が著しい進展をみせることはなかった。だが、近年に至って、宗教的要素を研究対象として取り上げるべきであるという主張や、宗教的要素を対象とする研究の増加の傾向がみられるようになった。近世史に限定されたものではないが、「地域社会と宗教」というテーマで行われた一九九四年度（第四五回）の地方史研究協議会大会も、その傾向のなかに位置付け得よう。

大会の趣意書では、宗教に関わる多様な検討、宗教的行為の持つ地域社会での意義を、人間間・集団間の関係論として提起することにつながる儀礼構造の追求、宗教組織が政治・社会的な権力として存在した点、また権力が支配の手段として宗教を用いた点に関して、各時代の宗教の成立・性格・役割等を論ずることが目標とされている。なお、ここで「宗教」の語は、信仰・祭礼・習俗・儀礼・芸能・伝承等を含めた広義の意で用いられている。また、大友一雄氏は大会テーマの説明文において、趣意書を踏まえて、「(大会の趣意書をまとめた背景には）ひとつに戦後の歴史学研究が、地域社会との関わりにおいて宗教の問題を正当に取り上げずにきたことがある」と述べ、その理由として、「戦前・戦中の体験から、宗教を権威的・権力的なものとして捉え、そうした研究に向かうことを阻止するような社会的な力が働いていたこと」と、宗教が哲学や科学によって代替さるべきものとする研究者の歴史認識があったことをあげている。そして、「こうした認識は、近年急速に見直されつつあるのが現状ではなかろうか」として、前近代の伝統的社会において生産や生命の存続と宗教・信仰とが不可分なものとして存在し、また、伝統的社会のみならず今日においても人々が宗教に救いを求めることは少なくない故に、「時代を超越したような教義を追求するというのではなく、各地代《ママ》の文化構造・社会構造を踏まえながら、地域における宗教のあり方を検討する意義」があるとしている。さらに国家権力と宗教の問題にも触れ、それについて人々の意識のレベルをも対象にすべき段階にきているとしている（「第四十五回（栃木）大会の成果と記録」〈地方史研究協議会編『宗教・民衆・伝統』、雄山閣出版、一九九五年〉）。また、西木浩一氏は同大会の関連論文「近世「長吏」村の信仰と地域秩序―武蔵国下和名村を事例として」（『地方史研究』二五一、一九九四年一〇月）において、「従来もっぱら民俗学の独壇場となってきた民衆信仰の分野について、歴史学は史料の不足、とくに日常的・定例的な営みを語る史料が成立・伝来しにくいことを理由に、本格的な検討を回避してきたが、実はそれは関心のないこと、この種の史料を扱う方法的検討を行ってこなかったことによるといわなければならない」とし、また、前近代社会における信仰行為や儀礼の解明が民衆の生きた場の構造、諸社会組織とその相互関係の把握に資すること、信仰行為の変化を通して人間間の関係のあり方とその変化とを検討し得ることを指摘し、地域社会の構造や、そこでの社会関係とその変化の解明の為に民衆の生活の諸局面を解明することを「方法としての生活史」と名付け、その機軸となるのが信仰・宗教分野であるとしている。以上では、大会の性格にもより、地域社会における宗教の性格・役割を念頭に置いた記述がなされており、また、社会関係解明の手段として、教団・宗教者集団・宗教施設等の構造よりも、儀礼・祭礼、あるいは（寄進等の）宗教的行為そのものに、多く目が向けられている点を指摘し得るが、前近代社会の把握の為に従来本格的にはなされてこなかった宗教研究が必要であるという認識が示されると共に、現在における人々の宗教への要請も視野に含められている。

四

最後に、以上で触れなかった動向について補足しよう。先ず、近年の都市史研究における寺院（社会）をめぐる研究について簡単に触れておこう。吉田伸之氏は、在地社会に胚胎し、城下町に集中されていく都市的要素を捉える上で寺院社会を取りあげている。また、巨大城下町江戸を構成する部分社会の一つとして寺院社会を捉え、かつ、大寺院を、都市社会を部分的にではあれ編成・統合する磁極のような要素として捉え、浅草寺を事例に社会＝空間構造の分析を行っている（「都市と農村・社会と権力」〈溝口雄三他編『アジアから考える』一、東京大学出版会、一九九三年九月〉、「城下町の祖型」〈『年報都市史研究』一〉、「巨大城下町—江戸」〈『岩波講座日本通史』、一九九五年〉、「都市民衆世界の歴史的位相」〈『歴史評論』五六三、一九九七年〉等。大部分は『巨大城下町江戸の分節構造』〈山川出版社、二〇〇〇年〉に収められた）。また、伊藤毅氏は、京都の中世寺院を中核とした領域的なまとまり＝「境内」「寺内」と、その解体過程の検討、近世大坂における寺院の類型化（「寺町」型・「町寺」型・「境内」型）による寺院と町との関係の把握、中世都市空間の類型としての「境内」「町」の提示、江戸における、都市の巨大性と寺院との関係や、寺院の「都市性」の解明を目指した通時態・共時態両面における分析（「中世都市と寺院」〈高橋康夫・吉田伸之編『日本都市史入門』Ⅰ、東京大学出版会、一九八九年〉、「近世都市と寺院」〈吉田伸之編『日本の近世』九、中央公論社、一九九二年〉、「境内と町」〈『年報都市史研究』一、山川出版社、一九九三年〉、「江戸寺院への視角」〈『年報都市史研究』三、一九九五年〉）等、中世都市・近世都市と寺院との関係に関する研究を積み重ねている。寺院研究、さらには寺領研究において、都市、村落を問わず、都市史研究において提示された、都市の社会＝空間構造の中で都市の構成要素としての寺院を分析するという視点、及び寺院社会の社会＝空間構造分析の方法等に学んでいく必要があろう。

また、史料をめぐる問題に関して若干触れておこう。近年、墓標、金石文、あるいは大蔵経等の経典の調査の成果による研究が活発化している。一方、個々の状況にはかなり差があるが、寺院史料の整理・公刊も地道に行われている。本山・旧触頭寺院を含め、諸寺院の史料のさらなる整理・公開が望まれる。そしてまた、寺院史料については、史料自体の伝来・保存状況から読み取り得る点が大きいのではないかと思われる。しかし、寺院史料の調査法・整理法は、あまり検討されてきていないのではないか。現状記録論（吉田伸之・芦田伸一「〔補論〕現状記録論をめぐって」〈吉田伸之・渡辺尚志編『近世房総地域史研究』東京大学出版会、一九九三年〉）等にも学び、かつ寺院史料の特殊性を念頭に置きながら、検討を重ねていく必要があろう。

以上、所与の紙幅を大幅に超過しながら、ごく一部の論点に限った不十分な整理となってしまった。巻末に掲げた文献を適宜参照されたい。

〔付記〕
本稿は一九九六年に脱稿した。その後、二〇〇〇年の初校において、脱稿後の研究動向等に即した改稿を試みたが時間的制約もあり意を尽くせなかった。ここに記してお詫び申し上げる。

近現代

孝本　貢

一　近現代仏教史の研究と諸主題

かつて戸坂潤が一九三〇年代の宗教状況を論評し、その特質として新興宗教の宗教的氾濫を挙げ、その原因は大衆の生活不安と思想混迷にたいして既成宗教が無気力であることに起因すると論じている（戸坂潤『戸坂潤全集』第四巻、勁草書房、一九六六）。既成宗教の無気力、すなわち救済宗教としての力が著しく弱まって、求心力が減退している状況は、今日まで変わらない。それにたいしてさまざまな新宗教が創唱され、人々に救済の手を差し伸べ、活況を呈していることもまた事実である。近現代の宗教を捉えようとする場合に、この枠組みは避けて通れない課題であると同時に、近現代宗教史研究、近現代仏教史研究の基底を構成するものである。

近代における宗教史研究の進展は、村上専精・辻善之助・鷲尾順敬編『明治維新　神仏分離史料』が大正十五年から昭和四年にかけて（一九二六—一九二九）刊行されたことが大きな契機となり、圭室諦成などによって日本宗教史研究会が組織されるなど研究史のひとつのエポックを形成する。この流れは戦後も引き継がれ、笠原一男などを中心にして日本宗教史研究会が開かれ、その研究成果がつぎつぎと刊行されていった。さらに、民衆宗教史、近代天皇制国家とのかかわりで、宗教問題や、近代化と日本宗教の問題など他方面から仏教史に焦点を当てた研究が進められてきた。

さて、近代日本仏教史の研究史を捉える場合に、二つの研究潮流があることをおさえておきたい。ひとつは明治維新によって天皇制国家体制が紆余曲折を経て構築されていき、その体制にたいして仏教がいかなる対応をしていったかという課題から研究されてきたものである。江戸時代、寺院は幕藩体制のもとで、寺請制度を受け入れることによって政治権力の下に屈し、公的権力の一翼を担ってきた。明治維新による宗教政策の転換は、幕藩体制の下で安住してきた仏教の在り方そのものに存亡の危機を突き付けるものであった。明治維新政府のめざした国家統合イデオロギーが、天皇の神聖不可侵性によって国家の存立基盤を確立しようとしていったことは、仏教教団にとっては、国家の提示する神聖性と、それぞれの教団の内包する宗教的救済の源泉との関係の再構築の要請を突き付けられることと同義であったといえる。つまりここでは、近代仏教史研究の主題として「国家と宗教」という課題が挙げられるのである。それは近代仏教史研究にとって、前述の『明治維新神仏分離史料』の刊行が大きな契機になっていることからも窺える。神仏分離・廃仏毀釈を出発点として天皇制国家体制という枠組みのなかで明治仏教史が解き明かされるようになるのである。

いまひとつの潮流は近代仏教として教団がいかなる理念に基づいて教団形成を模索していったかを課題とするものである。日本仏教史を歴史学として体系化し、研究の出発点となるものとして、今日までその位置を不動のものとしてきたのが辻善之助の研究業績である。辻善之助が『明治仏教史の問題』（立文書院、一九四九）

の末尾に「旧幕時代に、幕府の寺院に対する政策が保護主義であった為に、僧侶はその保護にあまえて腐敗の気に満ちた」と描いたように、近世仏教堕落史観を打ち立てた。檀家制度に安住し、幕藩権力の一翼を担ってきた仏教教団は、そのささえを失い、さらには国家神道化政策と廃仏毀釈のうねりのなかで、宗教集団としての自らの宗教的存立基盤を打ち立てる必要に迫られていった。近代仏教教団として再組織化することが課題となった。仏教の護法運動のうねりである。それは教団組織に限定されず、共同体的・家的宗教から個人の信仰に基づく宗教への模索でもあった。これらは仏教教団の「近代的再組織化」という課題であるとともに、それが依拠する神学論、戒律論を解明することもまた同時に課題とするものである。さらに「家の宗教」化した日本的仏教教団をいかに位置づけていくかという課題をも突き付けるものである。それは資本主義社会の進展によって家の崩壊が進み、家共同体に護られなくなった多数の人々にたいして仏教が救済の手を差し伸べる資質をもちうるかという問題でもある。

二　国家と宗教

明治維新期における宗教をめぐる状況についての基本的史料としては、前述の『明治維新　神仏分離史料』のほかに、文部省宗教局編『宗教制度調査資料』、文化庁編『明治以降宗教制度百年史』、安丸良夫・宮地正人編『日本近代思想大系5　宗教と国家』、田丸徳善・村岡空・宮田登編『日本人の宗教Ⅳ　近代日本宗教史資料』などが挙げられる。

明治維新期における宗教政策、とくに国家神道化政策が政治状況によって紆余曲折しながらも、国家統合のイデオロギーとして確立していく過程については、村上重良『国家神道』、安丸良夫『神々の明治維新』、宮地正人『天皇制の政治史的研究』、井上順孝・坂本是丸編『日本型政教関係の誕生』、坂本是丸『国家神道形成過程の研究』などによって政策展開レベルにおいて詳細に解明されてきた。その到達点としては、神道は非宗教として、「各宗派の上に超然とたち、共通に仕えなければならない至高の原理と存在だけを指示し、それに仕える上でいかに有効・有益かは、各宗派の自由競争に任されたのである」（安丸良夫『神々の明治維新』二〇九頁）という意味において、「国家ノ宗祀」としての神社神道と、国家が宗教を間接に統治する体制とが形成されていった。その形成過程において神道国教化政策、神仏分離・廃仏毀釈政策が明治維新期に遂行され、仏教教団、民俗宗教との軋轢を生じた。しかし、仏教教団にとって、その形成過程のなかでキリスト教からの防衛、国家とのかかわりなどをめぐって教団が果たした役割を追究することも必要である。

各地の神仏分離・廃仏毀釈の実態についての研究報告としては、以下のような業績が代表的なものとして挙げられる。圭室文雄『神仏分離』は近世水戸藩、岡山藩などにおける神仏分離、寺社整理の実態と、その連続としての伊勢神宮を頂点とする明治維新政府の神道国教化政策とのからみでの各地における神仏分離・寺院整理を解明している。そして、民衆の現世利益的祈願信仰は、権力による強圧的政策によっても容易に変わらなかった、と結論づけている。

安丸良夫『神々の明治維新』においては、神仏分離・廃仏毀釈政策と神道国教主義の展開によって、民衆の精神生活・民俗信仰世界の改変が強圧的になされていったことが明らかにされている。圭室と安丸の評価の相違は教育勅語体制、その後の神社政策などを射程にいれているか否かによって生じたものである。

また、村田安穂は、『皇国地誌』の分析により、全国的動態を捉えるとともに、埼玉県下における実態を神葬祭の普及とのからみで解明している（「明治維新廃仏毀釈の地方的展開とその特質について」池田英俊編『論集日本仏教史　8　明治時代』、『神仏分離の地方的展開』所収）。さらに奈倉哲三は、越後弥彦山における阿弥陀如来像をめぐる騒動を分析し、真宗の仏観念と、国家の天皇制祭祀体系に組み込もうとした国家の提示する霊観念の相克として表出されていったと結論づけている（「廃仏毀釈と民衆」村上重良編『大系・仏教と日本人　一〇民衆と社会』所収）。また、神仏分離政策の一環として展開された寺院廃合政策の事例研究として、高橋延定は奈良県下真宗寺院の檀家制度の再編とからめて分析している（「近代奈良県真宗寺院の寺檀関係をめぐる地域的問題」大谷大学国史学会『尋源』三七号、一九八七）。そのほかに福島県における修験道を中心に、神仏分離と社寺整理の実態を詳細に解明したものとしては、藤田定興の業績（一九九二）が挙げられる。

以上のように、神仏分離・廃仏毀釈の国家政策上の変遷と全国的な動静は把握されているが、神葬祭の普及と衰退、小祠整理の実態、民俗儀礼の変化、国家祝祭儀礼の浸透などとの関連をも含めて、民衆の宗教生活の変容への視角が求められる段階に到達したといえよう。

三　仏教教団再編成への動き

明治維新期における宗教政策は、仏教教団の存立基盤そのものを掘り崩そうとするものであった。「旧弊御一洗」のスローガンに基づいて、「社僧禁止令」、神仏分離、廃仏毀釈、社寺の廃合の嵐が全国を吹き荒れ、幕藩権力によって制度的に庇護されてきた仏教にその終わりをつげるものであった。それは公的権力の一翼をになっていた寺請制度の廃止、さらには寺院の経済的基盤であった保有地が明治四年、八年の上知令によって切り崩されることによって決定的なものとなる。そうした危機的状況における仏教側の「覚醒の動き」については、池田英俊の一連の業績、特に『図説　日本仏教の歴史　近代』、さらに柏原祐泉『日本仏教史　近代』で説かれている。こうした動きは後には「破邪顕正運動」（池田英俊『歴史公論』一一号「明治仏教の世界」）などとして現出し、護国仏教のひとつのイデオロギーとして結実していく。また一方では戒律復興運動としても展開されていく（池田英俊『明治の新仏教運動』）。さらに池田英俊は、仏教堕落史観を克服し、近代仏教史の新たな課題として、明治十年代に興隆していった仏教教会・結社の運動をも克明に追究し、近代仏教史研究の新たな視座を提示していった（『明治仏教教会・結社史の研究』）。池田は明治期から大正期にかけての信仰復興運動、仏教文芸運動などを精力的に追究し、その仏教における積極的意義を主張している。しかし、そうした運動が教団仏教の変革、檀家レベルにおける信仰覚醒に結び付かなかったことへの論及も忘れてはいない。

「近代における仏教の革新運動は、新仏教徒が説く社会への改良的貢献の主張、あるいは精神主義が説く信仰の絶対性確立の主張、と分化の状態にあっても営みは続いていた。自由研究は祖師の歴史的実在者としての見直しを進めさせ、祖師の生身の人間としての生き方に学ぶ方向は決定的でもあった。しかし、革新運動は末寺信者の末端には遠く届かず、既成仏教教団の信者たちは近代以降はより強くなった本山による直接的支配のもと、依然として超越者としての祖師への信順を強要されて存在していたのが実態であった」（前掲『図説　日本仏教の歴史　近代』一二八頁）。

　近代仏教教団は江戸幕藩体制期に確立した檀家制度に依拠し、「家の宗教」として維持されてきたものであって、制度としての教団改革がなされても、寺院と檀家の関係はほとんど変わることがなかった（前掲、柏原『日本仏教史　近代』五四頁）。しかし、寺院の檀家にたいする公的役割は明治四年の寺請制度の廃止によって終焉する。そして、戸籍からも社寺名の記載が削除されていく。それは家から宗教性を剝奪され、世俗化してゆく過程として捉えられる。それについては、森岡清美が『家の変貌と先祖の祭』で解明している。さらに、神葬祭の公認、離檀の自由、信教自由の方針が打ち出されていく中で、一家一寺の原則も崩されていく。しかし、家が宗教性を喪失していくという事態が顕在化してゆくのは、家が崩壊していくなかで現出していったといえる（森岡清美「仏教教団の変質」家永三郎・赤松俊秀・圭室諦成監修『日本佛教史 Ⅲ』所収）。

また、森岡清美は『真宗教団と「家」制度』において、社会学における家研究を基底にして真宗教団の全体的構造を解明していった。そのなかで明治期における本山改革を取り上げ、明治五年（一八七二）に一宗一管長の制度が定められ、総本山への権力集中へと改革がなされていき、中間的本末寺関係が廃止され、さらに明治十七年（一八八四）の寺院住職の任免、教師の等級進退などについての教団統制権を管長に委任する制度が教団の中央集権化を決定づけた。そして法主家当主が本山住職となり、本山住職が一派の管長となる三位一体のシステムが形成されていったことを解明した。

さらに、森岡清美は、明治政府による戸籍制度、身分制度の改革による僧侶の社会的身分の変化について、「身分から職分へ—明治維新期の法制改革にみる僧尼の世俗化—」（竹中信常博士頌寿記念論文集刊行会編『宗教文化の諸相』山喜房佛書林、一九八四）、「僧侶妻帯と寺院の世襲」（森岡清美編『近現代における「家」の変質と宗教』所収）、「明治初期における僧尼身分の解体について」（日本近代仏教史研究会『日本近代仏教史研究』第二号、一九九五）などにおいて、近代化、世俗化の視点から僧侶の社会的位置の変化を追究している。

こうした問題は、教団は各自の信仰によって成り立つものであるという原則が構築されていくなかで、その内実を問うものとなる。それに応え得る資質を持ち得たか否かは現代の教団、寺院の在り方を考察するうえで不可欠の課題である。

次に、近代における仏教史を考察する場合に、避けてとおれない課題としての王法仏法論の問題がある。これに関しては「神祇不拝」の伝統をもっている真宗において切実な問題となってきた。とくに明治以降、国家が提示してきた国家神道にいかに対応するかという課題である。この問題については、靖国神社関連の資料も含めて真宗側の資料集として福嶋寛隆他編『神社問題と真宗』が挙げられる。この資料集には関連文献、年表も掲載されている。近代における真宗の王法仏法論（真俗二諦論）を取り扱ったものとしては、柏原祐泉『日本近世近代仏教史の研究』、福嶋寛隆「国体神学と教団仏教の模索」（安丸良夫編『大系・仏教と日本人　一一　近代化と伝統』所収）、藤井健志「真俗二諦における神道観の変化」（井上順孝・坂本是丸編『日本型政教関係の誕生』所収）、新田均『近代政教関係の基礎的研究』などが挙げられる。特に藤井健志は、島地黙雷の真俗二諦論が、近世における二諦相依論により国家の説く「敬神愛国」における「敬神」は宗教の領域であり、「愛国」と切り離すべきであるという観点に立って「三条教則」を批判し、真俗二諦において神道的要素を排除し、神社神道非宗教論への思想的道筋を構築していったことを解明している。その後の展開については新田均（一九九七）が分析している。こうした仏教教団における国家神道との葛藤は昭和十年代に噴出してくる。

幕末期から興隆してきた民衆新宗教運動については、さまざまな視角から説き明かされてきている。そうした宗教運動のひとつとして仏立講を挙げることができる。その運動の展開過程については、村上重良『仏立開導長松日扇』、西山茂「本門仏立宗教団史」（『佐々木宏幹責任編集『現代のこころ　本門仏立宗』旺文社、一九八七、所収）などによって解明されてきた。

その後の仏教系民衆宗教運動についての研究としては、川添崇「既成仏教改革運動の意味するところ」（孝本貢編『論集　日本仏教史　9　大正・昭和時代』所収）において浄土宗山崎弁栄が大正期に起こした光明会運動を、また、藤井健志「大日本仏教済世軍の性格」（孝本貢編『論集　日本仏教史　9　大正・昭和時代』所収）は西本願寺末寺の僧侶真田増丸を創始者として明治末期から大正期にかけておこった運動について言及している。また、西田天香が明治末期に起こした一燈園については、福井昌雄『一燈園と西田天香の生活』（燈影舎、一九八五）などがある。日蓮主義運動については、大谷栄一「一九二〇年代における田中智学の日蓮主義運動をめぐって」（日本近代仏教史研究会『日本近代仏教史研究』第二号、一九九五）が挙げられる。これらの運動は民衆に必ずしも広く受け入れられることはなく、しかも、既成仏教教団との境界も明確でないために新宗教の範疇には入れられなかった。一方では、仏教教団の研究は国家との対峙、国家への従属の機軸と、家を機軸にしたものが大きな潮流であり、その渦のなかで無視されてきたといってよい。しかし、仏教が脈々と保持されてきた決定的な要因として、死者祭祀、先祖祭祀儀礼を担ってきたことは否めないが、その活性化のなかでさまざまなレベルでの宗教運動が展開されてきたことは、日本仏教史のひとつの潮流でもある。その側面への照射は今後の課題となるであろう。

【コラム】

新宗教、新新宗教、民衆宗教

弓山達也

◆新しい宗教運動の登場

周知の通り、十九世紀中葉以降、数次にわたって新しい宗教運動が登場してきた。幕末維新期に創唱され発展した黒住教・天理教・金光教（第一次）、二十世紀初頭に伸びた大本や太霊道（第二次）、昭和前期とりわけ第二次世界大戦後に急成長した創価学会・立正佼成会・生長の家・世界救世教（第三次）、一九七〇年代半ば以降に台頭した阿含宗・GLA・世界真光文明教団（第四次）などが、そうした宗教運動としてあげられる。これらに関する研究動向は、井上順孝他編『新宗教研究調査ハンドブック』（雄山閣出版、一九八一）や同『新宗教事典』（弘文堂、一九九一）に詳しいが、ここではこうした宗教運動に対するさまざまな呼称（新宗教、新興宗教、新新宗教、民衆宗教など）をめぐって、当該研究史の整理を試みてみたい。

◆戦後の新宗教研究

一連の宗教運動に対して宗教学や社会学では「新宗教」の語が与えられている。それは、この語が価値評価を強くこめて使用される度合が比較的少なかったという経緯による。戦前においては新しい宗教運動は常に好奇の目にさらされ、取締当局の監視と干渉のもとに活動することを余儀なくされていた。そしてジャーナリズムや研究者は、「淫祠邪教」「類似宗教」というレッテルをもって否定的にこうした運動を取り上げる傾向が強かった。もっとも幕末維新期に創唱された宗教運動のうち、神道色の濃いものは「教派神道」として公認されて宗教行政に組み込まれていたために、比較的冷静な分析が加えられる場合もあった。田中義能・中山慶一・鶴藤幾太による教派神道研究がそれであり、後の新宗教研究の重要なテーマである新宗教と民俗宗教との連続性などにも、すでに関心が寄せられていた。

敗戦後も同じように新たな宗教運動への蔑視の風潮は続いたが、一方でこうした運動の大衆動員に着目した佐木秋夫・小口偉一・高木宏夫らが、啓蒙主義的かつ批判的な観点から創価学会や生長の家などの研究を進め、こうした場合の宗教運動は「新興宗教」と呼ばれた。他方、後述するように幕末維新期の宗教運動の歴史的意義を見出し、積極的に評価していこうとする動きが歴史学にあらわれ、そこでは「民衆宗教」という語が用いられている。

現在の新宗教研究では、こうした「淫祠邪教」のイメージがつきまとう「新興宗教」という語や、逆に社会変革の志向性を持つものと積極的に評価されてきた「民衆宗教」という語を避け、相対的に価値中立的な「新宗教」を選ぶに至ったといえよう。新宗教研究は個別教団や教祖の事例研究、カリスマ論や教団組織論を用いた実証研究など、多岐に互っている。その中でも特筆すべきは、新宗教がどのような基盤から登場したかに焦点が当てられ、それを山伏・先達・御師などの民間宗教者の指導のもとに展開した民俗宗教に求め、それとの交渉のなかから新しい宗教性が生み出されていく過程の解明や、また日蓮宗八品派に属した本門仏立宗や日蓮正宗と密接な関係を保っていた創価学会などのように、伝統的仏教との関係からとらえるような視点が提起されたことであろう。また啓蒙主義的な観点から対象にアプローチするのではなく、当事者の経験と信仰の意味を内面に立ち入って理解しようとするような内在的理解も新宗教研究の特徴の一つである。

また一九七〇年代半ばから台頭してきた宗教運動への注目も重要であろう。西山茂「新宗教の現況」(『歴史公論』五―七、一九七九)はこれらを「新新宗教」と名づけ、終末論的な根本主義を掲げるものと呪術色の濃い神秘主義を標榜する二つのタイプの教団があると規定した。もっとも西山はその後、根本主義もまた、モダニズム特有の自由主義的な経典解釈と価値の多元主義に逆らっているという意味で、呪術的神秘主義と共通性を持っているとして、もっぱら神秘呪術的性格の強いタイプに焦点をしぼり、同様の特徴が大正期の新宗教にも確認できることから、新新宗教の上位概念としての「霊術系新宗教」を設定してきた。

◆民衆宗教研究の動向

ところで、戦後の新宗教研究に大きな弾みをつけたのは、村上重良『近代民衆宗教史の研究』（増訂版、法藏館、一九六三）である。村上は富士講・天理教・黒住教・金光教・大本を扱いながら、とくに前二者が一神教的な神観の定立、民衆の救済、現世中心主義、平和観、反権力性を備えた「近代宗教」への模索と前進をしながらも、担い手の階級性やそもそも超越者を中心とする宗教イデオロギーが有する本質的な限界によって、権力への迎合と呪術中心の傾向から脱却できない姿を描き出すことに成功している。

こうした村上の業績を意識的に継承しようとしたのは、宗教学や社会学における新宗教研究ではなく、歴史学の民衆宗教研究であり、また村上と並んで民衆宗教研究を牽引した安丸良夫であった。安丸の『日本の近代化と民衆思想』（青木書店、一九七四）は丸山教を中心に、天理教や大本などにも触れながら、社会変動期における諸問題が民衆に自己鍛錬・自己規律による思想形成を迫り、これに基礎づけられた勤勉・倹約・正直・忍従などの通俗道徳が民衆の自己変革と社会批判を可能にしていったことを指摘した。しかしながらこの社会批判である「世直し観念」も、それが民俗信仰的な神道説の系譜を継承する限り、論理的思想的な発展の蓄積が妨げられ、他方、天皇制イデオロギーと癒着する可能性を有していたという。

村上や安丸によって切り拓かれた民衆宗教研究を継承した研究者として小沢浩・神田秀雄・桂島宣弘をあげることができよう。そして、こうした立場では富士講にはじまり、如来教・黒住教・天理教・金光教・天理教・丸山教・大本が扱われている。時期的には大正中期を下限とし、それ以降は「新興宗教」と呼ぶ暗黙の前提があるという。そして神田秀雄「近世後期における宗教意識の変容と統合」（『日本史研究』三八六、一九九三）によれば、「近代においても容易に解決されずに経過した大問題に固有の解答を提起したことが、幕末維新期を中心に成立した創唱性の高い宗教に共通する歴史的な性格だったと規定しうるのであり、その歴史的性格をさらに正確に記述していくことが、今日、歴史学の立場からする民衆宗教研究のもっとも重要な課題である」とされる。

◆一九九〇年代以降の宗教状況を踏まえた宗教運動論へ

近年、この民衆宗教研究から新宗教研究に対して「現代における諸宗教の存在をそのまま前提とし、歴史的な位置づけを大幅に捨象しながら諸宗教の分析・分類に向かう」（神田、前掲論文）、「日本における国民国家的イデオロギー（具体的には天皇制）はまさに宗教的次元での思想的相剋を通じて形成されているのだが、「新宗教」論に立つ研究は、そうした明白な事実を捨象した議論に自らを陥らせる危険性をも孕んでいるといえよう」(神田秀雄「国民的統合と民衆宗教」、衣笠安喜編『近世思想史研究の現在』思文閣出版、一九九五)といった問題提起がなされるようになった。つまり新宗教研究では、国民国家的イデオロギーとの相剋を経て形成された新宗教の歴史性と、そこでの位置づけや評価が捨象されているという。

筆者は、この問題は新宗教研究の方法論上の問題と密接に関わっていると考えている。前述のように民俗宗教との連続性を強調する新宗教研究では、「民俗」といった非歴史的な宗教基盤に引き寄せつつ宗教運動を論じ、これが歴史性の捨象につながっているとみることができよう。また、内在的理解は、宗教現象を当事者の感情や心の機微ともいうべきミクロな観点から見ようとするものといえ、これは個人の信仰世界を社会状況から強引に解釈しようとする尊大な無理解を避けながらも、歴史性の捨象という批判を免れることはできない。

しかしながら、民衆宗教研究とても現代の宗教状況に関しては十分に評価できているとはいえないし、そもそも現代への言及はわずかしか見られない。したがって重要なことは民衆宗教研究と新宗教研究との架橋である。民衆宗教研究に求められているものは現代へと射程を伸ばすことであり、新宗教研究に必要なものは歴史の評価に関わる視点といえよう。

現代を近代から連なる一つのプロジェクトとするならば、近代における民衆宗教の支配的イデオロギーとの相剋は、現代の宗教状況を無視しては、その総体がとらえられず、また現代の宗教状況も近代から連なる歴史性から規定されていることが理解されなくてはならないだろう。

例えば反社会的な宗教運動の出現に対して、研究者はその宗教史的位置づけや評価や質について寡黙ではいられないであろうし、幕末維新期の民衆宗教が求めたであろう民衆の主体の変革が可能な限り保証されているこの「豊か」で「自由」な社会の到来を前に、近代社会と民衆宗教との関係の帰結をどう思想史的に総括するのか。一九九〇年代以降に起こりつつある現代の宗教状況とそれを取り巻く社会状況の大きな変化が、より一層、宗教運動論の深化を要請している。

II

仏教諸潮流の研究史と方法

南都

蓑輪顕量

はじめに

南都とは、延暦十三年（七九四）に京都に都が移って後、奈良の地を指して呼ぶようになった呼称である。その南都における仏教は、古代から中世にかけて日本仏教の中心であったといっても過言ではあるまい。昨今では歴史学の領域で、あるいは国文学の領域で、あるいは芸能史の領域で、あるいは美術史、建築史の領域で、南都に関連した研究が数多く出されている。奈良に関する学問の全体像を把握するのは非常に難しいが、ここでは古代から現代に至るまで、さまざまな変遷を遂げてきた南都仏教に関する研究の中から、主に仏教学に関わると思われる研究を取り上げて概観してみよう。

また南都仏教と言った場合、すぐに念頭に思い浮かぶものは奈良六宗あるいは南都六宗という言葉で表現される六つの学派のことであろう。しかし実際の南都仏教の初期には、修多羅衆（宗）、摂論衆（宗）、法性衆（宗）などの名称で呼ばれる学派も存在し、決してこの枠組みのみで捉えきれるものではない。そこで、ここではこの南都六宗という枠組みを軸にしながらもその他の領域に配慮し、かつ時代的に平安期までの上代と中世以降と大きく二つに区分しながら、研究史を振り返ってみることにしたい。なお後代の南都においては、やがて興福寺と東大寺とが大きな勢力となったことから、法相宗と三論・華厳宗の勢力が強かったと思われるが、従来、三論宗に関する研究が意外に少ない。以下、順次に触れることになろう。

一　上代南都仏教に関する研究

飛鳥期における仏教の教理的な展開に関しては資料的な制約が多く、あまり多くの言及はなされてはいないが、唯一着目された人物が存在する。それは聖徳太子である。聖徳太子の三経義疏《さんぎょうぎしょ》（『法華義疏』『維摩経義疏』『勝鬘経義疏』）に関する研究としてまず花山信勝氏の『法華義疏の研究』（山喜房佛書林、一九七八）が挙げられる。この三経義疏に関する研究史は、菅野博史氏の「三経義疏の真偽問題について」（大倉精神文化研究所編『飛鳥文化』国書刊行会、一九八九）が先行研究を詳細に吟味しており有用である。おそらく飛鳥期の仏教を仏教学の分野から扱うとすれば、やはり聖徳太子の三経義疏にならざるを得ず、その研究史の詳細な整理と見通しは非常に有益である。

さて、次いで関心の対象は奈良朝期に移る。南都の六宗に関する研究で、まず基本的な研究として位置づけられるものは、石田茂作氏の『写経より見たる奈良朝仏教の研究』（東洋文庫、一九三〇、原書房より一九八二年復刻）である。本書は東大寺正倉院や聖語蔵に残る奈良朝期の写経の基礎的研究から出発し、奈良仏教の実際を明らかにする。また巻末に付された『奈良朝現在一切経疏目録』は研究者を裨益すること大である。本書は奈良仏教の研究を始める人たちがまず目を通すべき基本的な書となっている。また本書の研究に刺激され、南都六宗に関する研究が多く世に出された。まず井上光貞氏の「東域伝灯目録より見たる奈良時代僧侶の学問」(『史学雑誌』五七―三・四、一九四八)が世に出され、石田氏の用いなかった目録資料から奈良時代の仏教を考察する試みが行なわれた。井上氏はさらに「南都六宗の成立」(『日本歴史』一五六、一九六一)においても南都の仏教を考察しているが(両論文は『日本古代思想史の研究』岩波書店、一九八二年に再録)、これらは石田氏の研究の延長線上にあると考えられる。また経済史的な観点からなされた竹内理三氏の『奈良朝時代に於ける寺院経済の研究』(大岡山書店、一九三二)も注目される。

さて仏教学の分野での研究では、まず島地大等氏の研究に着目しなければならない。島地氏が東京帝国大学において講義したものがもとになってできあがった『日本仏教教学史』(明治書院、一九三三)や『教理と史論』(島地興霖、一九三一、中山書房より一九七八年に復刻)は、仏教学の立場から南都の仏教を視野に含めて、日本の仏教を論じた重要な著作である。中でも「東大寺寿霊の華厳学について」(『教理と史論』所収)と題された論文は、東大寺初期華厳教学の研究として着目されるものである。

華厳宗の展開については平岡定海氏の「日本華厳の展開について」(『理想』六〇六、一九八三、論集奈良仏教第一巻『奈良仏教の展開』雄山閣出版、一九九四年に再録)が注目される。また寿霊の教学に関しては、石井公成氏の「奈良朝華厳学の研究―寿霊『五教章指事』を中心として―」(『華厳学研究』一、一九八七、論集奈良仏教第一巻『奈良仏教の展開』雄山閣出版、一九九四年に再録、および石井公成『華厳思想の研究』春秋社、一九九六年に再々録)や高原淳尚氏「寿霊『華厳五教章指事』の教学的性格について」(『南都仏教』六〇、一九八八)などが見るべきものであろう。なお華厳学に関しては高峯了州氏の『華厳思想史』(百花苑、一九四二)が入門的なものである。本書はまず中国華厳に言及しているが、後半部分においては日本の華厳に関して、審祥から明恵、尊玄、宗性、凝然、湛睿、志玉、鳳潭、普寂まで、すなわち江戸期に至るまでの日本華厳の通史を取り上げており有益である。

また吉津宜英氏の「全一のイデア―南都における「華厳宗」成立の思想史的意義―」（鎌田茂雄古稀記念会編『華厳学論集』大蔵出版、一九九七）は、法性宗から法相宗への宗名の変化と共に、華厳宗の存在の意義を述べる最近の論文である。しかし、奈良・平安期の華厳学の研究については、残念ながら上記以外にあまり注目すべき研究が存在せず、教理的な展開など残された課題は多いように思われる。

さて、三論宗の研究に移ろう。日本の三論に関する研究はまだ緒についたばかりのようである。まず元興寺智光に焦点を当てた、寺崎修一氏の「元興寺智光の事ども」（『現代仏教』六―六、一九二九）が初期のものであるが、有用である。さらに一九七〇年代後半になり、日本の三論がふたたび注目を集めるようになった。これは中国三論を主な研究対象とする研究者が日本の三論に目を向け、また新たな資料が発見されたことによる。

伊藤隆寿氏の「智光の撰述書について」（『駒沢大学仏教学部論集』七、一九七六）がまず注目され、次いで平安期の特徴といわれる「私記」の形式による著作の中に、三論宗の僧による二諦義の注釈書が存在することが、同じく伊藤氏の「実敏『二諦義私義』の本文紹介（上）」「同（下）」（『駒沢大学仏教学部研究紀要』三七、一九七九、三八、一九八〇）によって指摘された。同じ頃、平安初期の三論と法相の確執を対象として述べた平井俊榮氏の「平安初期における三論・法相の角逐をめぐる諸問題」（『駒沢大学仏教学部研究紀要』三七、一九七九）が著され、平安初期の三論と法相の対立の内実に焦点が当てられた。また末木文美士氏の「智光『般若心経述義』について―奈良朝三論教学の一断面―」（田村芳朗博士古稀記念会編『仏教教理の研究』春秋社、一九八二、論集奈良仏教第一巻『奈良仏教の展開』雄山閣出版、一九九四年に再録）が、法相との確執の中で智光が着目されるとして、平安期の仏教との接点という視点から考察しているところが興味深い。

続いて、中国三論宗研究の泰斗である平井俊榮氏の「南都三論宗史の研究序説」（『駒沢大学仏教学部研究紀要』四四、一九八六）が注目される。この論文は、南都の三論宗が元興寺伝、法隆寺伝、大安寺伝の三伝を有するが、それは平安初期の実体から逆に推測されたものであろうと指摘し、護国仏教との関わりを持ったが故に、教学的には平安初期の頃に衰退の兆しを見せることになったと述べる。また元興寺智光はそのような国家仏教とは一線を画したところで活躍した学僧であったのではないかと指摘する。今までの日本三論宗研究に新たな視点を導入した注目される研究である。また平井俊榮氏は日本の三論宗の、中国三論とは異なった独自な展開を意識すべきであると指摘し、その研究の必要性を訴えている。

なお、このころの業績の一つとして、平岡定海・山崎慶輝氏編の日本仏教宗史論集第二巻『南都六宗』（吉川弘文館、一九八五）があるが、これはすでに発表された研究諸論文の集成である。最近のものとしては北畠典生氏の「日本における華厳研究の歴史と課題」（『仏教学研究』五〇、仏教学の現在〈特集〉、一九九四）が回顧と展望を述べており参考になる。

さて、三論宗に関しては、平井氏の指摘を継承するかのごとくに、同じく歴史学と仏教学の学際で興味深い研究を発表しているのは松本信道氏であろう。松本氏は、「『大仏頂経』の真偽論争と南都六宗の動向」（『駒沢史学』三三、一九八五）で奈良朝後半期に存在した『大仏頂経』の真偽論争を取り上げ、また「三論・法相対立の始源とその背景―清弁の『掌珍論』受容をめぐって―」（平井俊榮監修『三論教学の研究』春秋社、一九九〇）において、清弁の『大乗掌珍論』の日本における依用の重要性を指摘する。また「大安寺三論学の特質―

道慈・慶俊・戒明を中心として―」（渡辺直彦編『古代史論叢』続群書類従完成会、一九九四）においては、先に平井俊榮氏が指摘した三伝のうちの大安寺伝の初期の動向について検討が加えられている。しかし、この後の日本三論宗の研究については、平井俊榮氏が「三論と成実宗」（平川彰編『仏教研究入門』所収、一九八四）で指摘するように、残念ながら見るべきものがいまだ多くは存在しない。今後の研究が望まれる所以である。なお論集奈良仏教・速水侑編『奈良仏教の展開』（雄山閣出版、一九九四）の速水氏の「回顧と展望」は分かり易いので参照していただければ幸いである。

三論に対抗する大きな勢力としての法相教学に関しては、深浦正文氏が教理的な側面から基本的な概説書である『唯識学研究』上下二巻（永田文昌堂、一九五四）を残している。上巻はインド・中国・日本に亙る三国の唯識教学の歴史を概観し、下巻は教理を概観するまとまった研究書である。また富貴原章信氏の『日本唯識思想史』（大雅堂、一九四四）が平安中期までの法相宗を扱ったものとして参照すべき基本的研究書である。また法相教学の平安末期の展開を述べたものとして、上田晃円氏の『日本上代における唯識の展開』（永田文昌堂、一九八五）も注目される著作である。同書は平安時代、十世紀初頭から中葉にかけて活躍した観理の『唯識義私記』を中心に扱い、十世紀後半に活躍した真興との相違を明らかにする研究である。従来の法相唯識の研究が伝来期と鎌倉期に偏りがちで、平安期の研究が欠落していたのを埋める意義を持ち、重要な研究の一つである。

なお奈良朝期の法相の動向を要領よく纏めているものには、末木文美士氏の「法相宗の形成」（『仏教学』三二、一九九二、『日本仏教思想史論考』〈大蔵出版、一九九三〉に再録）がある。末木氏には「奈良時代の禅」（『禅文化研究所紀要』一五、一九八八）や「万葉集における無常観の形成」（『東洋学術研究』二一―一、一九八二）、

「平安仏教思想史研究の諸問題―研究史的に―」（鶴岡静夫編『古代寺院と仏教』名著出版、一九八九）、「平安初期の諸宗の諍論」（『仏教思想』一二、平楽寺書店に「初期日本仏教にみる智慧」の題で収録、なお以上の諸編は末木文美士『日本仏教思想史論考』にすべて再録）および「『諸家教相同異略集』について」（智証大師研究委員会編『智証大師研究』同朋舎出版、一九八九）など、多くの南都仏教に関する論文があり、その該博な知見には大いに刺激を受ける。また一般向けではあるが「奈良時代における仏教東漸」（日中文化交流史叢書四、源了円・楊曹文編『宗教』大修館書店、一九九六）も参考になろう。

初期の戒律についての研究はやはり島地大等氏の「東大寺法進の教学について」（『哲学雑誌』四四三、一九二四）が注目される。また硲慈弘氏の「大安寺道璿の注梵網経について」（『寧楽』四・五、一九二五）、石田瑞麿氏の『鑑真―その戒律思想』（大蔵出版、一九七四）、『日本仏教における戒律の研究』（在家仏教協会、一九六三、中山書房より一九七六年に復刊）が重要である。石田氏の後者の研究は、比叡山の最澄の大乗戒の研究が中心であるが、南都の鑑真の戒律についても触れており、また『鑑真』と題する著書は、仏教学と歴史学の学際的成果としても注目される。なお鑑真の教学を中心としたものには、徳田明本氏の「鑑真和上の律宗」（『南都仏教』二五、一九七〇）があり、鑑真の戒律が『四分律』に基づく一乗円教の戒律であったことを主張している。

また鑑真以降の戒律の受容として奈良朝末期から平安朝初期までの時期を対象とした名畑崇「日本古代の戒律受容―善珠『本願薬師経鈔』をめぐって―」（佐々木教悟編『戒律思想の研究』平楽寺書店、一九八一、論集奈良仏教第三巻・根本誠二編『奈良時代の僧侶と社会』〈雄山閣出版、一九九四〉に再録）は、八斎戒の受容に言及する優れた研究の一つである。また根本誠二氏の「『扶桑略記』と授戒」（『日本宗教史研究年報』六、一九八五、論集奈良仏教第三巻・根本誠二編『奈良時代の僧侶と社会』〈雄山閣出版、一九九四〉に再録）と題する論文も奈良朝期までの戒律の受容に関する示唆に富む研究である。

また、南都では東大寺東南院を拠点として浄土教も展開していた。南都の浄土教について触れている研究としては、普賢晃寿氏の『日本浄土教思想史研究』(永田文昌堂、一九七二)がもっとも注目される。本書は平安期の永観、珍海など、法然や親鸞の浄土教が流布する以前に存在した南都の浄土教について言及する数少ない研究の一つである。南都の浄土教については、楠淳證氏に諸論文があるが、「唯識思想と西方願生思想」(『龍谷教学』二四、一九八九)、貞慶に関する「貞慶の法然浄土教批判に関する一考察」(『仏教学研究』四三四・四三五、一九八九)、「貞慶の安養説についての一考察」(『真宗研究』四一、一九九七)、良遍に関する「良遍の浄土教思想に関する一考察」(『龍谷大学論集』四三八、一九九一)などが注目される。

楠氏は、法然や親鸞の浄土教との関連の中から、南都の法相教学を学んだ学僧たちの一人である貞慶や良遍が、やがては阿弥陀の本願に基づく「不思議力」を認め、阿弥陀の極楽世界を通化土として認めるようになったことなどを指摘しており興味深い。特に法相教学における化土、報土の問題と叡山浄土教を母胎とする法然や親鸞の浄土教との対比は、共時的背景を考えた場合、その相違は注目されるものであり、今後の詳細な研究が望まれるところであろう。

二　中世以降の南都仏教に関する研究

第一節とも重複する研究を含むことをご諒解いただきたいが、中世は南都においても特筆すべき仏教の改革運動が現われた注目すべき時期である。それは教理的にも教団史的にも注目されるものである。まず歴史的な分野からの研究で仏教学とも関わるものをあげておこう。富貴原章信氏の『日本中世唯識仏教史』（大東出版社、一九七五）である。本書は、先の『日本唯識思想史』を継承するものとして平安中期から中世末期、すなわち江戸時代以前までを扱う唯一のまとまった研究であろう。

また東大寺の実際の状況を歴史学の領域から明らかにすることが主眼である永村真氏の「東大寺大勧進職と「禅律僧」」（『南都仏教』四七、一九八一）（後に『中世東大寺の組織と経営』〈塙書房、一九八九〉に改訂されて再録）および『中世東大寺の組織と経営』第三章の「中世東大寺の諸階層と教学活動」は、教理に踏み込んだ部分を持ち、仏教学の分野に関わる内容を含んだ有益な研究である。永村氏は中世東大寺を通じて寺院内の階層分化や律宗の僧侶が二分化してゆく事態を冷静に分析している。

さて、中世の南都の仏教改革運動は戒律や禅定体験を媒介として展開する。これに早くに着目したのは古田紹欽氏の「円爾弁円と実相房円照」（『南都仏教』三九、一九七七）であろう。古田氏は鎌倉新仏教に総合化と単一化との二つの方向性があったと考え、東大寺戒壇院に住した円照の活動を通じ、南都における中世の仏教運動を新仏教として考察している。

さて、この律宗改革運動の教理的な展開は、上田霊城氏の「鎌倉仏教における戒律の宗派化」（『密教研究』一一二、一九七五、森章司編『戒律の世界』〈北辰堂、一九九三〉に再録）や蓑輪顕量の「通受考―覚盛の転義の意味するもの」（『南都仏教』六八、一九九三）が参考になろう。上田氏の所論は律宗の新興運動が西大寺流と唐招提寺流に分かれていく過程を描き、蓑輪の所論は覚盛の通受・別受の二受の意義を論じる。また徳田明本氏の「南山律宗としての西大寺派」（『南都仏教』一八、一九六六）、「東大寺戒和上相承について」（『南都仏教』三九、一九七七）なども中世の律宗理解のためには有益である。なお徳田氏には、凝然の『律宗綱要』を中心に纏めた『律宗概論』（百華苑、一九六九）なる概説書が存在する。

また細川涼一氏の『中世の律宗寺院と民衆』（吉川弘文館、一九八七）、松尾剛次氏の『勧進と破戒の中世史』（吉川弘文館、一九九四）も南都の中世律宗の運動を扱った注目すべきものである。またさらには蓑輪の「叡尊教団における構成員の階層」（『宗教研究』三〇九、七〇―二、一九九六）や「叡尊教団における菩薩戒の授受―西大寺蔵『授菩薩戒用意聞書』と『授菩薩戒作法』を中心に―」（『南都仏教』七三、一九九六）は叡尊の門侶集団の独自性を明らかにし、また覚盛と叡尊とをつなぐ存在として法相宗の良遍の意義に着目した「良遍の戒律理解」（『大倉山論集』四〇、一九九六）などは『中世初期南都戒律復興の研究』（法藏館、一九九九）にまとめられ、教理的展開がたどれる書となっている。なお松尾氏には『救済の思想―叡尊教団と鎌倉新仏教―』（角川選書二七二、一九九六）など、歴史学を中心にしつつも宗教学や仏教学にまたがる学際的かつ啓蒙的な著書もあり参考となる。

中世においても注目される寺院は、四箇大寺に含まれる興福寺と東大寺である。東大寺僧侶の宗性に着目した平岡定海氏の『東大寺宗性上人之研究並資料』（全三冊、日本学術振興会、一九五八―一九六〇）が歴史学の分野からの研究ではあるが、まず特記すべきものである。同じく同氏の『日本弥勒浄土思想展開史の研究』（大蔵出版、一九七七）は巻末に「弥勒如来感応抄」を含み、また南都の弥勒浄土教思想について触れた研究であるが、平岡氏の研究において中世における論義の重要性が認識されたように思われる。

同じく中世を代表する華厳学者であり、また律宗の学僧でもある凝然に関しては、平川彰氏の「凝然の戒律思想」（『南都仏教』二八、一九七二、平川彰著作集第八巻『日本仏教と中国仏教』〈春秋社、一九九一〉に再録）が詳しい。しかし、沈仁慈氏の「凝然の戒律思想」（『インド哲学仏教学研究』東京大学インド哲学仏教学研究室、一九九八）によれば訂正されるべき点がいくつか指摘されている。なお凝然については、その著作である『八宗綱要』などに対する概説書（『仏典講座・八宗綱要（上）（下）』大蔵出版など）は出されているが、仏教学の分野から彼の思想全体を真正面から論じたものが意外に少ない。今後の研究が望まれるところである。

また興福寺の中世法相教学について正面から論じた最初期のものとして『鎌倉旧仏教』（日本思想大系、岩波書店、一九七二）が注目される。解説に収められた鎌田茂雄氏の「南都教学の思想史的意義」は南都の法相教学の変質を指摘する重要なものである。さらに伝統的な法相教学の研究として位置づけられる、山崎慶輝氏、北畠典生氏、楠淳證氏の研究が注目されるところである。そのうち代表的なものをいくつか掲げよう。まず山崎慶輝氏は、江戸時代に活躍した基弁に関して「基弁教学の一考察—空有論争に対する新見解—」（『仏教学研究』三九・四〇、一九八四）を著している。また北畠典生氏も同じく法相教学に造詣が深く、日本の中世唯識の展開について論義を軸に論じており、その集成が後述の『日本中世の唯識思想』に結実する。また良遍についても諸論文があり「『信願上人小章集』の研究—「不思議」の作者をめぐって—」（『仏教学研究』四三、一九八七）などから発展し、『『信願上人小章集』の研究』（永田文昌堂、一九八七）が注目される。

最後に楠淳證氏の諸論が新しくかつ有益なものが多い。平安末期から中世に至る法相教学の研究の歴史を概観した「日本仏教の展開—法相唯識について—」（『仏教学研究』五〇、仏教学の現在〈特集〉、一九九四）は、簡単な入門書として全体的な流れを摑みやすい。また楠氏は、「日本における唯識観の展開」（『仏教学研究』四五・四六、一九九〇）において観法としての唯識観の研究を行なっている。また楠氏の一連の研究は、論義の研究に仏教学の立場から見直しを求めている点でも大いに注目される。先行研究の多くが、論義は良算の『成唯識論同学鈔』で完成の域に達したとする見解を修正し、法相の論義が中世から近世にかけてさらに発展を遂げていたことを指摘し、新たな視点からの研究を提唱している。

楠氏の周辺からは、平安末期の法相教学の転換点となると考えられる蔵俊についての注目すべき研究である「蔵俊の『変旧抄』における真如観」(『南都仏教』六九、一九九四)を著した蜷川祥美氏や城福雅伸氏、藤丸要氏などの研究者を輩出し、彼らは伝統的な法相教理学に対する研究の道を歩み始めている。

また法相教学の論義については、共同研究の一大成果である、短釈を中心に詳細な研究をした先述の北畠典生編著『日本中世の唯識思想』(永田文昌堂、一九九七)が注目される。本書は純粋に法相唯識教理学の論義を内容とする研究書であり、専門外の人間にはおそらく理解が容易ではないであろう。若干の工夫が望まれる点もなしとしないのであるが、古代から継続する既成の仏教界の仏教教理学の実際に迫る研究として、現在のところもっとも高い水準を示すものといえるであろう。また論義の中身が伝統に縛られずに異説を大切にしたものであり諸義が併存する状況であったことを明らかにし、中国唯識教学を継承しつつも自由に教学の研鑽に励み、それが江戸時代まで継続したところが日本の法相宗の伝統であったとする点も注目に値する。これは今までの研究が主張していた、論義の中身は固定化し形式化したものであったとの認識を変えさせる意味を持つ点で、傾聴すべき見解である。また本書は論義の研究の今後を方向づけるという意味でも示唆に富むものとなろう。

さらに同じく南都仏教に含めるべきか否かに若干の躊躇を感じるが、明恵高弁の研究も重要であろう。明恵に関する研究は、鎌田茂雄氏の「日本華厳における正統と異端」(『理想』五九三、一九七二)、西山厚氏の「明恵研究序説」(『芸林』三〇―二、一九八一)、「明恵の思想構造」(『仏教史学研究』二四―一、一九八一)、末木文美士氏の「『摧邪輪』考」(『理想』六〇六、一九八三)が有用である。また明恵の仏光観を扱ったものとして

「中世南都系の実践思想―明恵と叡尊―」（『日本仏教論―東アジアの仏教思想Ⅲ―』シリーズ東アジア仏教、高崎直道・木村清孝編第四巻、春秋社、一九九五）がある。最近では同じく末木氏の「明恵と光明真言」、袴谷憲昭氏の「明恵『摧邪輪』の華厳思想」（ともに鎌田茂雄博士古稀記念会編『華厳学論集』〈大蔵出版、一九九七〉所収）が注目される。

また中世室町期以降の南都仏教の研究は、寡聞にして富貴原氏・山崎氏・北畠氏の若干の論文を除いてその存在をあまり知らない。先の北畠典生編著『日本中世の唯識思想』が江戸時代の短釈にも触れている唯一の例である。同様に近代以降を対象とした仏教学の分野からの研究もほとんど存在しないのが実状のようである。歴史学の分野では、論集『日本仏教』（雄山閣出版）など近世・近代・大正・昭和にわたる論考を集成したものがある。また、西大寺が纏めた『近代の西大寺と真言律宗―宗派の独立とその後―』（真言律宗独立認可百周年記念、西大寺、一九九六）なる著作があるが、本書は廃仏毀釈の中での南都仏教界の僧侶の苦悩と対応を、西大寺を拠点とする真言律宗の動向を中心に報告している点で、近代以降の南都の歴史的運動を知るのに有益であるが、仏教学からの研究とは言えないところが残念である。なお最後になったが、末木文美士氏の『日本仏教史―思想史としてのアプローチ―』（新潮社、一九九二）は巻末に文献案内があり、便利であることを付言しておこう。

おわりに

昨今、仏教学の分野からなされている南都仏教の研究においては、論義の中身の研究が進められつつある。

とくに、楠氏の周辺で進められている法相論義の研究には、次のような意義があろう。すなわち、一九八〇年代の歴史学領域の研究から、中世においても僧綱制が存在したことが指摘された。この分野では牛山佳幸氏の『古代中世寺院組織の研究』（吉川弘文館、一九九〇）、海老名尚氏の諸論文「書評　牛山佳幸著『古代中世寺院組織の研究』」（『寺院史研究』二、一九九一）、「宮中仏事に関する覚書―中世前期を中心に―」（学習院大学『文学部研究年報』四〇、一九九三）、「平安・鎌倉期の論義会―宗教政策とのかかわりを中心に―」（『学習院史学』三七、一九九九）などが重要な位置を占める。やがて、その僧綱制を支えていた法会と論義の実際に、研究の関心が移った。なお公的法会の果たした役割を国政史的観点からまとめあげたものが、上川通夫氏の「中世寺院の構造と国家」（『日本史研究』三四四、一九九一）や上島享氏の「中世前期の国家と宗教」（『日本史研究』四〇三、一九九六）、「真言密教の日本的変遷」（『洛北史学』創刊号、一九九九）であろう。とくに上島氏の所論は中世の朝廷と仏教の関係を上代からの流れに沿って解明する、この分野における研究の到達点の一つを示すと思われる。

そして、仏教学の分野では、実際の論義においてなされていた議論の中身は、形骸化していたと見なされて詳細には分析されてこなかったが、ここへきてそうした状況を脱しつつある。今後は、歴史学や国文学の研究から明らかにされてきた中世仏教の大枠の上に、論義の中身の研究が位置づけられるであろう。国家との関係で重要と考えられる中世の南都三会や北京三会、および三講において行なわれていた論義の具体的な中身に触れた研究は、まだ多くはない。しかし論義を軸にした研究がようやく実を結びつつある。中世にはすでに形式のみであったと貶められていた論義の中身を、法相に限らず、華厳、三論、律などの諸宗を含めて、写本を手掛かりに明らかにしようとする研究の今後の成果を期待し、雑駁ではあるが主に仏教学を中心とした南都仏教の研究史の紹介を終えることとしたい。

なお「はじめに」の部分でも述べたことであるが、南都仏教の研究には、歴史学や美術史学からの論究は言うまでもなく、芸能史（一例を挙げれば松尾恒一氏の「興福寺維摩会延年の成立」『芸能史研究』一二八、『延年の芸能史的研究』〈岩田書院、一九九七〉は維摩会に関する貴重な論考であり、また高山有紀氏の『中世興福寺維摩会の研究』〈勉誠社、一九九七〉も注目される）や国文学、建築学からの論究も少なくない。これらの諸研究の整理は筆者の力量ではかなわないところであるので、それぞれの分野からの研究の整理がなされることを期待する。

天台

大久保良峻

一　先駆的研究

日本の天台宗は中国天台の延長上にあり、それを基盤としていることは言うまでもない。しかし、最澄の相承が四宗相承（四宗融合）、すなわち円・密・禅・戒の四宗によって論じられ、以後、さらに複雑化していくことからも、中国天台とはかなり異なった展開を示していることは自明のことである。

現在の天台宗の寺院勢力は大きくはないが、比叡山は日本の思想や文化の核心を担ってきた。日本天台の研究を教義から言えば、天台法華教学（円教）、台密（密教）、禅、戒だけでなく、浄土教、神道、天台教学の展開としての本覚思想、その他の特殊法門等に一応は分けられる。そして、その研究は、教学・思想、歴史学、文学、美術、音楽、建築等に及ぶのであるが、総合的な研究はほとんどなされてはいない。しかし、その豊かさに注目する海外の研究者もいる。

そういったわけで、天台宗に照準をあわせた研究が、天台宗以外の学者からもなされ、大きな成果を挙げている。もちろん、宗内からも多くの研究者が出ているが、天台宗が古来与えてきた影響から言えば、他宗の僧侶や一般の人から優れた研究が出されるのも当然の趨勢なのである。

その研究史上、まず注目すべき書物が、島地大等『天台教学史』（明治書院、一九二九）であろう。島地氏は浄土真宗〔本願寺派〕の僧籍を持っていた。島地氏の著作の中で、広く天台教学を扱ったのが本書であり、名著の誉れ高い。この書から、本格的な天台研究が始まったといっても過言ではない。今では、古典とも言うべき書籍となった感もあるが、普及版もあり座右に備うべきものである。

そして、やはり中国天台・日本天台の全般に目を配ったうえでまとめられたのが、上杉文秀『日本天台史』二巻（破塵閣書房、一九三五）である。上杉氏は浄土真宗〔大谷派〕に属すが、比叡山において密教の基本修行である四度加行や灌頂を受けて研鑽した。

島地氏や上杉氏による先駆的な業績で注目すべきは、中古天台の本覚思想・口伝法門の研究に着手したことであり、とくに島地氏の研究は後に継承され現在にまで大きな影響を与えている。それは、『思想と信仰』（明治書院、一九二八）、『仏教大綱』（同、一九三一）、『教理と史論』（同、一九三一）等に収められている。これらの中、『教理と史論』所収「日本古天台研究の必要を論ず」において、「予はこの日本哲学成立の可能を想定せんがため、試に仏教哲学時代に於ける思想上のクライマックスを古天台の本覚思想に設定せんと提唱したるものである」と述べたことは、本覚思想研究者をつねに惹きつけてきた。なお、ここに「古天台」というのは島地氏独自の歴史観に立つ用語で、現今の学者に踏襲されてはいない。島地氏の区分は、「最澄已前の上古天台」、「更にこの日本天台を中古天台と近古天台とに分ち、前者を以て安楽已前に、後者を以て安楽已後に配し」、「日本中古の天台もしくは日本古天台の名」という記述で理解されよう。

また、島地氏の諸著作は門下生の手で編纂されたため、最終的な確認を著者自身がしていないことに起因する問題点や、あるいは現時点の学術水準からは訂正すべき箇所もあるが、先駆性というだけではなく、今でも価値の高い論考も多い。

その島地氏の門下である硲慈弘氏の諸論考を収載した『日本仏教の開展とその基調』二巻（三省堂、一九四八）の、特に下巻は中古天台の研究書として名高い。ちなみに、硲氏の言う「中古」とは平安末、院政期中ごろから江戸中葉、安楽一派の勃興の時までを指す。その「中古」の語による歴史区分が必ずしも適当ではないという指摘もあり、「中世天台」という言い方もなされるようになったが、「中古天台」という呼称は思想展開を包摂した区分として有用性は高いように思われる。参考までに付言すれば、「中古」の語が歴史的に不合理であることを認めつつも、その語による時代区分が東密においても有効であることを櫛田良洪氏（『真言密教成立過程の研究』序、三頁）は述べている。

硲氏の研究は後の研究者にとっての規範となり、多方面に影響を与えた。中でも、本覚思想ということになると、田村芳朗『鎌倉新仏教思想の研究』（平楽寺書店、一九六五）は硲説を継承し、現今も史学家によって定義が大問題となっている「鎌倉新仏教」に、本覚思想の観点から食い込んだものとして、注目を浴びることになった。その本覚思想について、田村氏が日本思想大系『天台本覚論』（岩波書店、一九七三）に「天台本覚思想概説」を載せたことにより、その重要性が広く知られることになった。また、田村氏の論文を集めた『本覚思想論』（春秋社、一九九〇）も刊行されている。なお、本覚思想については、とくにその文献の年代や筆者の判定をめぐって、田村氏の説が果たして正しいかどうか疑問視する意見もある。どういった方法で見直しを行なうか大きな課題ではあるが、ともかく再検討が必要であり、田村説をそのまま踏襲することには問題がある。

さらに言えば、田村氏は絶対（的）、および相対（的）という表現を多用して鎌倉新仏教の整理を試みているが、それは田村氏独自の観点からなされたものであり、不用心に自説に取り込むことには慎重でなければならない。

また、本覚思想の研究において教学や教理の研究は十分になされていない感がある。それが容易でないのは、本覚思想文献と言われるものの内容は、日本的な変容を遂げた天台教学であり、その解明には中国天台以来の教学の知識が要求されるからである。そのことを認識しておかないと、本覚の語に引きずられるだけの概括的な議論に堕してしまうのである。そういう状況下にあって、日本思想大系『天台本覚論』がいくつかの文献を紹介していることは意義あることと言うべきであろう。

ところで、島地氏の『天台教学史』にせよ上杉氏の『日本天台史』にせよ、こういった名著はあまりに広範な領域を扱っているので、細部に問題がないわけではなく、また、書名や人名などの固有名詞が極めて多くて、とうてい読みこなせるものではない。しかも研究上は、これらの書籍に名前が記されている原典を直接見ることが大事であるが、一つには、未だに活字化されていないものも多いという問題がある。その場合は、必要に応じてそれを探すことが要求される。加えて、もう一つの問題点として、すでに活字化されている文献、たとえば大正新脩大蔵経・大日本仏教全書・日本大蔵経・天台宗全書等に収められている文献であっても、基礎的な研究すらなされていないものが多々あることが挙げられる。しかも、近年、続天台宗全書や、神道大系『天台神道』二巻、『日吉』などで新しい文献が公刊されている。

漢文の文献を読むためにはそれなりの知識と技術が必要なため、なかなか研究が進展しないということもある。したがって、基本文献の訓読や出典の検索という基礎作業自体が研究となりうる。このようなことを言うのは、そういった業績があまり新たには出ていないからである。そこで、古いものではあるが、諸文献の訓読文を紹介するならば、国訳一切経のほかに昭和新纂国訳大蔵経の中の『天台宗聖典』や、硲慈弘編『天台宗聖典』(明治書院、一九二七。復刊、中山書房、一九八六)がまとまったものとして挙げられる。現今、修正すべき点もあろうが、伝統的な訓みを知る上でも有効である。

二　教学研究の諸様相

天台教学と言った場合、その教学とは何を指すかということになると、広く捉えれば相当に複合的なものとなる。その傾向は中国天台以来のものであるが、日本天台では一層その度合いを高めている。しかし、根本となる教学をいくつかに分類して考える必要があり、そういった観点から天台教学の概要を知るための名著が、福田堯穎『天台学概論』(文一出版、一九五四)である。同書の基幹は法華円教概説・天台密教概説・天台円戒概説の三部であり、極めて水準の高い解説を施している。福田氏の学識の深さは、谷中の天王寺に遺された写本・版本等の蔵書、いわゆる福田蔵によっても知られるところである。ただし、文体はやや古く、読みにくい点があるかもしれない。

また、専門に研究していないと、何を根拠にしての記述か分からない場合もあるが、特に密教については、外部の人にとって容易には近づきえないところがあることから言えば、本書の台密の概説は格好の手引きとなろう。その天台密教概説は、清水谷恭順『天台密教の成立に関する研究』(文一出版、一九七二)にも大きな影響を与えている。したがって、問題点をそのまま持ち越している場合もある。小さな例ではあるが、一つ挙げておく。

東密の六大体大に対して台密は阿字体大と言われる。そして、『天台学概論』「阿字体大」の項（四二六頁）には、「五大院先徳は、「万法は是れ真如とは、阿字不変の理にして、真如は是れ万法とは阿字随縁の相なり」と言っておるが、……」と記され、『天台密教の成立に関する研究』（二六九頁）でも、五大院の言として、「万法是真如者阿字不変《ノ》理《ニシテ》　真如是万法者阿字随縁《ノ》相《ナリ》」と引用されている。この両書に引かれる安然の説は阿字随縁を言うものであり、台密にとっては極めて重要である。しかし、両氏とも典拠を示していない。ほぼ同じ文が『義釈捜決抄』巻一之四（天全一〇・二二〇頁上）や『渓嵐拾葉集』（大正七六・八二六頁下―八二七頁上）で、安然の『阿字観』の文として引用されているので、そういったところに根拠があるのかもしれない。ただし、両書とも「随縁阿字」となっていて、「阿字随縁」にはなっていない。このことについての、福田・清水谷両氏の記述は読者にとって親切なものとは言えないだろう。このようなこともあり、すでに定説となっている重要事項でも再吟味を要する場合もあると思われる。

台密は、最澄以降の円仁・円珍・安然によって東密に比肩し、あるいは凌駕するまで発展したのであり、当時の情勢から言えばもっと研究がなされてもよいと思われるが、密教が有する特殊性や、日本天台が密教を主流にしなくなっていくという事情もあり、あまり研究はない。そのような中で、歴史学の立場から密教の修法・事相の展開に注目した論著に、速水侑『平安貴族社会と仏教』（吉川弘文館、一九七五）があり、台密における修法の実際を知るうえで有益である。また、台密を新たな観点から総合的に研究したのが、三﨑良周『台密の研究』（創文社、一九八八）であり、独自の切り口を見せている。とくに、台密が胎蔵界・金剛界に加えて蘇悉地部を立てることに注目した。蘇悉地が台密の特色であることはよく知られるところであり、そのことを誰もが言うものの、じつはその内容は従来ほとんど分かっていなかった。それは、蘇悉地の伝承自体が必ずしも明瞭ではなかったことにもよるが、三﨑氏の研究はその不明瞭な原因をも追究している。さらに、蘇悉地が最澄や慈円の密教、あるいは山王神道と重要な関わりがあることを解明し、また、その蘇悉地の研究は、仏頂系の密教という範疇の設定にも繋がっていった。三﨑氏には、『台密の研究』以外に、論文を集めた『台密の理論と実践』(創文社、一九九四)、『密教と神祇思想』(創文社、一九九二)もある。ただし、特殊な問題も扱っているため、初学者には難解な論考も含まれるが、密教の基本的な問題点にもしばしば論及しているので、台密を理解するための基本書籍である。

つぎに、法華円教について言うならば、中国天台についての研究が中心になされることにもなるが、当然、最澄をはじめ日本天台の諸学匠を対象とした研究もゆるがせにできない。しかし、たとえば、最澄の著した基本的文献でさえ、訓読や口語訳、あるいは基本的な注釈研究はあまりなく、この点は東密の空海と比べて明らかに遅れている。このことは、天台宗を研究する場合、智顗の著述から研究する必要があることにもよるが、それもまだ基礎的な研究課題を多々残しているし、湛然も視野に入れた上でさらに究明がなされていかねばならないであろう。また、日本天台の口伝法門・本覚思想もその内容から言えば、法華円教の延長であり、そこには応用問題とも言うべき要素もあって、多角的な検討が要求される。

ところで、戒律についても中国天台からの研究が必要であるが、最澄については、その生涯において極めて重要なものであるため、いくつかの踏み込んだ研究がなされている。とくに、『顕戒論』については、日本思想大系『最澄』(岩波書店、一九七四)がある。日本天台の戒律については、石田瑞麿『日本仏教における戒律の研究』(在家仏教協会、一九六三)に触れるところも多く、先駆的業績である。また、比叡山の戒律は法然、すなわち浄土宗にも伝えられることから、その流れを論じた述作に、恵谷隆戒『円頓戒概論』(大東出版社、一九七八)があり、日本天台の伝戒も視野に入っている。戒の重要性は、たとえば、『法華経』の龍女成仏が『法華経』の勝れた力による成仏であると理解するのが基本であるとしても、それがじつは密教の力による成仏であるとする場合があるのみならず、戒の成仏であると捉えることもあるように、戒が円・密二教に匹敵する威力を持つものとされるようになる。それは、即身成仏が日本仏教の重要教義であるのにもかかわらず、それでは一体誰が即身成仏したのかとなると龍女が最も具体性を持ち、その成仏がさまざまな場面で適用されるからでもある。そして、戒の伝授を特殊な形で儀礼化したのが、天台真盛宗に伝えられる戒灌頂(重授戒灌頂)であり、それが色井秀譲『戒灌頂の入門的研究』(東方出版、一九八五)により具体的に知られるところとなり、また、基本的な文献が続天台宗全書に収められた。

日本天台において、浄土教が重要な法門になることは周知のことであり、とくに源信の『往生要集』は日本浄土教の画期をなす撰述である。『往生要集』については、多くの註釈や解説、あるいは研究書が出版されているが、ややもて囃されすぎの感がなくもない。とりあえず、ここでは参考書として日本思想大系『源信』(岩波書店、一九七〇)を挙げておく。また、関連分野の研究として、西村冏紹監修・梯信暁著『宇治大納言源隆国編安養集　本文と研究』(百華苑、一九九三)は新しい成果である。なお、従来、源信の親撰とされる傾向の強かった『観心略要集』が、西村冏紹・末木文美士『観心略要集の研究』(百華苑、一九九二)によって偽撰の可能性が濃厚になってきている。中国・日本天台における浄土教の概要については、山口光円『天台浄土教史』(法藏館、一九六七)がある。日本天台の浄土教研究は『天台大師の研究』(百華苑、一九六一)で卓越した成果を示した佐藤哲英氏の手になる『叡山浄土教の研究』(百華苑、一九七九)によっても推進された。同書は、第一部研究編と第二部資料編に分かれ、再版から分冊になった。なお、佐藤氏の著作となっているが、他の研究者が分担執筆しているところもある。佐藤氏には、日本天台関係の諸論考があり、研究者に注目されているが、それらが一冊の書としてまとめられなかったことが惜しまれる。

また、天台宗の神道、すなわち山王神道の研究については、従来、諸研究者による個々の論文で進展してきたが、菅原信海『山王神道の研究』（春秋社、一九九二）というまとまった業績が発表された。菅原氏のこの著作は、それまでの議論を蓄積してのものであり、今後の発展の布石となるものである。山王神道については、文学研究者のなかにも注目する人が多く、研究者が互いに交流する必要がある。

三　日本天台の人物と思想

日本天台の研究を個人に焦点をあてて鳥瞰するならば、まずは最澄について見ていかなければならない。最澄について論じた著作や論文は多く、現今でも新しいものが出版されている。その過程において、昭和十年代に最澄の一生を述べた名著が、塩入亮忠『伝教大師』（日本評論社、一九三七）であり、後の指針となっている。同氏には『新時代の伝教大師の教学』（大東出版社、一九三九）もある。これらの著作が現在でも光彩を放っているのは、原文を読みこなし、最澄の教義に対する深い洞察をもって論述しているからである。

最澄についての著作は多々あるが、ここでは田村晃祐編『最澄辞典』（東京堂出版、一九七九）と、同氏の著作である『最澄教学の研究』（春秋社、一九九二）をあげておく。『最澄辞典』は教義を含めて要領よく解説してあり、読み物としても評価できるものである。また、『最澄教学の研究』は、最澄の生涯における最大の論争者であった徳一の解明にも力を注いだ論著である。なお、アメリカの学者であるポール・グローナー（Paul GRONER）氏の英文著作 “SAICHŌ: The Establishment of the Japanese Tendai School” (BERKELEY BUDDHIST STUDIES SERIES 7, 1984) も日本の研究を基盤にして最澄の全体像を探った好著である。

ところで、最澄の密教については一般にあまり十分に理解されていない感があり、今でも島地大等氏の『天台教学史』に「伝教大師の密教は胎蔵の一法にあると同時に、またその知識は『義釈』の教相に止まるをもって」とあるような見解が採られる場合がある。しかし、そういった理解は正鵠を得たものではない。最澄の密教についての秀逸な論考が、三﨑良周『台密の研究』に収められ、また木内堯央『天台密教の形成　日本天台思想史研究』（渓水社、一九八四）も最澄の密教の解明に主眼が置かれている。その他、田村氏は「最澄研究の諸問題」（『仏教学』三六、一九九四）で最澄研究の最近の動向に触れているが、その中で密教について論ずるところがある。

また、最澄について最近まで学会を賑わせ、熱気を与えてきたのは福井康順氏であり、その主要な論考は『日本天台の諸研究』（法藏館、一九九〇）に収められている。とくに、最澄の生年を神護景雲元年（七六七）ではなく天平神護二年（七六六）としたことは最澄の研究家のなかでも賛否両論があるが、確定的ではないとしても七六六年生誕説も有力な見解としてしばしば用いられるようになった。また、『天台法華宗年分学生式』に見られる、最澄直筆の「照千一隅」を『照于一隅」、すなわち「一隅を照らす」と読む立場から大論争を展開した。これは天台宗が「一隅を照らす運動」を宗をあげて行なっていることもからみ、大きな話題となった。

確かに、一連の文として、漢文として読めば福井説のとおりなのである。しかし、その典拠を辿っていくと「千里を照らし、一隅を守る」というのが原意なのではないかとするのが反対意見である。ということになると、「照千一隅」は「照千・一隅」のように表記されたり（日本思想大系『最澄』一九四頁）、「千を照らす一隅」のような読みがなされることになるが、漢文としては不自然な感が残る。なお、近年、福井文雅氏は、「照于一隅」の立場で、「一隅に照る」という読みを提唱している（『漢字文化圏の思想と宗教』五曜書房、一九九八）。今は、その決着を述べようとするものではないので、第三者の立場から、それぞれの立場の主張者が相互の意見を認めていないことを記するに止めておくことにしたい。ただし、「照千一隅」は、漢文として、「千を一隅に照らす」、すなわち、「一隅にいて、千里を照らす」という読み方ができるのにも拘らず、その読みの可能性が指摘されないのは不思議である。

最澄、円仁、円珍については、広く研究者の論考を集めて構成された研究書があり、研究の水準が知られる。それらは、『伝教大師研究』（早稲田大学出版部、一九七三）、『伝教大師研究　別巻』（早稲田大学出版部、一九八〇）、『慈覚大師研究』（早稲田大学出版部、一九六四）、『智証大師研究』（同朋舎、一九八九）であり、『伝教大師研究』と『慈覚大師研究』はやや古くなった感もあるが、『慈覚大師研究』は円仁の研究がそれほど進展していないので貴重であり、『智証大師研究』は新しいものである。また、『伝教大師研究　別巻』は研究文献目録や関連年表を載せていて、それぞれ利用価値は高い。とくに関連年表は典拠を明示した詳細なものであり、極めて有益である。

円仁についての研究は、『入唐求法巡礼行記』は小野勝年『入唐求法巡礼行記の研究』四巻（鈴木学術財団、一九六四〜六九）に代表されるように総合的になされ、その後も資料的価値の高さが新たな観点からも認められているが、その他の典籍については未解明の問題点も多く、十分に研究がなされているとは言いがたい。また、小野氏には円珍についての『入唐求法行歴の研究』二巻（法藏館、一九八二・一九八三）という研究書もあり、円珍の入唐に関する問題点に光をあてている。なお、最澄、円仁、円珍の伝記や歴史研究が近年次々と公刊されている。すなわち、佐伯有清『伝教大師伝の研究』（吉川弘文館、一九九二）、同『最澄とその門流』（同、一九九三）、同『若き日の最澄とその時代』（同、一九九四）、同『慈覚大師伝の研究』（同、一九八六）、同『智証大師伝の研究』（同、一九八九）、小山田和夫『智証大師円珍の研究』（同、一九九〇）などである。

安然については、叡山学会編『安然和尚の研究』（同朋舎、一九七九）が諸論考を収めるが、執筆者が限定されているため総合的なものではない。安然には多くの著述があり、その重要性は識者の指摘するところである。後の、日本天台の展開を考える上でも、極めて多くの影響を与えていることに注目しなければならない。たとえば、「帰命本覚心法身」で始まるいわゆる本覚讃（『蓮華三昧経』・『無障碍経』）や、草木成仏を説く『中陰経』などを最初に活用したのも安然であるし、重要な教義が安然を起点として展開している場合が多々ある。

安然の研究は諸研究者によって個々に行なわれ、秀逸の論文も多いので、それらを集めればある程度は安然研究の重要性が知られるであろう。その安然について、末木文美士『平安初期仏教思想の研究—安然の思想形成を中心として』（春秋社、一九九五）は、従来の研究を渉猟した基礎的研究である。二部構成で、第二部を文献研究篇としたことは有益である。ただし、安然の研究で最も肝要と思われる密教についてはあまり頁が割かれておらず、課題を残したものになっている。

ここで述べた、最澄、円仁、円珍、安然という諸学匠は、日本天台の基盤を固めたのであり、大きな流れとして把握できるものである。そういった観点からの研究としては、浅井円道『上古日本天台本門思想史』（平楽寺書店、一九七三）があり、諸著作から重要な文を抽出し、よく整理してある。浅井氏が日蓮宗に所属するため、各篇に日蓮的立場からの展望の章が設けられているが、全体としては最澄から安然に至るまで、直接それぞれの諸著作を網羅的に検討しているのであり、初期日本天台の研究書として類書がなく、優れた著作と言える。なお、その内容について、訂正を要する箇所もあるが、本書が出版されてからの時間の経過と、扱っている文献の広範さを考慮すれば仕方がないことであろう。

安然以降の学匠として、研究状況を把握しておくべきは、良源、源信、証真、慈円であろう。良源については、叡山学院編『元三慈恵大師の研究』（同朋舎、一九八四）があり、研究論文目録も収められていて役に立つ。なお、良源というと『極楽浄土九品往生義』、源信については前記した『往生要集』ばかりがその名を知られるが、両者ともに浄土教の撰述以外にも重要な影響を与えた著作を残していることに注目すべきである。たとえば、良源の『被接義私記』、源信の『一乗要決』などがそうである。また、証真については諸研究者によりさまざまな論文が発表されているので、それらを集めればある程度の分量にはなるが、総合的な研究は今後に俟つものである。大久保良峻『天台教学と本覚思想』（法藏館、一九九八）は、良源の『被接義私記』や証真の教義に言及し、証真より少し前の道邃が著した『天台法華玄義釈籤要決』等の三大部要決についての問題点を扱っている。慈円については、多賀宗隼『慈円の研究』（吉川弘文館、一九八〇）がまとまった成果である。

四　日本天台研究のために

東密を中心とした密教の辞書には『密教大辞典』（法藏館）という秀逸の書があるが、天台学や台密についての充実した辞書はない。ただし、織田得能『仏教大辞典』（大蔵出版）はしばしば有益な情報を提供してくれる。また、現存する書籍目録には渋谷亮泰編『昭和現存　天台書籍綜合目録』（法藏館）がある。なお、『日

本天台　宗典目録』（比叡山専修院出版部、一九四一）は新しいものでもなく簡易な目録ではあるが、諸学匠の著作の概要を知る上で便利である。その他、渋谷慈鎧編『訂正　日本天台宗年表』（第一書房）や同氏編『校訂増補　天台座主記』（第一書房）のようなものも出版されている。

研究状況を知るための参考文献について言えば、本覚思想については、「本覚思想関連著書論文目録」（浅井円道編『本覚思想の源流と展開』平楽寺書店、一九九一）や、「天台本覚思想研究書論文目録」（末木文美士『日本仏教思想史論考』大蔵出版、一九九三）が役に立つであろう。

日本天台の研究状況については、木内堯央「日本天台研究のあゆみ」（『日本仏教』四七、一九七八）、同『最澄と天台教団』（教育社歴史新書、一九七八）、塩入良道・木内堯央編『伝教大師と天台宗』（日本仏教宗史論集三、吉川弘文館、一九八五）に情報が記されている。

また、最澄については木内央『伝教大師の生涯と思想』（第三文明社レグルス文庫、一九七六）、塩入良道・木内堯央編『最澄』（日本名僧論集二、吉川弘文館、一九八二）や、田村晃祐『最澄』（吉川弘文館、人物叢書、一九八八）が参考になる。

人物叢書には、『最澄』のほか、佐伯有清『円仁』（一九八九）、同『円珍』（一九九〇）、速水侑『源信』（一九八八）、多賀宗隼『慈円』（一九五九）、平林盛得『良源』（一九七六）等があり、中にはやや古くなったものもあるが、それぞれ参考文献を載せているので手引きとして活用できる。

ところで、ひとつ付け加えておきたいのは田島徳音氏の業績である。国訳一切経には田島氏の手になるものが種々収められているが、とくに諸宗部一八（『教時問答』・『天台真言二宗同異章』・『一乗要決』）は解題を含め重要である。また同氏が『仏書解説大辞典』（大東出版社）で解題を担当した書目の解説には中身の濃いものが多い。その書目中には、学界であまり知られていないもので、注目を要するものも含まれる。

日本天台の研究書として本稿で取り上げなかったものも多数ある。それらについては、右に記した参考文献の目録で補っていただきたいと思う。とくに、古い書籍については定評のあるものを紹介したつもりであるが、新しいものについてはこれからの評価を待つものがほとんどであろう。なお、最近の業績については評言を加えなかったとしても、新たな方向性を示したものを掲げたつもりである。ただ、本稿は必ずしも網羅的な紹介をするものではないので、重要な論著でも言及しなかったものがあり、また個別の論文はほとんど取り上げなかったことをお断わりしておく。

真言

武内孝善

はじめに

空海は、延暦二十三年（八〇四）七月、第十六次遣唐使の一行とともに唐に向かい、翌二十四年五月、三朝の国師と仰がれていた長安青龍寺東塔院に住む恵果阿闍梨に出逢った。同年六月から八月にかけて三度にわたり、恵果から大悲胎蔵生・金剛界・伝法阿闍梨位の灌頂を受け、金剛智—不空—恵果と相承された『大日経』『真実摂経』（『初会の金剛頂経』）にもとづくインド伝来の正統な密教を余すところなく授けられた。大同元年（八〇六）十月、不空訳をはじめとする多数の経論・曼荼羅・阿闍梨付嘱物などをたずさえて帰朝した。

中国にあっては、密教経典の翻訳と中国社会に密教をいかに定着させるかが急務であって、密教思想を組織的に叙述し、教理を完成させるまでにはいたらなかった。密教思想の組織化・体系化をおこない、教理を完成させたのは、ほかでもない空海であった。空海によって大成された密教を、特に真言密教と称する。

弘法大師著作研究会編『定本弘法大師全集』全十一冊（高野山大学密教文化研究所、一九九一—九七）には、

真撰疑いないと考えられる二十部あまりの空海の著作が収録されている。それらを巻別にあげると、つぎのごとくである。

『御請来目録』一巻、『真言宗所学経律論目録』一巻、『秘密漫荼羅教付法伝』二巻、『真言付法伝』一巻（以上**第一巻**）／『秘密漫荼羅十住心論』十巻（**第二巻**）／『般若心経秘鍵』一巻、『即身成仏義』一巻、『声字実相義』一巻、『吽字義釈』一巻、『弁顕密二教論』二巻、『秘蔵宝鑰』三巻（**第三巻**）／『大日経開題』七種など諸種の経典解題（**第四巻**）／『三昧耶戒序』一巻、『太上天皇灌頂文』一巻、『五部陀羅尼問答偈讃宗秘論』一巻、『念持真言理観啓白文』一巻、『梵字悉曇字母并釈義』一巻（**第五巻**）／『文鏡秘府論』六巻（**第六巻**）／『聾瞽指帰』一巻、『三教指帰』三巻、『高野雑筆集』二巻、『拾遺性霊集』一巻（**第七巻**）／『遍照発揮性霊集』十巻（**第八巻**）／『篆隷萬象名義』六帖（**第九巻**）

このなかには、文学・語学・字典関係のものも含まれるが、その大部分は真言密教の教義に関するものであり、それらには真言密教の思想的特徴として、三つの大きな柱が読みとれる。第一は、それまでに伝来していた仏教つまり顕教をはじめ、あらゆる宗教、あらゆる思想に対する密教の優位性を主張した教判論であり、第二は真理の存在とその真理をみずからの肉体に体得する実践方法を論じた即身成仏思想などの本質論である。第三は、密教の相承系譜とその正統性を主張する付法論である。

これらの主題は、入唐帰朝後早々に書かれた『御請来目録』に、すでにその思想的萌芽がみられ、以後順次、体系づけられていった。すなわち、空海は弘仁六、七年（八一五、八一六）ころ、本格的に密教宣布活動をはじめるにあたり、まず教判論の一つである顕密二教の教判と付法論を述作した。ついで弘仁十年（八一九）ころから天長のはじめにかけて、『即身成仏義』『声字実相義』『吽字義釈』（以下、それぞれ『即身義』『声字義』

『吽字義』と略称す）といった本質論を書きあげることによって教学を確立し、晩年の天長七年（八三〇）ころにいたり、仏教諸宗をはじめ、あらゆる宗教・思想を密教の立場によって包摂・総合する教判論の一つである十住心の教判をまとめ、密教思想の集大成をはかったのであった。

本稿の課題は、密教の研究史であるが、日本密教といえば、空海にはじまる真言密教（東密）だけでなく、最澄にはじまる天台密教（台密）が含まれる。したがって、その対象に台密も加えるべきであるけれども、東密だけでも多岐にわたるし、限られた紙数では中途半端となる恐れがある。よって本稿では、対象を東密とし、しかも主題をさきに記した三つの柱――教判論・本質論・付法論――に限定し、必要に応じて台密等にふれることにしたい。取りあつかう論考は、第二次世界大戦後に発表されたものを中心としたい。論述の順序は、まず基本的な資料を論じ、そのあとに三つの柱を取りあげることにしたい。

一　教学研究の基本テクスト

歴史研究はもちろんのこと、思想研究においても、厳密な校訂がほどこされた信頼できる資料にもとづいてなされるべきことは、論をまたない。そこではじめに、教学研究の全般にかかわるテクストについて、一瞥しておきたい。

第一にあげられるのが、空海全集の刊行である。全集に類するものは、明治以降、七回刊行されているが、その最初のエポックは、長谷宝秀が編纂主任となって出された、祖風宣揚会編『弘法大師全集』全十五冊（洋装本全六冊、吉川弘文館・六大新報社、一九〇九―一九一〇。再版・全六冊、六大新報社、一九二三。増補三版・全八冊、密教文化研究所、一九六五―一九六八）である。この全集では、空海に帰せられる二百二十部余りの著作が、真撰疑いなきもの・真偽未了のもの・偽作と考えられるものに大別集成され、増補三版には索引がつけ加えられた。これによって、空海の著作を容易に手にすることができるようになり、この全集が空海の思想・伝記の解明にはたした役割は、はかり知れないものがある。しかしながら、この全集は底本に江戸時代の刊本を多用していることから、写本にもとづいた、より正確なテクストの出版がさけばれるようになった。

それに応えたのが弘法大師著作研究会編『定本弘法大師全集』全十一巻（密教文化研究所、一九九一―一九九七）である。これには、真撰疑いなき二十余部の典籍と、真撰とみなすことが疑わしい典籍若干が参考文献として収録されている。その本文は、現存する写本・刊本を可能なかぎり精査し、古写本を底本とし、厳密な校訂を加えたものであり、安心して依用できる本となったといえる。しかし、確かに本文の文字にはみるべきものが少なくないけれども、誰にでも読めるようになったとはいいがたい。なぜなら、底本を尊重する方針がとられたため、底本の訓み・返り点だけしか採用されていない典籍があるからである。

これに対して、空海の思想の精髄をより多くの人々に直接手にしていただきたいとの意図からであろう、真撰疑いなしと考えられる著作を中心に、訓み下し文と現代語訳を対照してあげ、難解な語句に注を付した全集が刊行された。空海の入定一千百五十年を記念して出版された弘法大師空海全集編纂委員会編『弘法大師空海全集』全八巻（筑摩書房、一九八三―一九八六）がそれである。それまで、後述する『十巻章』収載の著作には現代語訳されたものも少なくなかったが、真撰疑いなき著作すべてに対する現代語訳は、これが最初で、画期的な試みであった。現代語訳には十全とはいえない個所があるとはいえ、密教のもつ全体的・総合的な世界観が注目されつつある今日、時宜にかなった刊行であったといえよう。

もう一つあげると、訓み下し文に、難解な語句の注を付した勝又俊教編『弘法大師著作全集』全三巻（山喜房佛書林、一九六八—一九七三）がある。特筆すべきは、空海の著作にみられるおびただしい数の引用文の出典を、逐一注記する点である。これにより、空海の思想はいかなる背景のもとに確立されているかを知る手がかりが、容易にえられることになった。

つぎに、やはりテクストで『十巻章』をみておこう。『十巻章』とは、空海の思想の中核をなす『般若心経秘鍵』『即身成仏義』『声字実相義』『吽字義釈』各一巻・『弁顕密二教論』二巻・『秘蔵宝鑰』三巻と、空海がその独創的な思想を構築するにあたって多大の影響をうけた『菩提心論』一巻の七部十巻の総称である。これも明治以後、七種刊行されている。

そのうち、第一に指をおらねばならないのが栂尾祥雲『現代語の十巻章と解説』（高野山出版社、一九七五、これは一九四九—一九五〇年に四冊にわけて刊行したものの合本）である。これは、伝統教学の基盤のうえに、サンスクリット語・チベット語にもとづく近代ヨーロッパの研究方法をとり入れ、先駆的な研究を数多く残した著者晩年の著述で、深い信解にもとづいた達意の訳文は味わい深く、かつ示唆に富む。小田慈舟『十巻章講説』二巻（高野山出版社、一九八四—一九八五）は、原文・訓み下し文・大意・注解（語句解説）・講義からなる。平安時代以来の主たる注釈書を駆使した力作であり、伝統教学を集約した一つの到達点を示すものである。『弘法大師全集』の編纂主任であった長谷宝秀『十巻章玄談』（六大新報社、一九四六—一九四七）は、本文を逐次解釈したものではないけれども、それぞれの要諦を述べており、内容を理解する上で参考となる。

空海の著作を中心とした真言教学に目が向けられるようになったのは、それほど早くない。それは、十一世紀後半に仁和寺に済暹が出、十二世紀はじめに高野山に覚鑁が出るにおよんでからであった。済暹は、空海の主要な著作に最初に注釈をほどこした人物と考えられ、特に長年散逸したままになっていた『性霊集』の巻末三巻を復原して今日の状態にしたことは有名である。一方、済暹の感化をうけた覚鑁は、一歩進めて空海の教学に新しい解釈を導入し、のちに新義真言宗の派祖として尊崇されるようになったことは、周知のことである。この二人にはともに空海の著作目録が伝存するなど、空海思想への関心の深さがしのばれる。

その後、教学に対する関心の高まりとともに、空海の著作に対する研鑽もさかんとなり、おびただしい数の注釈書類が著わされた。以上述べてきた空海の著作の写本・刊本・活字本、および主要な注釈書を知るには福田亮成編「撰述書の諸本と注釈書一覧」(『弘法大師空海全集』第八巻)が、『十巻章』の注釈書の詳細については静慈円編「十巻章注釈書目録」(『現代密教講座』第八巻、大東出版社、一九七六)が便利である。

二 『即身成仏義』の真撰偽撰の問題

空海密教の根幹をなす本質論を説いた著作に、三部書と称される『即身成仏義』『声字実相義』『吽字義釈』各一巻がある。

このうち『即身義』は、それまで成仏の速さだけを強調していた空海が、六大・四曼・三密・一切智々の四つの方向から、この世において「速やかに、現身に」成仏することの理論と実践方法を説いたものである。すなわち、この宇宙に存在する万物は、宇宙そのものも地・水・火・風・空の五大と識との六大からなりたっており、それらは姿・形を異にするけれども、宇宙的生命たる法身大日如来の顕現にほかならない（四種曼荼羅）との世界観のもとに、おのれの本質は絶対者たる大日如来とかわらないことを三密加持によって直観すること、つまり大日如来の身・口・意の三密のはたらきとわれわれ修行者の身・口・意が加持感応し、相応一致した世界が即身成仏の境界であり、またわれわれの心は大日如来の智恵である一切智々を本来的に具有しており、その本有の智が三密加持の修行によって現証すると、衆生がそのまま仏となり、仏智を体得すると説く。

この『即身義』は、空海撰述を自明のこととして論じるものが少なくないけれども、近年改めて空海撰述を疑う傾向がみられるので、まず『即身義』の真撰偽撰の問題からみていきたい。

『即身義』の空海真撰を疑った最初は、島地大等『日本仏教教学史』（明治書院、一九三三、複刊・中山書房、一九七八）である。この書は、東京帝国大学での講義をまとめたものであり、「弘法大師の『即身成仏義』に関しては偽撰の疑が充分ある」として、六大思想を中心に十項目あまりにわたり疑義を呈している。すなわち、①『即身義』のなかに説かれる六大思想は、大師の他の著書の中では鮮明でない。安然は、十住心は破すけれども、六大思想については何等言及がないこと。②金剛峯寺御影堂蔵の『即身義』は大師の真筆本でないこと。③「六大無碍常瑜伽」等の八句が八祖密伝でないことは、台密に伝わらないことにより知ることができること。④空海の主著たる『十住心論』『秘蔵宝鑰』に六大思想が見られないこと。⑤『声字義』に「五大の義は即身義の中に釈するが如し」とあるけれども、おそらくこの一句は後人の加筆であろうと考えられること。⑥『吽字義』にも六大の説がみられないこと。⑦『大日経開題』七本のなか、第一と第五に《（ママ）》「六大無碍常瑜伽」の八句がみられるが、この二本は後人の作であろうと考えられること。⑧『金剛頂経開題』『教王経開題』にも六大思想が説かれていないこと。⑨『念持真言理観啓白文』に「六大無碍常瑜伽故」「一切有情無非六大」等の頌があるが、全体的に平易な文章であり、これもおそらく空海作ではないと考えられること。⑩即身成仏の思想は天台が早く主張し、その影響をうけて東密でも即身成仏を唱えたのではないかと考えられること、等と指摘し、『即身義』は空海以後、十大弟子および入唐四家の間に成った書物ではなかろうか、とされる。

この島地説に対する反駁の論が大山公淳「即身成仏義述作考」(『密教研究』70、一九三九)である。大山は島地があげた一つ一つの疑点にコメントし、島地説の杜撰なことを指摘する。とはいえ、全く問題がないわけではなく、安然が『秘蔵宝鑰』や『十住心論』等を引用するとき、海和尚とか高野和尚とか称してその書名を示すのに、『即身義』『声字義』『四種曼荼羅義』を引用するときはそうしない点に問題が残る、とする。しかし、これは教判あるいは自らの評言を加える必要のあるときだけ対立的意味をもたせて海和尚・高野和尚と称し、その必要のない場合にはただ書名のみをあげていることから、海和尚等と記されていないからといって、空海の撰述を疑う史料とはなりえず、むしろ逆に、安然が『即身義』『声字義』をしばしば引用することこそ、本書が広く行なわれていたことを示すものであろうといい、積極的に空海作といいうる点を二つあげる。

一つは徳一の即身成仏説に対する疑難であり、一つは『即身義』にみられる『大日経』第二具縁品・『三摩地軌』にもとづく六大説、法仏の三密説、『五秘密儀軌』によって毘盧遮那三身果位を証すと説くなどの超合理的直観の所論は、空海の独壇場であり、もっとも得意とされるところで、他の人が容易に企画し能わぬところである、とし、空海の真撰を再確認した。

ついで、『即身義』の真偽を論じたのは、勝又俊教「即身成仏義をめぐる問題点」(『宗教研究』36—3、一九六三)である。勝又は、正本の『即身義』は空海真撰に落着くとし、異本即身義の成立を含む『即身義』をめぐる問題は、平安初期の思想問題として、天台・真言を中心とする仏教の日本的展開の場において再検討されねばならない、と指摘する。

近年、新しい視点から『即身義』の空海真撰説に再検討をせまったのが、大久保良峻「安然による空海撰『即身成仏義』の受容について」(『印度学仏教学研究』44—1、一九九五)である。大久保は、「島地説が否定されたとしても、そのことが直ちに『即身成仏義』の偽撰説を払拭することにはならない」として、以下の四つの点から再考すべきことを指摘する。第一は、「『声字義』の「五大義者。如二即身義中釈一」の一句は、恐らく後人の加筆であろう」との島地説は、安然の『教時問答』に引用されているので却けられているが、詳細にみると、この一句は古写本にみられなかったり、全く記されていない個所である。よって、この一句が『声字義』に最初からあったかどうかを再吟味する必要があるという。第二は、安然が『即身義』をいかに受容したかである。安然は『菩提心義抄』に『即身義』を引用して、「即身成仏に一生成仏と凡夫の成仏の二種ありとし、「六大無碍常瑜伽」に始まる『即身義』の二頌八句を凡夫成仏の意に解し、凡夫の六大が直ちに諸仏の六大になることが即身成仏であるとしたこと」が重要であるという。第三は、空海口説・真済記の『高雄口決』に、「四種曼荼羅頌」と命名して「六大無碍常瑜伽」の二頌八句を収録しており、この呼称から『即身義』の成立はそれほど早くはなりえないのではないか、という。第四は、『即身義』の冒頭に引用されている『金剛頂経一字頂輪王瑜伽一切時処念誦成仏儀軌』が、空海の『御請来目録』にみあたらず、また空海の請来が確実視できないことから、『即身義』の空海撰述も容認しえない[1]という。

また大久保は「安然の教学における空海」(『天台学報』37、一九九五)でも空海と安然の関係にふれ、安然が空海を批判する一方で大きな影響をうけていること、安然が引用することはその存在を確実にするので極めて重要であること、しかし安然が引用しているからといって空海の真撰を保証するものではないこと、空海の著述が確実視されながら安然が引用していない『弁顕密二教論』、『吽字義』、広・略の『付法伝』をいかにみなすか、など問題はつきない、という。根本的な事項で、解決されなければならない問題が少なくないように想われる。

ともあれ、『即身義』の真撰偽撰の問題は、空海個人における即身成仏思想の変遷をあとづけること、『即身義』そのものを分析検討し空海独自の思想の有無を解明すること、平安初期の思想状況のなかで、即身成仏思想がいかに受容され展開していったかを、(2) 異本『即身義』の成立を含め、広い視野から解明すること、の三方面から総合的に考察する必要があろう。

空海の即身成仏思想を論じるとき、第一に手にすべきは、勝又俊教「即身成仏と大直道—思想史的意義—」(『豊山学報』9、一九六三、のち同著『密教の日本的展開』収載、春秋社、一九七〇)をはじめとする一連の論考(3)である。なぜなら、平安時代のはじめ、新仏教として誕生した天台・真言両宗において、同一の課題をかかげながら、その思想構造や背景となる思想を異にするのが即身成仏思想であると指摘し、同時代を生き、たがいに交渉のあった徳一・最澄・空海の即身成仏思想の形成過程とその思想的特色・問題点を、総合的に論じるからである。

徳一は、弘仁六、七年(八一五、八一六)ころの撰述と考えられる『真言宗未決文』の「第三　即身成仏疑」において、法相宗の三劫成仏の立場から真言・天台両宗の即身成仏思想を批判した。徳一が問題としたのは、空海の『即身成仏義』、最澄の『守護国界章』『法華秀句』成立以前の思想であったけれども、これによって最澄・空海は、それぞれ独自の成仏思想を提唱するにいたった。

最澄は、徳一との論争のなかで、徳一のよってたつ歴劫成仏に対して、まず直道成仏説を立てた。『無量義経』を典拠とする直道思想が最澄の著作にはじめてあらわれるのは、弘仁九年の『守護国界章』であり、同十二年の『法華秀句』にいたって整理・発展し、即身成仏の語を用いるにいたった。その内容は、法華の立場が直道であり、果分の説であって、『法華経』提婆達多品に説く龍女成仏思想を根拠として、その『法華経』の力によって即身成仏が可能であると説いた。しかし、いずれも経典における思想的根拠を示すだけで、最澄自身による思想の組織化・理論づけは行なわれなかったという。

一方空海は、三劫成仏説に対して即身成仏説を説いた。空海の即身成仏思想の淵源は不空・恵果にまで遡ること、弘仁六年の「勧縁疏」『弁顕密二教論』までの思想は成仏の速疾を説くだけの初期形態を示すこと、『即身義』にいたり、六大・四曼・三密思想による即身成仏思想の体系化がみられたこと、六大思想は天長元年（八二四）以降の著作にしばしば説かれること、を指摘し、天長元年ころ、この組織的な思想への発展が企てられたとみる。

さらに勝又は、注目すべきというか、疑問の生ずる第一は、空海と最澄はともに即身成仏思想を強調しながら、その思想的根拠および思想構造を異にしており、たがいに他を顧みることなく、独自の思想のみを展開させている点である。第二は、最澄はしばしば天台と密教の一致を強調していたので、大直道あるいは即身成仏思想の根拠に、密教経論を引用しても決して不都合ではないと考えられるのに、全く取り入れなかった点である、と指摘する。また、「きわめて不審に思われることは、『十住心論』および『秘蔵宝鑰』の第十秘密荘厳心を説く所に、『即身成仏義』に示されたような六大思想を中心とする即身成仏思想が全く説かれないことである」、という。

この勝又説を継承しつつも、二つの指摘――他を顧みることなく独自の思想を展開させたこと、最澄の即身成仏思想は空海のそれとは異質であったこと――に疑義を呈したのが、苫米地誠一「〈即身成仏〉思想の検討―最澄・空海の教判論に於て―」(『密教学研究』16、一九八四)である。[4] 苫米地は、最澄の直道思想は勝又が指摘した『守護国界章』『決権実論』『法華秀句』以外に、『顕戒論』『註無量義経』にも散見され、あわせて『顕戒論』をのぞく四つの著述には密教的解釈が認められるとする。また、「最澄の三乗歴劫因分対一乗直道果分の思想構造は、最澄の主張する以前に成立していた空海の『二教論』における教判構造をそのままに踏襲するものであり、天台・真言一致の立場から、空海においては顕教に位置づけられた一乗円教を、密教の位置に移し換えたもの」とみなす。ついで、最澄がなぜ直道思想の典拠として法華三部経のみを用い、密教経論に拠らなかったかについては、密教経論に拠る速疾成仏は、すでに空海によって論証されていたからである、という。さらに、「即身成仏」なる語への注目重視は最澄が早く、このことが空海の『即身義』成立の一つの契機となったとし、空海と最澄とのあいだには、少なからず影響関係が認められるとした。たしかに、空海と最澄は、たがいに相手の言動について、つねに注意をはらっていたことは私も認めるけれども、因分・果分の教判思想は、『法華秀句』以前には空海による『二教論』等にみられる主張であることだけをもって、最澄の説は空海の主張にもとづくものと言いきれるかどうかは、賛否のわかれるところであろう。

武内孝善「弘法大師『弘仁遺誡』の真偽について―空海の即身成仏思想の成立過程よりみた―」(『印度学仏教学研究』39―2、一九九二)は、弘仁四年五月晦日の日付をもつ『遺誡』の空海偽撰を論じたものであるが、はからずも、空海の確実な撰述書のなかで、空海がみずからの思想をあらわすことばとして「即身成仏」なることばを使ったのは、わずかに四カ所でしかないことを明らかにした。すなわち、『即身義』に二カ所、「亡弟子智泉がための達嚫文」と『大日経開題（三密法輪本）』に各一カ所、の三作品の四カ所である。これは一体何を物語るのであろうか。はたして、空海の思想の根本に即身成仏の思想をあげうるのか、いま一度問う必要があろう。

この点に留意した論考が、村上保寿「『即身成仏義』の思想と構造」（『密教文化研究所紀要』五、一九九二、のち同著『空海と智の構造』収載、東方出版、一九九六）である。村上は、即身成仏の思想は空海の密教思想を構成している中心概念であるにもかかわらず、空海がきわめて限られた個所でしか「即身成仏」を使用していないのは、「即身成仏」を別なことばに置き換えて説明しようとしていることを意味する、という。また、空海が「即身成仏」ということばを真言密教の思想を構成する概念として、明確に把握していることを表明しているのが『即身義』であり、そこでは空海の真言密教の世界観（六大体大、四曼相大、三密用大）と智（薩般若と五智無際智）の意味が、はじめて一つの体系としてわれわれに提示されているという。そして、①「即身成仏」とはいかなる意味内容を持った概念であるか、②即身成仏の思想とは、いかなる論理と構造を持った思想であるのか、③その思想がいかなる密教の「智」を明らかにしているか、の三つの視座から『即身義』を分析する。

その結果、空海の即身成仏の思想は、「即身」と「成仏」が三密瑜伽の行において直接に結び付けられている成仏論であり、構造的には「即身―成仏」の思想であるとし、この「即身―成仏」の構造を図式的に捉えると、つぎの二つの構造を読み取ることができる、という。すなわち、「第一の構造は、「六大」と「四曼」であらわされる自体的存在世界と、成仏の「智」（価値）の世界とが、「三密」を互いに共有することによって、一つの世界・即身成仏の世界を完成させていることである。そして、第二の構造は、「六大」・「四曼」の存在世界の真理・実相は、「三密」を唯一の通路とすることによって、「智」（価値）の世界へと転換していること、いわば存在から価値への転換が行なわれていることである。その意味で、「三密」は、即身と成仏を有機的に結び付けている構造体の要であると同時に、即身を成仏へ、存在を智へ転換させている翻訳の論理でもあった。あるいは、即身と成仏、存在と智を不二とする身体（世界）の論理といってもよい。その限り、空海の即身成仏思想の原理は、三密加持（瑜伽）にあると結論することができる」という。

最後に、村上は、「即身─成仏」は胎蔵と金剛界が一つになった世界、いわば金胎両部不二の世界としても予想されていたのではないか、ときわめて示唆にとんだ指摘を行なっている。これは、即身と成仏、「六大」と「智」の関係を引用経典の上からみるとき、「六大」の解釈が『大日経』に依拠し、「即身」が『大日経』の世界の反映として把捉され、一方「三密加持」の句で引用される経典はすべて『金剛頂経』の「儀軌」であり、三密加持において把捉される「智」が『金剛頂経』によって明かされる智の世界の反映であることから、「即身─成仏」を「一」なる不二の世界・「即身成仏」の世界として読みとるならば、このような解釈が成り立つ、という。西洋哲学の世界から出発した村上により、空海の思想解釈に新しい地平が開かれたことを、すなおに喜びたい。

三　付法論について

つぎに、密教の相承系譜とその正統性を主張した付法論をみていく。

空海は、みずからが請来した密教が、インド伝来の由緒正しいものであることを、ことあるごとに述べている。特に、祖師たちの伝記を中心に詳述したのが、広・略二つの『付法伝』である。『広付法伝』は『秘密漫荼羅教付法伝』二巻の、『略付法伝』は『真言付法伝』一巻の略称である。その成立は、『広付法伝』が弘仁六、七年（八一五、八一六）ころ、『略付法伝』が同十二年九月ころとみなされている。このうち、『広付法伝』には、第一祖大日如来・第二祖金剛薩埵・第三祖龍猛菩薩・第四祖龍智菩薩・第五祖金剛智阿闍梨・第六祖不空阿闍梨・第七祖恵果阿闍梨の七祖の詳しい伝記をおさめる。一方『略付法伝』には、さきの七祖に善無畏三蔵と一行禅師を加えた九祖の略伝をのせる。

広・略二つの『付法伝』を個別にとりあつかった論考は、あまり多くない。戦後、最初のそれは、『略付法伝』の空海真撰を疑った稲谷祐宣「空海作広略二付法伝について」（『印度学仏教学研究』11―1、一九六三）であろう。

稲谷は、「大師、末弟に付法相承を知らしめんがための故に広付法伝を作り、また東寺灌頂堂の祖師銘のために略付法伝を作るなり」という頼瑜の説と、東寺所蔵の真言七祖像影賛の詞と『略付法伝』の龍猛以下七祖の本文とは全く同じである、と指摘する長谷宝秀の説とを前提とし、頼瑜説の誤りを論じ、広・略二つの『付法伝』の本文を比較して、つぎのごとく結論する。『略付法伝』は、まず東寺に空海作の金剛智・不空・恵果・善無畏・一行の略伝があり、これに後人が『広付法伝』から抜粋した大日如来・金剛薩埵・龍猛・龍智の四伝をくわえて一本とし、『略付法伝』と称した。それは、空海作の祖師影賛を生かし、かつ胎蔵系の祖師を東密の祖師のなかに入れんがためであった、と。

稲谷説についで偽作説を提示したのは、苫米地誠一「『真言付法伝』をめぐって」（『宗教研究』61―4、一九八八）である。苫米地は、真言七祖像の影賛のためであれば、七祖の伝だけで十分なのに、なぜ九祖の伝を記すのか、『御請来目録』と『高野雑筆集』中の「左大将宛書状」に記された祖師の順序が『略付法伝』と一致しないのはなぜか、などと疑義を呈し、「この伝は、済暹僧都の集めるところなり云々」の奥書をもつ東寺観智院蔵写本をよりどころとして、『略付法伝』の成立過程をつぎのごとく記す。済暹が、初めに仁海の『秘密家宗体要文』にならって七祖像の賛を並べ、ついで『広付法伝』から叙と初祖伝、『秘密家宗体要文』から第二祖伝を引用し、みずから空海伝を書き加えたものが観智院本であり、これが空海撰とされた。そののち空海伝が除かれ、さらに叙と初祖伝が混乱し、そこに『弁顕密二教論』の文が混入したのがいまの『略付法伝』である、と。しかし、なぜ済暹がこのような祖師伝を編纂したのか、またかくも複雑な経緯を経て『略付法伝』が作られる必然性があったのか、については、何も記していない。

この苫米地説を継承したのが、堀内規之「弘法大師『真言付法伝』の真偽について」(『豊山教学大会紀要』22、一九九四)である。堀内は、広・略二つの『付法伝』の題名の表記法、済暹・仁海の著作への引用の有無などから、『略付法伝』は仁海が蘇悉地の相承を意識して編纂した可能性が高いとする。

これら三つの論考を通していえることは、東寺灌頂院、東寺蔵真言七祖像の成立と影賛の筆者、『略付法伝』の古写本などを検討し、より総合的に考える必要があるのではないかということである。特に、古来、空海筆として珍重されてきた平安中期写といわれる東寺蔵『略付法伝』を、いかに解するかが一つのカギとなろう。

なお、筆者は、『略付法伝』は弘仁十二年九月ころの空海真撰とみなし、その著述の経緯をつぎのごとく考える。『略付法伝』は、最澄が弘仁十年十二月五日付で、『内証仏法相承血脈譜』を著わし、金剛界・胎蔵の両部相承を表明したことと無関係ではないと想われる。つまり、『広付法伝』の段階では、両部の相承を説いているとはいえ、金剛界の付法相承に重点がおかれた記述であったのに対して、『略付法伝』では胎蔵法に関する記述が目立ち、明らかに両部の相承が強く意識されている。たとえば、恵果の行状で、不空からの受法を『広付法伝』が「大仏頂大随求の梵本、普賢行願、文殊の讃の偈を授く」と記すところを、『略付法伝』では「大仏頂大随求、及び梵本の金剛頂瑜伽経、并に大日経等を授く」と、両部の受法に書きかえられている。何よりも『略付法伝』に『大日経』を漢訳し、『大日経疏』を筆録した善無畏・一行の行状が付加されたこと自体、その著作目的が奈辺にあったかを如実に物語るものといえよう。

二つの『付法伝』に関するもっとも注目すべき論考は、松長有慶の『密教の相承者―その行動と思想―』（評論社、一九七三、のち『密教―インドから日本への伝承―』と改題して中公文庫、一九八九）と「『付法伝』の典拠と著作目的」（中野義照編『弘法大師研究』吉川弘文館、一九七八）である。前者では、信頼のおける資料を依用しつつ、『付法伝』の記述の背後に隠された宗教的な意味を探り出すことに主眼をおき、『付法伝』の九祖に空海を加えた十祖の行動と思想をえがく。後者では、『付法伝』の性格を論じ、『付法伝』著作の意図を明らかにした。

このうち後者では、『付法伝』に記された九祖は、教理的な性格をもつ大日如来と金剛薩埵、神話的な性格をもつ龍猛・龍智、実在が歴史的な資料によって明確にたどりうる金剛智以下の祖師、の三つに大別される。特に、大日如来から龍智にいたる四祖の伝に対して、空海と同時代の徳一および大正時代の大村西崖は、合理的な思考の範囲を越えた荒唐無稽の妄説として、疑義・批判を提出した。それらは、①密教は歴史上に実在した応化仏の釈尊の説ではなく、宇宙の真理を人格化した法身の説法であるという点、②法身としての性格と歴史的な存在である諸阿闍梨の性格とを同時に兼ねそなえた金剛薩埵を第二祖とする点、③南天の鉄塔における相承説をたてることによって、普遍常恒の真理を現実化する点、④龍猛・龍智の両阿闍梨の極端な長寿説を伝承する点、などである。

これに対して松長は、なぜ疑問視されるのかについて、二つの解答を用意する。その一つは、神秘体験に立脚し、合理的・日常的な思考を超越した密教の世界の特殊性によるものであるとする。そして、「非合理的な記述をなさしめてきた宗教的な表現の奥にかくされた意味をさぐり、神話的な色彩の濃厚な密教の聖者伝の奥にひそむ作者の本来の意図を取り出してゆく操作が、密教の歴史的な研究には当然のこととして要請されねばならない」と指摘する。もう一つは、原資料の意識的な読みかえと改変によるとし、これは真言密教の正統性を立証するためになされた作意であり、自己の宗教の絶対性を主張するためには不可欠の手段であった、という。傾聴に値する卓説であり、密教文献の研究に新しい地平をひらいた記念碑的な論考といえよう。残念ながら、この方法論をうけつぎ掘りさげた論述は、まだみられない。

さきに、『広付法伝』の成立年代を弘仁六、七年（八一五、八一六）ころと記したが、これは後藤昭雄「入唐僧の将来したもの—讃と碑文—」（『論集　平安文学』二、勉誠社、一九九五）による。従来、『広付法伝』の成立年代は、弘仁六年四月の空海「勧縁疏」・徳一の『真言宗未決文』との関連から、弘仁六年から同十二年のあいだとみなされてきた。後藤は、『高野雑筆集』所収の年月未詳の左大将相公に宛てた空海書状に、

秘密漫荼羅教付法伝二巻并善無畏三蔵伝一巻

と記されていることを手がかりとして、成立年代を論じた。すなわち、左大将相公とは藤原冬嗣であり、冬嗣が左大将相公つまり左近衛大将であったのは、弘仁三年十二月五日から同七年七月二十八日までであったこと

を指摘し、従来とりざたされてきた「勧縁疏」『真言宗未決文』とのかかわりを考慮すると、『広付法伝』の成立は弘仁六、七年に限定できるとした。従うべき説と想われる。

なお、『広付法伝』の最後の問答段は、それ以前の祖師の行状を記した主要部よりも遅く、『真言宗未決文』のあとに書き加えられたとみなす説（末木文美士「『真言宗未決文』の諸問題」〈『仏教文化』学術増刊号㈡、第15巻〈通巻19号〉、一九八五〉）、それを否定する見解も出されている（苫米地誠一「『真言宗未決文』鉄塔疑について」〈田村晃祐編『徳一論叢』国書刊行会、一九八六〉）。いずれにしろ、これまで『広付法伝』を取りあつかう場合、弘仁六年から同十二年までとその成立期に幅をもたせたなかで論じられてきたが、後藤により、弘仁七年七月以前と限定できることになった今日、従来の論がはたしてそのまま有効でありうるかどうか、見直す必要があろう。(5)

註

（1）同様に、『一字頂輪王念誦儀軌』の空海請来を疑い、ひいては『即身義』の空海真撰を疑う論考に、米田弘仁「空海の録外請来経軌について」（『印度学仏教学研究』44―1、一九九五）がある。

（2）平安初期における即身成仏思想の展開を追った論考につぎのものがある。㈠末木文美士『平安初期仏教思想の研究―安然の思想形成を中心として―』（春秋社、一九九五）、㈡大久保良峻『天台教学と本覚思想』（法藏館、一九九八）。

（3）同じ趣旨の論考に、「平安初期における即身成仏思想の展開」（結城令聞教授頌寿記念『仏教思想史論集』大蔵出版社、一九六四）がある。

（4）苫米地には、これ以外に『即身義』に関する論考が二つある。「〈即身成仏〉思想の検討―速疾成仏と〈即身成仏〉―」（『大正大学大学院研究論集』6、一九八三）、「〈即身成仏〉思想の検討―特に六大説を中心として―」（『智山学報』31、一九八二）。

（5）筆者の不手際と紙数の関係から、きわめて恣意的に、しかも一部の論考しかとりあげえなかったことを遺憾に思う。特に、教判論の詳細について全くふれえなかったことは、残念というほかない。

【コラム】
ポスト顕密体制論

菊地大樹

思想史に関連して「ポスト〜」と言った場合、「〜にとってかわる新しい潮流」を意味するというイメージが私にはある。しかし、黒田俊雄氏が顕密体制論を提唱してからすでに二十年あまりが経過したとはいえ、いくつかの研究をとりあげて、「顕密体制論にとってかわる」といった評価を下す時期には未だ至っていないと思われる。なぜなら、顕密体制論は多くの示唆を含んだ魅力的な分析概念であるが、それだけに複雑な面が多々あり、その後の研究史の中で多様な理解が生じていて、必ずしも研究者の間でそれらの突き合わせが十分に行なわれているとは言えないと思われるからである。

そこで、ここでは、「ポスト顕密体制論」を「顕密体制論をめぐる研究史」という程度に理解して論を進めてゆきたい。なお、黒田氏の業績は、『黒田俊雄著作集』第一〜八巻（法藏館、一九九四〜九五）に網羅されており、丁寧な解説も付されている。

◆顕密体制論の二つの側面

さて、黒田氏は、「中世における顕密体制の展開」（著作集第二巻、論文初出一九七五）によって初めて本格的に顕密体制論を展開した。しかし、これに先立って「中世の国家と天皇」（著作集第一巻、論文初出一九六三）によって権門体制論が提起されたことを、当然のことながらまず押さえておかなければならない。なぜなら、権門体制論は公家・武家・寺社などの権門が相互補完的に王権を支持する国家体制として提起されたものであるが、顕密体制論はそのうちの寺社権門の分析概念として用意されたものだからである。したがって、後者を扱う際には必然的に前者の理論の有効性を再検討しなければならないはずであるし、逆に権門体制論を云々する際に、顕密体制論が視野に入っていないとすれば、十分とは言えないであろう。この点、権門体制論に対する批判はその提唱直後に集中しており（たとえば永原慶二・石井進・高橋昌明諸氏、詳しくは著作集第一巻解説参照）、顕密体制論の提唱以後に、これを踏まえた権門体制論批判があらためて本格的に提起されないのは残念である。ともあれ、顕密体制論は第一義的には権門体制論、すなわち中世国家論の一部として把握されるべきなのである。

ところで、一般に、公家・武家などが個々の権門として成立するに際しては、その具体的内容としての天皇や将軍・執権・得宗を頂点とする、ある程度実態をともなった組織や制度の裏づけがある。そこで、寺社勢力を国制を構成する一権門ととらえた顕密体制論が成り立つためには、①中世において顕密諸宗を統合するような具体的な組織や制度が明らかにならなければならない。ところが、黒田氏の段階では、この面での具体的な検討はあまり進展しなかった。

一方、国家を構成する諸勢力が一権門を形成する上では、それぞれをカテゴライズするところの統合原理が必要となる。特に寺社勢力について黒田氏は、②主としてその原理となったのは密教であり、同時にその密教を基礎として、王法仏法相依相即の思想などによって中世国家を扶翼する顕密主義的イデオロギーを提供することが、寺社権門の役割であるとした。このように、黒田氏においては、どちらかと言えば中世宗教のイデオロギー的側面の分析に力点が置かれていたことが指摘できる。それでは、以後の研究史は、この二側面に関して、各々どのように展開していったであろうか。

◆制度としての顕密体制

まず、①に関しての顕著な動きとしては、それまで腐敗・退廃の温床と評価されていた中世顕密寺院が、中世宗教の正当な担い手であると評価されたことによって、寺院史研究が盛んになったことであろう。黒田氏自身が中心となった中世寺院史研究会による『中世寺院史の研究』上・下（中世寺院史研究会編、法藏館、一九八八）の発刊、寺院史研究会による『寺院史研究』の創刊（現在五号まで刊行、一九九〇〜九六）などをはじめとして、寺院史が中世史の一分野として確立された感がある。牛山佳幸『古代中世寺院組織の研究』（吉川弘文館、一九九〇）は、この流れの中で著された先駆的な業績である。大石雅章「寺院と中世社会」（岩波講座『日本通史』中世二、岩波書店、一九九四）は、最近の寺院史研究の動向を手際よくまとめており、基本文献も網羅されているが、その後、東大寺に関しては稲葉伸道『中世寺院の権力構造』（岩波書店、一九九七）、高野山史の総合的研究である山陰加春夫『中世高野山史の研究』（清文堂出版、一九九七）、国分寺については追塩千尋『国分寺の中世的展開』（吉川弘文館、一九九六）などもまとめられた。また、南都の大寺院の寺内集団やその周縁を縦断的に扱った、久野修義『日本中世の寺院と社会』（塙書房、一九九九）も挙げておきたい。

これらの諸研究は、顕密体制論のもたらしたもっとも豊かな成果の一つと言ってよいと思う。近年では、この傾向は国文学・仏教学等の隣接分野との共同作業に発展し、仁和寺紺表紙小双紙研究会編『守覚法親王の儀礼世界』（勉誠社、一九九五）、阿部泰郎他編『守覚法親王と仁和寺御流の文献学的研究』資料編（勉誠社、一九九八）などに結集しつつある。ただし、寺院史研究の視角や方法は現在のところ多様であり、従来から存在したルーズな概念としての寺社勢力を次々に分析し、個別寺院制度史ないしは寺院組織論を蓄積してゆくことが、即、顕密体制の分析ないしは実証に結びつかないことは言うまでもない。寺社権門内部を統合する組織論のみに終始し、国制の一部に連なるような制度としての位置づけを伴わない寺院史研究が今後多くなってゆくとすれば、それはむしろ、顕密体制論の持つ①の側面を否定することにもつながりかねない。この点、国制との関連で宗教制度を見通した研究も行なわれている。

一例を挙げれば、主として公家権門にかかわるものとしては、阿闍梨制度の解明を進める上川通夫「中世寺院の構造と国家」(『日本史研究』三四四、一九九一)や、岡野浩二「伝法阿闍梨職位と有職」(虎尾俊哉編『律令国家の政務と儀礼』吉川弘文館、一九九五)、貴種の入寺に注目した岡野浩二「無度縁宣旨・一身阿闍梨・僧都直任」(速水侑編『院政期の仏教』吉川弘文館、一九九八)、後宇多法皇に密教の統合意図があったことを明らかにしようとする藤井雅子「後宇多院と「御法流」」(『史艸』三七、一九九六)、院権力との関係を中心に仁和寺御室を検討した横内裕人「仁和寺御室考」(『史林』七九—四、一九九六)などがある。僧綱制についても、伊藤清郎「中世僧綱制に関する一考察」(『山形史学研究』一五、一九七九)以来活発な議論が重ねられ、最近では、菅真城「平安時代僧綱の機能について」(『古代文化』四九—六、一九九七)などに受けつがれている。

また、武家権門については、佐々木馨氏が『中世国家の宗教構造』(吉川弘文館、一九八八)において、鎌倉幕府の宗教体制を分析し、「禅密体制論」を提唱、その後の著書『中世仏教と鎌倉幕府』(吉川弘文館、一九九七)においても、この概念を継承している。鎌倉幕府の宗教政策の独自性を論じることは、顕門体制論が否定する東国国家論を支持することにもつながるが、佐々木氏はこの点も十分視野にいれた上で、一権門内の宗教政策の分析が、必ずしも顕門体制論否定につながらないことをユニークな視点から示したと言えよう。なお、平雅行氏も近年、鎌倉幕府の宗教政策について分析を試みている（「鎌倉幕府の宗教政策について」『日本古代の葬制と社会関係の基礎的研究』〈平成六年度科研費補助金（一般A）研究成果報告書、代表者小松和彦〉大阪大学文学部、一九九五、「定豪と鎌倉幕府」、大阪大学文学部日本史研究室編『古代中世の社会と国家』清文堂出版、一九九八）。ただし、以上の諸研究は、いずれも顕密諸寺院を一権門として含み込む形での制度や組織の存在を発掘するには至っていない。

一方、松尾剛次氏は、おなじく制度的な分析から出発しながらも、顕密体制論に批判的な立場を取っている。松尾氏は、禅律僧、とくに西大寺流律宗の分析から出発して、国家（天皇）の関与する入門儀礼、すなわち中世授戒制の分析を進めると同時に、これを通過した白衣僧は官僧＝旧仏教教団であり、これに対し、独自の入門儀礼を創出した黒衣僧を新仏教教団であるとする「官僧・遁世僧モデル」を『鎌倉新仏教の成立』（吉川弘文館、一九八八、新版一九九八）において提起した。氏の論調は、その後まとめられた『勧進と破戒の中世史』（吉川弘文館、一九九五）などにも継承されている。黒田氏以来、研究者の間で以前ほど使われなくなっていた「旧仏教」「新仏教」という言葉を積極的に使用するなど、顕密体制論に否定的であるが、松尾氏の顕密体制論批判の大部分は、視点や方法論上の相違点を強調することに注がれており、「官僧・遁世僧モデル」そのものが即、顕密体制論批判となる、というような論理構成となっているわけではない。なお、顕密体制論を批判し、松尾氏のモデルを教理的側面において柔軟に吸収したものに、蓑輪顕量『中世初期南都戒律復興の研究』（法藏館、一九九九）がある。

◆イデオロギーとしての顕密体制

それでは、②の側面についてみてゆこう。この面での顕密体制論をもっとも柔軟に継承したものとして第一に挙げたいのは、『日本中世の社会と仏教』（塙書房、一九九二）にまとめられた、平雅行氏の研究である。氏は、法然・親鸞の思想を分析しながら、これらを顕密体制中の「異端派」という枠組みの中で理解することに成功し、また顕密仏教の側にも従来新仏教に特徴的であると考えられていた末法観や悪人正機説が成立していたことを明らかにしている。この研究の過程で、平氏は、顕密体制論が必ずしも異端派を否定的に評価する理論ではないことを示したと言えるが、それにもかかわらず、家永三郎氏は、顕密仏教は量的に圧倒的な影響力を持っていたというだけで、質的にはやはり、中世仏教の主流は「新仏教」であったと評価すべきであるという批判を投げ掛けた（家永三郎氏書評、『日本史研究』三七八、一九九四）。この点については、平氏自身も顕密体制論を再検討する過程であらためて反論している（平雅行「黒田俊雄氏と顕密体制論」『歴史科学』一三八、一九九四）。なお、松尾剛次氏は、旧仏教（顕密仏教）を共同体的宗教とし、これに対して中世都市論を踏まえつつ（松尾剛次『中世都市鎌倉の風景』吉川弘文館、一九九三）、個人救済を打ち出した新仏教の新しさを見出す立場から、顕密主義イデオロギーの中世における正統性を批判している。

一方、末木文美士氏も同書に周到な評を加えている（末木文美士『鎌倉仏教形成論』法藏館、一九九八）。末木氏は、平氏が異端派の思想史的意義を高く評価しているとした上で、そのことによって逆に中世の顕密仏教の豊かな思想的蓄積が、単に異端派成立の背景としてしか評価されないきらいがあることを鋭く指摘し、あわせて本覚思想の取り扱いなどに関しても言及している（以上の点については、拙稿書評「末木文美士著『鎌倉仏教形成論』」『史学雑誌』一〇九―一、二〇〇〇も参照）。なお、本覚思想については、『天台本覚論』（日本思想大系九、多田厚隆他校注、岩波書店、一九七三）や、田村芳朗氏（『本覚思想論』、田村芳朗仏教学論集一、春秋社、一九九〇）によって推し進められた研究があり、現在では末木文美士氏・大久保良峻氏らがこの成果を取り込んだ日本仏教史研究に取り組んでいる（末木文美士『日本仏教思想史論考』大蔵出版、一九九三、末木前掲『鎌倉仏教形成論』、大久保良峻『天台教学と本覚思想』法藏館、一九九八）。この潮流は、黒田氏の時点でもすでに注目されており、今後の顕密仏教の総合的分析に不可欠な分野となろう。

なお、顕密主義的イデオロギーは、その後、仏教史以外の分野にも影響を与えつつあり、一例を挙げれば、村井章介氏は、中世対外交渉史叙述の中で、「顕密主義的世界観」を分析している（村井章介『アジアの中の中世日本』校倉書房、一九八八）。また、特に神国思想に焦点をあてた保立道久「黒田学説の位相」（『人民の歴史学』一三五、一九九八）も注目しておきたい。

◆顕密体制論の継承と発展

以上、「ポスト顕密体制論」を①②の二側面から整理してみた。その他の諸側面をも含め、総合的に発展させようとした研究としては、佐藤弘夫『日本中世の国家と仏教』（吉川弘文館、一九八七）が、ヒジリや法然など多様な材料を総合しつつ、顕密体制論にもとづく鎌倉時代仏教史叙述に挑戦し、佐藤はさらに『神・仏・王権の中世』（法藏館、一九九八）において、神仏習合論を中心に展開している。また、平雅行「鎌倉仏教論」（岩波講座『日本通史』中世二、一九九四）は、顕密体制論にもとづいた鎌倉仏教の現段階の成果を、氏の立場から要領よくまとめており、上川通夫も研究史の整理を通じて顕密仏教全体のとらえ方に再検討を加えている。上島享「中世前期の国家と仏教」（『日本史研究』四〇三、一九九六）は、顕密体制論を生かし、国制との連関を意識じつつ、顕教に光を当てるなど、平安時代から中世前期にかけての顕密仏教の再検討を行なっている。

また、黒田氏が課題として残した、中世後期の顕密体制の具体的分析については、大石雅章「顕密体制内における禅・律・念仏の位置」（『中世寺院史の研究』上、前掲）

などがある。また、原田正俊『日本中世の禅宗と社会』（吉川弘文館、一九九八）も、鎌倉時代後期以降の禅宗を国家社会全体との関係でとらえなおそうとする。足利義満政権の分析に際して、その宗教政策を検討した、富田正弘「室町時代における祈禱と公武統一政権」（日本史研究会史料研究部会編『中世日本の歴史像』創元社、一九七八）や、今谷明『室町の王権』（中公新書、一九九〇）、同じく陰陽道に関する柳原敏昭「室町政権と陰陽道」（村山修一他編『陰陽道叢書』二、名著出版、一九九三、論文初出一九八八）などにも注目しておきたい。戦国期の顕密体制論の具体的な検討については、今日なお課題として残されている。

一方、従来の祖師中心・宗派史中心・新仏教偏重などに対する批判を、顕密体制論と一定の距離を置きつつ受け止めた研究もある。それらに共通する研究方法は、「鎌倉仏教」を鎌倉時代の仏教という程度に考え、あるいは新仏教と旧仏教を同等かつ総体的に扱ってゆこうとするものである。高木豊氏（たとえば『鎌倉仏教史研究』〈岩波書店、一九八二〉）や大隅和雄氏（たとえば「鎌倉仏教とその革新運動」〈岩波講座『日本歴史』五、岩波書店、一九七五〉）によっておしすすめられたこのような立場からの研究は、最近では追塩千尋『中世の南都仏教』（吉川弘文館、一九九五）などに受け継がれている。

顕密体制論が、井上光貞『日本浄土教成立史の研究』（山川出版社、一九七五、初版一九五六）に代表される在地領主制論の強い影響の下で、ヒジリや鎌倉新仏教を高く評価するあまり見落としがちであった、中世宗教の広がりに光を当てたことの意義は大きいが、同時に、体制的イデオロギーを「正統」と評価し、強調したために、新仏教の歴史的評価を低下させたという「誤解」が生じる余地もあった。筆者の関心に即してこの点を述べれば、たとえば「異端派」の宗教者たちは体制イデオロギーに抗議し、一方、中世のヒジリは顕密仏教の体制イデオロギーをまとって民衆を呪縛し、「異端派」誕生の否定的前提となる、という二項対立的な選択肢しか許されないのであろうか。また、「否定的」な部分のみを強調するのではなく、むしろ「前提」すなわち歴史の連続性を総合的に捉える方法はないのか。

いずれにしても、冒頭で述べたように、いまだ顕密体制論の功罪を云々する時期には至っていない。ただ、全体史的叙述への飽くなき志向によって、多くの研究者を魅了しつづけるこの理論が、史学史上に着実に位置づけられてゆくためには、その継承ばかりを声高に叫ぶのではなく、むしろさまざまな具体的研究と方法論の模索によってこの理論を一度相対化し、より活発な議論を深めてゆく必要があることは確かなようである。

禅

船岡　誠

一　禅宗史とは何か

まず虎関師錬の『元亨釈書』の円爾弁円伝の記事からはじめたい。儒者菅原為長と円爾がある日出会った。為長は仏教に比べ儒学が劣勢であることに日頃から不満があり、円爾に対抗意識をもっていたのである。ところが円爾は開口一番、「我法の中には仏仏授手し祖祖相伝す、師授に因らずんば虚設となす。故を以て某世尊五十五世、達磨より以来二十七葉なり。強弩の窮矢は魯縞を穿たずと雖も猶系授を以て釈子と称す。釈を以て儒に例するに恐らくは亦当に然るべし。知らず公の孔子に於ける幾世ぞや」と為長に言い放った。禅宗では師資相承を重視し、私は釈迦から数えて五十五世、達磨から数えて二十七世だが、あなたは孔子から数えて何番目ですか。これにはさすがの為長も困り、閉口絶句したという。『聖一国師年譜』によれば、これは為長没後の文永五年（一二六八）のこととしているので、真偽のほどは定かではないが、この話は禅宗の特色を表わす象徴的な話である。

禅宗では師資相承を重視し、釈迦いらい綿々と伝えられてきた法系図に禅僧はみずからを位置づけてきた。いわば法の系図に載ることは自己の存在証明でもあったのである。したがって禅宗および禅宗史を考えるとき、この法系を重視するのはごく自然なことであった。私はこうした歴史の見方を法系史観と呼んでいる。従来の禅宗史はまずほとんどがこの法系史観であったといっても過言でないと思う。

『元亨釈書』の話からはじめたのには、もうひとつ理由がある。というのは、初期日本禅宗史はその骨格が『元亨釈書』によって形づくられていると考えられるからである。『元亨釈書』は鎌倉末期に虎関師錬によって著わされた仏教史書で、仏教の伝来から元亨二年（一三二二）までの約七百年余の僧侶の伝記、仏教関係記事を網羅したもので、いわば総合日本仏教史のような著作である。師錬は禅宗に属するから全体として禅宗に偏ったものになるのはやむをえないが、この『元亨釈書』が後世に与えた影響はきわめて大きいものがあった。とりわけ禅宗史への影響は決定的ともいえるほどのものであったといえる。たとえば、禅宗前史ともいうべき道昭・道璿・最澄・義空・覚阿などの伝禅の記事、栄西を各宗を最初に伝えた伝智の部に入れて禅宗の祖と位置づけたことなどである。

このように日本の禅宗は、法系史観と『元亨釈書』の影響のもとに研究が進められてきた。原則として戦後の研究を対象とする本稿では戦前の研究には言及しないが、戦前の研究にはその傾向が顕著であった。戦後も法系史観と『元亨釈書』の影響からまったく自由になったわけではないが、歴史学の実証をふまえた研究が進められ、多くの成果を共有することができるようになった。その成果の一端を通史からみていくことにしよう。

二　日本禅宗の通史

まず取り上げなければならないのは辻善之助『日本仏教史』（中世編・近世編）である。禅宗に限らず、日本仏教の研究をする場合、まず辻の『日本仏教史』はかならず参照しなければならない。辻はその「例言」で「本書の目的は、日本文化の一要素としての仏教の沿革変遷を究めんとするにあり。之が為めには、仏教が日本の文化に及ぼせる影響を観察し、一般社会及び思想界並に政治に於ける交渉を説くと共に、一方には、仏教が如何に日本文化に融合したかを考へんとするのである。教理教学の方面の歴史に至つては、世自らその人あり、固よりまた予の能くする所にあらず。予の期する所は、要するに、日本文化史の一部としての仏教史を叙述せんとするものである」と述べている。教理・教学には言及しないと抑制し、史料をもって語らせる叙述スタイルを採っている。一見、事実の羅列のような印象を受けるが、当然のごとく、そこにも辻の歴史観がはたらいている。たとえばその近世仏教堕落論などは後の研究者にかなり影響を与え、その克服が叫ばれてから久しいが、今もって重要な課題である。

日本歴史のなかで禅宗を考えていこうとするのは、今枝愛真・竹内道雄・竹貫元勝もそうである。今枝はその『禅宗の歴史』の巻頭で、「禅が、従来の旧仏教にかわって、なぜ日本にさかえるようになったのか、そしてどのような発達過程をたどって日本の社会の中に浸透してゆき、また政治や社会基盤とどのような関連をもつにいたったか」という問題意識のもと、奈良・平安時代の禅の黎明から鎌倉禅の勃興、室町時代における五山派の成立と林下（曹洞宗と大徳寺・妙心寺系）の台頭、戦国動乱をへて白隠などによる「近代的大衆禅」への脱皮とその発展、そして現代につながる禅宗のあゆみを概観している。日本歴史新書という叢書の一冊なのでコンパクトなものであるが、日本禅宗の歴史がここに凝縮されている。奈良・平安時代の禅についての理解の仕方、あるいは白隠の禅を「近代的大衆禅」とみる見方などには同意できないものがあるが、それまでの禅宗史研究の到達点を示す通史になっている。とくに禅院の機構や政治との関係についてふれ、五山（叢林）と林下に分けて中世の禅宗を概観している。

中世の禅宗を五山（叢林）と林下に分ける分類法は、玉村竹二「日本中世禅林に於ける臨済・曹洞両宗の異同――『林下』の問題について――」によって提唱されたものである。この論文も含む玉村の禅宗史研究の集大成である『日本禅宗史論集』は、禅宗研究を志す者はかならず参照しなければならないものである。ところで五山・林下の二分類法は、ほぼ通説化していると思われるが、近年、大徳寺妙心寺系を「山隣派」と称したとの指摘（竹貫『日本禅宗史研究』）、さらにはこの「山隣派」を五山と林下の中間的存在と積極的に位置づける研究（上田純一「大徳寺・堺・遣明船貿易をめぐる諸問題」）も出てきている。

竹内も『日本の禅』で、従来の日本禅の歴史は「概して禅宗の歴史であり、また禅僧の伝記を中心にした歴史である。したがって日本の禅思想を日本歴史全体の上から他の文化との関連のもとに叙述する、という新しい試みもなされてよいように思われる」（八七頁）と述べる。ここにあるように、同書は禅思想にやや比重をかけて執筆された通史であるが、はじめに教壇生活や寺庭生活、学徒出陣を含む学究生活を通しての禅の参究体験が語られ、本論に入って日本禅の黎明・形成・展開へと筆は進められ、近世・近代禅の動向、そして最後に現代社会の当面する課題にふれ擱筆する。「若い世代を対象にした禅の教義書であり入門書」たらんとした同書には、学徒出陣世代の著者の、禅にかける熱い思いが若い世代へのメッセージとして語られている。

竹貫の『日本禅宗史』も「『日本禅宗史をひもとけば、日本史がわかる』、そんな通史が書ければと念じつつ執筆した」という。歴史学の立場に立つ研究者なら誰しも同じ思いであろうが、これはなかなか難しい。鎌倉時代以前の記述に物足りなさが残るが、その分、地方諸派教団の形成とか、近世の記述が充実している。

また荻須純道にも『禅宗史入門』がある。中国篇と日本篇からなる文字通り禅宗の通史である。荻須はその「序」で「禅宗五家のうち臨済は黄龍・楊岐の二派に分岐し、南宋になっては専ら臨済が中国全土を風靡した。日本に禅が渡来してからは、伝禅・求法の諸師により二十四流四十六伝と数多くの流派が伝わったが、永く禅の伝燈の伝わったのは、曹洞道元の一流と臨済の大応派すなわち応燈関の一流であった」と書いているように、はじめに述べた法系史観の典型ともいえる通史であり、とくに人物を中心に記述されている。

以上、日本禅宗の通史をその著者の意図を中心に紹介してきたが、いうまでもなく、通史を書くということは大変なことである。その前提に広く深い研究の蓄積がなければならない。そうした研究成果として、たとえば今枝には『道元—その行動と思想—』『中世禅宗史の研究』、竹内に『道元』『曹洞宗教団史』、竹貫に『日本禅宗史研究』、荻須に『日本中世禅宗史』などがある。

最後に、「日本禅宗史」と銘打った二論文が臨済宗・曹洞宗の歴史の問題点をよく指摘しているので紹介しよう。まずは古田紹欽「日本禅宗史—臨済宗—」である。古田は「いったい我が国に禅宗という一宗団が教団としてあるであろうか」とまず問題を提起する。そして栄西が日本に伝えたのは臨済の宗風・宗派であって臨済宗という教団ではないとし、「禅宗は諸教の極理、仏法の総府なり」(『興禅護国論』)という主張から、栄西は「一宗の別立を主張しながら一宗を超える結果とな」り、禅宗を一宗として定着させようとする意志が次第になくなっていった。むしろ教団的な性格を早く固めたのは円爾一派で、教団の自立化の過程で密教的なものを脱皮していったとする。その円爾は「禅宗の臨済宗化」で、南浦は「その臨済宗の日本禅宗化」をなしたとし、その南浦を祖とする応燈関の系譜は関山派から言い出したこととし、大衆教化に実績を挙げた盤珪、指導者育成を重視した白隠にも言及している。

もうひとつは鏡島元隆「日本禅宗史―曹洞宗―」である。鏡島は、「正伝の仏法と只管打坐の坐禅は、(道元)禅師の宗教を構成する二大綱格であ」り、道元が曹洞宗・禅宗の称を否定したことは「教禅対立以前の仏法そのものの立場への復古を示す」とする。そして五家の一派としての曹洞宗たる自覚に立ち、道元を日本曹洞宗元祖に位置づけた瑩山の宗風の特色は、「密教的要素を多く含めた禅風」で、世間的進出を教化の旗印としたものであったという。また近世の宗学勃興の歴史的背景には、宗門の統一紐帯ができたことによる宗団体制の確立、幕府の学問奨励政策、黄檗禅の刺戟の三つがあったとする。

三　日本禅宗の成立について

はじめに述べたように、日本禅宗の研究は法系史観によって進められてきた。とりわけ初期禅宗史ないしは禅宗成立前史にはその傾向が強かった。すでに紹介した通史も禅宗成立前史について、たとえば辻善之助『日本仏教史』は「禅宗は夙くより我邦に入つてゐたのであるが、その間に連絡なく、伝統は暫くにして絶え、機運未だ熟せずして、一般に弘まるには至らなかった」(三巻、六〇頁)とし、今枝愛真『禅宗の歴史』も唐朝禅の受容に関し「いずれも断続的につたえられたものか、あるいは寓宗的なものであって、それぞれ相互間に関連性がなかったので、禅宗として定着することがなかった」とし、さらに「唐朝禅と宋朝風の禅宗とは全く異質のもので、截然と区別して考える必要がある」（七〜八頁）とする。このような評価は、やがて来るべき栄西・道元らのいわゆる「鎌倉新仏教」の一環としての禅の伝法を、日本仏教の伝統と切り離して考える姿勢に通じるものといえる。

この禅の伝法を日本仏教の伝統と切り離して考える立場の代表的なものが、家永三郎「道元の宗教の歴史的性格」という論文である。この家永論文は戦後の道元研究の出発点をなしたもので、「鎌倉仏教の本質についても再検討を試みる必要」からなされた鎌倉仏教論でもあった。家永の鎌倉仏教論は明快なもので、鎌倉仏教の成立を念仏を中心に考えていくもので、日蓮は法然の亜流、禅宗は日本仏教の伝統と関係ない宋朝禅の単なる「移入」であるとするものである。家永は道元の宗教を分析して、「道元の宗教は本来国民的地盤から遊離した大陸仏教の機械的移植でありながら、その極端なる出世間主義、と云ふよりも反世間主義、世間否定主義がかへつて絶対否定即絶対肯定の純粋無雑なる宗教的至境を導く結果となり、これに念仏宗の徹底した専修信仰の影響が加はつて、鎌倉新仏教の優れた思想的特質が、民衆的性格を除くの外、凡具備するの結果となった」と結論した。

道元の宗教が「大陸仏教の機械的移植」と決めつけられたのであるから、道元研究者の間から反論が出たのも当然であった。船岡も道元研究からスタートして、その前提としての叡山仏教さらには古代仏教へと視野を広げるなかで、古代仏教の伝統のなかから禅宗の成立を考えるに至った。船岡『日本禅宗の成立』はそのはしがきで「奈良時代の禅師に象徴される行的僧侶は平安仏教の中核をになっていく。けれども平安仏教の教団的発展とその世俗化のなかで、僧侶間に階層分化がおこった。学のにない手としての学生と行のにない手としての堂衆への分化である。しかし平安後期には、武士・農民層の台頭に連動する形で、僧侶としての堂衆の台頭という現象がおこる。そして堂衆の台頭は行の学からの自立をうながす。行の自立はさらに行の分化へとすすむ。この行の分化こそが、実は念仏・禅・律などの宗派化への動きであった。日本における禅宗の成立とは、このような歴史的性格をもっている」と論旨をまとめている。

これに対し石川力山は「日本禅宗の成立について」で、中国まで視野に入れた禅宗成立史論を展開している。禅宗の祖とされる達磨を「インドより渡来した修禅者たちを集約した複合的人間像」とし、その達磨像の形成「それ自体が禅思想成立のプロセスでもあった」とする。また燈史製作の動きも禅思想あるいは禅宗（衆）成立の事情を示唆するとし、そもそも禅宗とは、つねに新たなる祖師像を求め続け、「語録」という新しい形式の聖典を生み出し続ける思想運動で、教団化しつつある体質や思想を内部から揺さぶり続けるエネルギーが時代社会を貫いて噴出し続ける、その動きそのものを「禅」というのではないか、というきわめて注目すべき見解を提示する。

さらに石川は、「教団史的に特定できる『禅宗成立』という事態や、禅思想の成立という次元での問題設定が、本当に成り立ちうるのかということも問題にせざるをえない」とし、「思惟や行動様式とでも言うべき意味での禅思想の受容」、つまり禅的思惟や禅的行動原理を自家薬籠中のものにしえたかということの特定は困難が予想されるとする。そして船岡の所論を紹介し「この見解は、従来、宗派仏教としてしか捉ええなかった禅宗史観に、純歴史学的、あるいは社会史的手法を導入して、新たな視点から禅宗の日本定着を、宗教運動ともいうべき社会現象として捉え直そうとしたものといえる。それは確かに、禅宗の教団としての存在形態、あるいはその社会的機能を把握する方法としては成功したと言えよう」と一定の評価をするものの、「こうした手法によるかぎり、上記のような禅の禅たる所以としての動態的な禅の思惟、特に本稿で問題にしたい禅的表象、すなわち言説における禅的把握が日本に受け入れられたかどうかというところまで踏み込んだ議論には到達しえないのではないかという危惧が残る」とする。

そして石川は、中国における語録、つまり口語・俗語を用い、会話の臨場感を伝える新しい文体の成立についてふれ、日本でのこうした語録の伝統に立脚した意味・方向での、禅的思惟そのものの受容を問題にする。その意味で「仮名法語」は「日本語独自の禅の言説化に成功したかどうかについては疑問であ」り、むしろ「抄物」「聞書き」こそが日本語独自の禅の言説化に成功したものであるとし、「こうした禅の本質に根ざした、思惟の方法としての受容・定着という捉え方も、充分に成立可能な根拠を有する、一つの『日本禅宗（日本禅）成立論』ではなかろうか」としている。

石川は硬直化する体質や思想を内部から揺さぶり続けるエネルギーが噴出する動きそのものが「禅」だといいながら、いっぽうで禅的思惟や禅的行動原理はあくまで中国のもので、それがどう受容されたかを問題にする。しかし鈴木大拙は「禅」は日本的霊性の顕現したものであるという。鈴木の『日本的霊性』では、各民族にはそれぞれ霊性があり、一定の文化段階になるとその霊性が顕現するという。霊性そのものは民族によって違うわけではないが、その顕現の仕方が異なることになる。そして日本で霊性が顕現したのは鎌倉時代で、霊性の知的方面が「禅」で情的方面が「浄土系思想」であるという。そして「禅が日本的霊性を表詮しているというのは、禅が日本人の生活の中に根深く食い込んで居るという意味ではない。それよりもむしろ日本人の生活そのものが、禅的であると言った方が良い」とまでいう。ここまでくると、そもそも禅とは何かが問題となってくる。

ところでもう一つ日本歴史の伝統と禅宗を結びつける研究がある。菅原昭英の「山中修行の伝統からみた道元の救済観について」である。菅原は日本の古代中世の宗教的救済の性格を考えるために他界を想定し、その救済は他界と人間界との関係で規定されるとする。そして栄西・道元の場合、その「目指すところは死後の往生ではなく生前の得脱であり、いわば生きながら他界の究極をきわめこれを顕現せしめること」で「生きながら他界を体験せんとする山中修行者の伝統に相通ずる」とし、栄西の入宋も山林抖藪の延長で考えられるし、道元の嗣書への異常なまでの関心も他界体験ではないかとしている。

四　日本禅について

日本禅宗の成立を論じるならば、当然、成立したはずの日本禅宗ないしは日本禅ということが問題になる。先述の石川論文では、硬直化する体質や思想を内部から揺さぶり続けるエネルギーが噴出する動きそのものが「禅」だといい、鈴木『日本的霊性』では、日本人の生活そのものが「禅的」だという。菅原論文では山中修行と他界体験を問題にするが、山中修行を仏教の文脈で捉えれば禅定体験ということになり、これまた「禅」と関係する。しかし日本禅とか日本禅宗といった場合、広義の禅概念ではなく、中国禅ないしは中国禅宗が前提とされ、それとの比較が問題になる。つまり中国の禅に対して日本独自の禅が想定されることになるわけである。

鈴木大拙の場合は日本的霊性が禅なのであるから、中国などは問題にならないかというと、必ずしもそうではない。鈴木は「日本禅における三つの思想類型」という論文で、道元・盤珪・白隠を日本禅の代表的存在としている。まず「思想類型とは、禅の本質を作り上げて居る悟りに対する思想的態度の型」とし、「道元禅は支那の曹洞禅に只管打坐禅と正法眼蔵禅とを加味した道元独自のものである。白隠禅は臨済禅を看話禅的に組織して、今日の日本的臨済禅を作り上げたものである。盤珪禅は『不生』の二字で禅体験を一般思想化して而かも禅の直観性をその中にはたらかせることを忘れなかった」と三人を位置づけた。ただ鈴木のいう日本的性格というのが「くどくどしく理屈を言はぬこと、きれいさっぱりとして、その中に要領のあがるやうにすることなどを意味する」、つまり言上げせぬことだといわれると、もう少し厳密性を要求したくもなる。

藤岡大拙「禅宗の日本的展開」は、従来ばくぜんとしてあった兼修禅から純粋禅への禅宗発展史観を否定し、兼修禅を積極的に位置づけたものである。藤岡は、北条時頼には「禅・密・念という矛盾的宗教が矛盾なく包摂されて」おり、「顕密の教法や念仏法門と根本的に矛盾しないものとして禅を理解している」とし、「この様な形の禅こそ日本で発展出来うる禅なのである。私はこれを日本禅と呼ぶことにする」という。そして「初期の禅思想史は要するに顕密教理との矛盾の解消史であり、更に換言するならば禅の日本的展開史であり、日本禅の形成史であった」とし、無住を「禅と念仏の教理的対立を解消する論理を考え出した」人物として、また栄西を「実は道元以上に独創的禅思想を作りあげた、いわば日本禅の創始者であった」と積極的に評価した。そもそも禅・密・念を矛盾的宗教といえるのか疑問であるが、日本禅についての一つの問題提起であったことは事実である。

また柳田聖山は「日本禅の特色」という論文で、「いっぱんに、日本禅の特色と言えば、大てい道元についていうのみで、室町以後の禅と日本文化の独自な発展をうながした臨済禅の思想について、深く考えることが少ない。たとえそれを言うにしても、多くは宗派的、もしくは法系的な考察に終始する傾きがある」とまず述べる。そして栄西と道元について、「栄西による禅宗の開創は、（略）平安朝以来の叡山の仏教の発展であ」り、

「道元の場合は事実上は天童如浄の禅を受けつつ、これを純化し先鋭化することによって、曾ての大陸にも見られなかった独自の立場を見出したのである」としつつも、夢窓・大燈が「南北朝の戦乱にもまれ乍ら、日本仏教の故地である京洛の地に、新しい日本禅を確立した」といい、また「近世日本文化を支える禅は、所謂中国禅宗の禅ではないが、さりとて伝統的な日本仏教の延長としても、かならずしも律し切れぬものをもつ。強いて言うなれば、日本禅の誕生であり、独自な思想をもった日本禅の完成が、そこにあったと言ってよい」といって、日本禅がいつ誕生したのかよく分からない。たぶん夢窓・大燈のときに日本禅が誕生し、近世に完成をみたという論旨かと思われる。

以上、各氏の日本禅についての発言をみてきたのであるが、禅についての考えにもかなり振幅があり、議論がかみ合わない場合もある。日本における禅宗の成立と日本禅の誕生については、問題を整理する必要がある。つまり禅「宗」が日本社会で認知されたという事実、これはいわばハード面といえる。そのことと日本禅の誕生という、いわばソフト面とが対応するかどうかである。したがって最初から禅宗の成立＝日本禅の誕生としないかぎり、いちおう両者を分けて考えていかなければならないと思う。

さて、本稿では紙幅の関係もあって、通史、日本禅宗の成立、日本禅に関する研究に限定してみてきたが、そのほか、近年なにかと話題になっている禅宗批判ともいうべき研究にふれたい。それは袴谷憲昭の『本覚思想批判』と松本史朗の『縁起と空―如来蔵思想批判―』である。袴谷の主張は、「道元は、実は徹底した本覚思想批判者であったにもかかわらず、従来は本覚思想寄りにのみ解釈されてきた」「本覚思想とは、実は、仏教ではないのみならず、いかなる信仰とも関係がない」（四頁）「正しい仏教とは、まず土着の思想や宗教を否定する外来の思想であり、次に、その土着温存の『場所の哲学』を否定する『批判の哲学』でなければならない」（六頁）「古いスタイルの七十五巻本や六十巻本が新しいスタイルの十二巻本へと、道元の言葉のスタイルが変ったように彼の思想も変ったのだという極常識的な主張」（三九九頁）というものである。松本の主張は、如来蔵思想は仏教ではないとするもので、本覚思想も如来蔵思想の一形態ということになる。袴谷・松本の所論には禅宗は仏教ではないという過激な主張があり、禅宗研究者に衝撃を与えた。そして道元の『十二巻本正法眼蔵』の評価をめぐって議論が展開したこともあって、その議論の概要は鏡島元隆・鈴木格禅編『十二巻本「正法眼蔵」の諸問題』にまとめられている。また袴谷・松本の問題提起を真摯に受け止め、自らの道元研究を進めた石井修道の『道元禅の成立史的研究』もある。

そして最後に、原田正俊『日本中世の禅宗と社会』にもふれなければならない。原田は、従来ややもすると看過されがちであった、放下僧・暮露、達磨宗と三宝寺、天狗草紙、渡唐天神画像などをも視野に入れ、日本中世の国家・社会のなかでの禅宗のあり方を検討した。これは最近の禅宗史研究の水準を示すものとなっている。

浄土

市川浩史

はじめに

〈戦後歴史学〉のめざましい発展は、なにも社会経済史の分野だけのことではなかった。いわゆる文化史、思想史などにおいても同様であった。仏教ないし仏教思想史の研究の分野でも、かなりの達成を遂げている。本稿に求められている「浄土教」の研究史の回顧あるいはその批判（筆者は、「浄土教」なる用語に対しては批判的ではあるが、本文中では、慣例に従う）を始めるにあたって、その対象および時期を規定しておきたい。

日本史における「浄土教」の展開は、現在に至るまでの全時代を通して跡づけることができるが、〈戦後歴史学〉においては、やはり、仏教は中世に特有の現象であり、かつ中世仏教の最高の達成は親鸞においてなされた、と理解されていた。したがって、本稿では、「浄土教」を中世に、さらにその中身を親鸞とその先駆的形態とされた法然とに限定して考察することにする。

一

はやく、原勝郎「東西の宗教改革」(『芸文』一九一一年七月)などによって唱えられ、戦後間もなく川崎庸之「いわゆる鎌倉時代の宗教改革について」(一九四八)においてみられた、中世の浄土教、なかんずく親鸞に、ヨーロッパ中世のそれに準えて「日本の宗教改革」者の姿を見る傾向は、その研究者の思想的背景の違いを超えて盛行したように思われる。一九六〇年代はじめに刊行された『岩波講座日本歴史』は、戦後から一九五〇年代にかけての日本史研究の最高の水準を達成したものといえるが、その中世1(一九六二)に川崎の「鎌倉仏教」を収載している。当該問題についてのこの時期の大方の関心のありかが、この論文の目次に端的に現われている。それは、「一　法然から親鸞へ、二　栄西から道元へ、三　日蓮の登場」の三部立てとなっているのであるが、これは次のことを意味している。

第一に、「鎌倉(時代の)仏教」がすなわち、いわゆる新仏教であったこと。第二に、それが、浄土教、禅、日蓮宗の三系列の宗派、そしてその五人の祖師について語ることが「鎌倉仏教」を語ることであった、ということである。この段階では、いわゆる旧仏教に関しては、古代仏教の堕落ないし変質した形態、および弥縫的《びほうてき》改革派の動きとしてしか位置づけられていない。さらに、第三の問題として、浄土教のなかでも、より純粋度、達成度の低い法然から高い親鸞の段階に移行していった、と考えられていることが挙げられる。

川崎論文の一節の最後が「三願転入」となっていることは示唆深い。「三願転入」とは、親鸞が『教行信証』において、自身の信仰が最終的に無量寿経にいう阿弥陀の第十八願による信仰に落着していった過程を表わした言葉である。そのようにして、中世の浄土教思想は、法然を超えた親鸞の、それもその最終的段階で理論的に整備されて最高に達したという、いわば戦後知識人の好みにあう理想的な親鸞像が造形されていった。

また、この時期の大きな収穫は、家永三郎の『中世仏教思想史研究』（一九四七）に収められた「親鸞の宗教の成立に関する思想史的考察」に代表される思想史研究や、井上光貞の①『日本浄土教成立史の研究』（一九五六）などにおいて、法然、親鸞という形で鎌倉時代にピークを迎えるという浄土教の成立史が構想されたことであろう。

家永は、戦後すぐの段階から日本思想史の研究の指導的立場にあったが、一九五〇年代は、親鸞を頂点とした鎌倉仏教をその対象のひとつとしていた。先の書に収められている諸論文では、親鸞のほかに、道元や日蓮など鎌倉新仏教の祖師の思想について言及されているが、おおむねそれらは、「新」仏教であることは評価されるものの、それらの思想の各要素の拠って来るところは、すべて鎌倉時代以前の仏教のなかで達成されていたとして、祖師たちの独創性を否定的に評価するものであり、なかでも日蓮についての評価はその最たるものであった。親鸞についても、いわゆる悪人正機説をはじめとする要素を前時代からの継承、発展形態として位置づけつつ、悪人正機思想を親鸞思想の核心としてきわめて高く評価している。

こうした思想史上の達成は、平安時代から発展してきた「往生信仰」が、親鸞において「時代と個人との痛切なる体験を通して深化せられ」て成立したものとして位置づけられる。つまり、親鸞という歴史的個性が絶対化され、超歴史的に意味づけられているのである。じつは、このような態度は、大正デモクラシー以後の知識人たちに好まれた親鸞像――『出家とその弟子』の描くような――に近接していた。家永は、この後、和辻哲郎との間に交された、中世武士の主従倫理の問題についての論争などを経て、近代思想史の分野に関心を移していった。

井上は、この書ならびに後年の②『日本古代の国家と仏教』(一九七一)とによって、鎌倉時代に成立する法然、親鸞の宗教の直接の源流を平安時代の浄土教に求めようとした。井上は、①で奈良時代の南都六宗以来の各宗派に阿弥陀信仰が含まれていることを確認し、その歴史的展開の様相を叙述した。そして、その最後の段階に浄土教思想の頂点として法然、親鸞を置いたのである。両書を通して、平安時代末期の浄土教を、貴族社会に受容された天台浄土教と、聖や沙弥などの民間布教者によって地方に伝播された雑信仰的、呪術的浄土教とに分類し、とりわけその後者を法然、親鸞といった頂点的思想家の直接の源流として位置づけた。②では、法然、親鸞そして日蓮といった人物は、そうした浄土教の土壌と、保元・平治の乱にはじまる十二世紀の政治的諸現象とそれに伴う価値観の変動とのなかで生み出されてきた、と論じている。つまり、井上の方法は、鎌倉時代の法然と親鸞とを最終的到達点としてそこから源流を遡って叙述する、というものであった。

井上の作業は、法然、親鸞といういわば、頂点的思想家、傑出した存在を歴史のなかにふさわしい座り場所を与えて落ち着かせることであったのであるが、それとともに彼らを対象とした研究には、もうひとつの方法が有り得る。それは、彼らの思想的個性を分析、抽象することを通して、その中世社会における歴史的な意義を確定しようとする方法である。これらは、作業の手順としては、逆であるが、ともに「歴史的」な思想史研究の方法としてあり得る。後者は、まさに思想史の正道とでもいえる常套的手段であって、家永の方法は基本的にこれに属するものであろう。しかし、そのためには、いささかの禁欲と〈客観性〉への志向とが必要であろう。

井上によって、法然、親鸞が日本史における「国家と仏教」という問題として叙述されたことは、彼らを歴史的に相対化することになり、また石母田正の領主制論のあと、黒田俊雄の顕密体制論（後述）を待つ間の中世の国家と宗教との関係論の稔りであったといえよう。

しかし、鎌倉時代の浄土教思想（家）を、平安時代のそれの延長上に求め、さらに古代末期の諸価値の変動に個人の思想形成の契機を見出すことで説明しようとする点で、家永と井上とは基本的な方法論を共有していた。しかし、のちに平雅行が適切に批判するように、彼らは、鎌倉時代の法然、親鸞について、その個性の大きさを顕彰し、前時代との連続を強調するあまり、対象のもつ一向、専修、選択といった思想上の到達点の真の理解に不十分であったと言わなければならない。宗教（思想）の研究においては、その思想そのものへの理解と並んで、その社会自体とそこにおける機能を明らかにすることが必須であるが、なによりもその前者が先行しなければならないことは当然である。そうでなければ、その思想がその社会においてどのような意味をもったのか、という真の社会的、歴史的意義を捉えきれない。

一九五〇年代の浄土教の研究史の段階で注目すべきことは、とくに親鸞固有の事柄である、親鸞の宗教の受容層の社会的基盤の問題についての論争である。これについては、まず、服部之総が『正・続親鸞ノート』（一九四八、一九五〇）のなかで、（関東においては）「信心為本」を思想的な原則としてつねに農民とともにおり、書簡で知られるいわゆる護国思想とはじつは無縁であったという親鸞像を描き出している。これは、マルクス主義者服部の希望に満ちた叫びでもあった。ちなみに護国思想とは、『親鸞聖人御消息集』所収の第二書簡の「朝家の御ため国民のために、念仏をまふしあはせたまひさふらはゞ、めでたふさふらふべし」の一節に親鸞の「護国思想」がみられるや否や、からはじまる論点である。親鸞を離れ、「信心為本」（いわば、信仰第一主義）ではなく「王法為本」（いわば、政治権力第一主義）の立場に偏向したという、現在にまで至っている、ある意味で矮小化された蓮如像はここで大きく力を与えられている。

服部のこの農民説に対して、赤松俊秀は商人的存在や武士を示唆し（『正・続鎌倉仏教の研究』）、笠原一男は独自の思い入れから、関東移住時および在住時の親鸞の周囲の「在家農民」説を提起した（『親鸞と東国農民』）。

この社会的基盤論争は、今日的にみれば、ひとり親鸞を超えて、中世社会史の重要な課題を突きつけていることがわかる。つまり、当時の東国社会、とりわけ在地領主制の実態（親鸞の教説の受容層が農民、あるいは武士だといったとしても、東国社会での領主の実態が解明されなければ、農民性、武士性のいずれをも正しく評価できないであろう）、「専修念仏」の東国社会での帰趨如何等々である。そのように考えれば、この論争はまだ帰着はしていないのである。

二

一九五〇年代に盛行した親鸞研究がひとまず落ち着くころ、中世史研究における、石母田正の、いわゆる領主制の理論についての反省あるいは反論が提起されはじめる。その有力なもののひとつが、のちに『日本中世の国家と宗教』（一九七五）として結実することになる、黒田俊雄の権門体制論ないし顕密体制論である。とくに、中世の国家、宗教およびそれらの関係についていえば、後者を問題にすべきであろう。そして、これらの学問的提言・仮説は、中世史、中世宗教史の研究者にとって、部分的賛否は別にしても、すでにこれを看過できないような研究史的状況になっている。

さて、黒田の顕密体制論は、中世の国家と宗教との関連を通して、中世社会特有のありかたの叙述のための議論の大枠を構想したものなので、とくに、法然や親鸞などに関しての個別論文は含まれていない。したがって、前掲書に収められている、現在の段階までにその都度研究者に大きな衝撃を与えてきた諸論文は、専修念仏、神祇信仰、神国思想など、ある程度広がりのある思想、文化現象を対象としている、いわば、骨格あるいは総論というべきものに相当するが、その肉づけは充分ではない。その意味で、黒田亡きあとの顕密体制論にとって、その有効性を立証するためには黒田自身のこうした総論から出発した各論の蓄積が必要であろう。そして事実、顕密体制論が発表されて以降、徐々に反論なども出されてきているが、なお充分に説得的なものは残念ながらまだない（こうした事情に関しては、黒田自身が回顧している。『日本中世の社会と宗教』の「序説」、一九九〇）。

けだし、そうしたことにもかかわらず、また、筆者のように、顕密体制論者ではない者にとっても、黒田の学説は、ダイナミックで、胸躍るが如くきわめて魅力的である。なぜならば、中世なかんずく鎌倉時代の頂点的思想（家）、宗教（家）のみならず、もっと一般的な思潮、思想的傾向など、および国家、権力という「上部構造」が有機的に生き生きと叙述されているからである。マルクス主義歴史学の良質の遺産のひとつというべきであろう。

顕密体制論を提起した研究は、「鎌倉仏教における一向専修と本地垂迹」（一九五三）、「中世国家と神国思想」（一九五九）、そして一九七五年段階での理論的達成を示す「中世における顕密体制の展開」などの諸論文（いずれも前掲書所収）である。黒田は、これらの論文において、顕密体制論として結実する、中世の国家、社会、ないし宗教論を展開したのである。黒田自身によれば、「顕密体制」とは「……段階的にいえば、はじめ密教による統合が進行する九世紀段階では、顕密の勝劣が問題の主たる側面であったが、一〇世紀以後の浄土教の発達のなかでの天台宗の主導的活躍によって、一一世紀には顕密の一致・円融あるいは相互依存的な併存を最も妥当なものとみなす体制が確認されることになったといえる。このような顕密の併存体制——体制といっても法的あるいは行政的な制度ではなくイデオロギー的秩序というほどのものであるが——……」（「中世における顕密体制の展開」）といわれる。

必ずしも理路整然というわけではないが、言わんとするところは明白であろう。つまり、九世紀に発端を有した密教による各宗の統合の形態が進行し、十一世紀に至って、顕教、密教が相互依存的なありかたで併存、統合されたかたちで存在した体制というものである。そして、この体制は、体制自体の危機が観測されたときには、各宗派の表面的な違いを措いて一致団結して共通の敵に対処することができた。そして、この体制側は、社会的には、圧倒的多数派を形成することになる。当然、これに対する異端派は、社会的には、圧倒的少数派となる。

顕密体制論でいう異端派は、具体的には、法然、親鸞らのいわゆる専修念仏の一派を意味する。さきにも指摘したように、黒田自身が彼ら異端派の思想や行動についての個別研究を発表していないので、彼ら「一向専修」の輩の先鋭な思想性が原則的に指し示されているに止まる。しかし、次のような点が明らかにされたことにおいて、顕密体制論の中世「浄土教」の理解が格段に進むことになった。ひとつに、「一向専修」自体は、なにも念仏だけのことではなく、顕密仏教では観音や地蔵などを対象とした場合でも許容されていた。しかし、その「広さ」の中で異端派の「余行を排する純粋にして激しい宗教思想」が成立していったということ。さらに、その「一向専修」は、（太古以来の民族的な、および仏教本来の）「多神観を前提にしてそれを克服する論理の形式」であったということである（「鎌倉仏教における一向専修と本地垂迹」）。

黒田の顕密体制論に関して彼自身が掲げた右の二つの論点はとくに重要であろう。第一の点は、平安時代後期あたりから盛行しはじめてくる、都の内外での聖とか沙弥などとよばれた民間布教者の教えは、観音なり地蔵、薬師、不動などといった、多くは現世利益を与えてくれる仏、菩薩に対する「専修」的信仰であったが、彼らの「専修」性と法然、親鸞ら異端派の「専修」性とをどのように区別するのか、という問題に関して、従来の研究史では充分に認識ないし説明ができなかった。そしてしばしば法然や親鸞の個性に帰されたが、それでは、かつて井上や家永らが受けて立った、思想史学の「あやうさ」の虜となってしまうであろう。ともかく、平安期の「専修」的諸信仰と法然、親鸞ら異端派のそれとの相違を論理的に説明できなければ、中世宗教史の叙述として不充分の誹りを免れない。

ついで第二の点は、さらに重要であろう。つまり、法然、親鸞らの個性、「異端」的個性に注目するあまりに、彼らの功績を無前提的に称賛する、超歴史的評価に陥ってしまわないためにも重要である。法然、親鸞およぴ、その徒は、時として阿弥陀一仏のみを拝することに社会的に極端な態度を取ったり、雑行雑修を排して神祇不拝に至ったりしたが、それは、阿弥陀仏以外の仏、菩薩や民族的神格の存在を認めていなかったから、ということではけっしてないのである。あくまで、彼らも、八百万の神々と一緒の空気を吸い、数多くの仏たちのいます曼荼羅的密教的世界観を顕密仏教側の人々と共有していたのである。

法然や親鸞らは、たしかに修行、修学あるいは「思想」の場として比叡山と決別はしたけれども、そこを舞台として形成され、そして、ひろく世に浸透していった世界観を全部捨てたのでは決してなかった。彼らも、中世人として生きたことは否定しようがない。それは、従来、法然を超えて浄土教思想を最大に達成したと考えられた親鸞においても事実、多神的世界を謳歌するかのごとき口ぶりの『現世利益和讃』のような作品が制作されていることを想起すれば充分であろう。親鸞は、顕密仏教と同じやりかたで諸仏、諸神に現世利益を求めたのではないが、親鸞の世界にそのような仏神たちは厳然として存在していたのである。そうした世界のなかでの「神祇不拝」であったことを忘れてはならない。

さらに最後に付け加えると、顕密体制論は、かつて家永や井上など、あるいは、辻善之助をも含めた研究史の先達によって形成されてきた仏教史の、あるひとつの偏向した見方、つまり、日本仏教史の華は中世で、その中でも、浄土教がより華であり、その華の中の華を担ったのが法然、そしてより徹底した立場を成し遂げたのが親鸞であったとする、いわば、浄土教中心史観（平雅行の用語）への批判的視座を提供することになった点においても功績を認めることができる。顕密体制論は、中世仏教の主流は、浄土教などの「新」仏教ではなくて、天台、真言などを中心とする顕密仏教であったと主張している。そして、浄土教の領域からは少々出ることになるが、顕密体制論の学説としての欠陥あるいは未到達点については、しばしば言及されているように、戒律などをめぐる制度や中世の律宗や従来「新」仏教に入れられてきた禅の位置づけなど、理論に組み入れられずに手つかずで残された問題が少なからずある。これらは今後埋められなければならないであろう。

三

顕密体制論の提起と相前後しつつ学界に行なわれはじめたのが、高木豊や大隅和雄などによる、いわば文化史的方法である。これは、中世の政治史や国家論などと密接な連関をもちつつも、とりわけ、仏教や文学など文化史的に固有の状況のなかでの仏教の意味を考察しようとするものである。

日蓮研究に出発してそこにまず豊富な蓄積のある高木の当該問題に関係する業績は、『鎌倉仏教史研究』（一九八二）などに纏められている。法然、親鸞に関しては、高木は、日蓮と比較することで彼らの内在的な特徴が描き出されるとする。また、彼らの経典引用の様相とか、神観念、歴史観などに関しては思想史研究の典型とでもいうべき方法がとられている。

また、大隅は、多くの講座論文などにおいて、法然などの思想家の思想の論理そのものに没入してゆくのではなく、いわば、時代のなかでの彼らを相対的に位置づけなおして、広く文化史的に評価しようとする。これは一見迂遠な方法のようにも見えるが、じつは法然とか親鸞とかといった巨人の手中に研究主体が陥ることを防ぐ有益な方法といえる。研究対象の主宰する世界とわれわれ研究主体とが同化することなく、一歩退いて彼らの思想を対象化して見ることは、つねに要求されていることであり、誰もがそれを当たり前と考えてはいるが、しかし、そのことと実際にそうであることとは別である。大隅の成果は、このような、素人向けのように見えて、じつは玄人向けの成熟した方法を提示しており、そこから学ぶことは多い。

七〇年代以降、一般的な歴史研究において社会史的な傾向が強くあらわれてきた。とくに、日本史研究の場でそうした視点を用いた研究では、網野善彦の『無縁・公界・楽』（平凡社、一九七八）が嚆矢であろう。中世仏教に関わる論点に即していえば、寺院史研究ならびに女性史・「女性と仏教」の一連の成果であろう。前者については、中世寺院史研究会編の『中世寺院史の研究』上・下（法藏館、一九八八）をはじめとした成果が出されはじめている。ここでは、当然その対象とされるのが南都北嶺の顕密の大寺院であり、本稿の関心とは直接交差しないので、踏み込まないでおきたい。

後者の、社会史的関心の一環として、フェミニズムやそれを意識した立場から提唱された女性史研究では、八〇年代のはじめころから女性と仏教という視点が注目された。女性と仏教に関する研究会が大隅と西口順子によって提唱されて、数年間に亘って研究会が持たれ、その成果が論集として公刊されている。それらにおいては、尼、尼寺などについての貴重な成果のほかに、浄土教関係では、いわゆる女人往生の問題が再検討されることになる。

これは、かつて笠原が、精力的に法然、親鸞そして蓮如らの「女人往生思想」として述べたことに対する批判的検討からはじまる。笠原は、おおむね、中世以前の旧仏教では、救済論において女性であることを問題にする意識がなく、それは、新仏教の登場を待ってはじめて説かれたもので、新仏教でこそ、経典において否定的に扱われている女性の救済に思いを致すことができた、という所論を繰り返している。こうした説に対して平は、法然など異端派の思想家は、仏教が本来持っている女性差別の思想（法華経提婆達多品にいう「変成男子」の思想がその典型的な例。これは、「女性であること」は、成仏に際して大きな障害となるので、女性が成仏しようとすれば、一旦男性に変成してから成仏を日指せばよい、と説く思想で、本来の「女性であること」に対する差別は厳然として温存されている）を相対化して平等な人間観を形成しようとしたので、笠原のいう女性差別の根底に疑問をもたない「女人往生」の思想とは、無縁であるとした（平のこの問題についての見解の大筋は、「女人往生論の歴史的評価をめぐって」に表わされている。同『日本中世の社会と仏教』所収）。

四

さて、続いて、黒田の顕密体制論を法然、親鸞など浄土教思想家を個別的な対象として、精力的に肉付けを行なっているのが、平雅行である。平は、顕密体制論の原則に従って、法然、親鸞らの専修念仏の輩を「異端派」として位置づけ、彼らの論理を丹念に追う。そのとき、特徴的であるのは、平のこうした作業は、従来の、家永、井上、笠原などによる研究史の意識的な批判的継承のもとでなされているということである。往々にして「思想史」研究では、研究主体が対象とする思想家にのめり込むあまり、通時的（歴史のなかでの）および共時的（同時代人とのなかでの）相対化を怠るはめになりがちである。しかし、平の一連の作業によって、われわれは、そうした方法的反省を迫られる。

平は、法然、親鸞らの異端派の教学を歴史的に位置づけつつ、それと中世仏教の主流たる正統派・顕密仏教との論理的な相違点を明らかにしようとする。そして、「浄土教研究の課題」（『日本中世の社会と仏教』一九九二、所収）という、研究史批判と見通しを述べた論文では、そうした大まかな見通しが叙述され、おおむね、法然、親鸞ら異端派の意義と彼らを含む浄土教一般の歴史的な位置づけが述べられる。

それによると、①法然、親鸞ら異端派は、顕密仏教の作りあげた宗教秩序総体の解体を思想的課題とし、民衆に内面的権威性を回復させることが課題であったという。さらに、②浄土教の展開史は、「現世安楽・後世善処」を祈る平凡な二世安楽信仰の発展史であるとされる。

しかし、このような法然、親鸞らの異端派の位置づけをめぐる平の示す概略的見通しに接して当惑を覚えるのは、筆者だけではあるまい。それは、①については、異端派であれ、まさに多神観の世界においてどこまで、どのように具体的にこのような〈近代的〉な彼らの像が描けるのか、②については、それでは、法然や親鸞らの思想の固有の世界、達成についてどのように評価するのか、といった点が、まだ必ずしも解明されていないからである。これらの諸点についてさらに詳細な叙述が待たれる。

おわりに

以上、不充分ながら、戦後の浄土教の研究史を、重要な研究動向を辿りつつ、批判的に見てきた。最後に、①達成されるべくしてまだ達成されていない視点、方法に言及し、②重要な研究ながら本論中で触れることができなかったものを紹介して擱筆したい。

①についての当面の問題のひとつは、浄土教をも含む中世仏教の東アジア史における位置づけである。もちろん、こうした問題意識は、従来からあり、法然についてはとくに善導、親鸞については「七高僧」という形での研究はなされてきており、筆者自身の試みもある（『親鸞の思想構造　序説』の第一部、一九八七、および『日本中世の光と影―「内なる三国」の思想―』の第三部、一九九九）が、単なる系譜論を超えて右に述べたようなレベルでの問題意識の上でのさらなる蓄積が要求されよう。

②は、田村圓澄の法然および法然伝研究、松野純孝、重松明久、古田武彦らの親鸞研究などである（家永、松野、重松、古田の各氏の親鸞研究の研究史的位置づけについては、市川、前掲『親鸞の思想構造　序説』の序章で触れている）。

付記

右の論文は、法然と親鸞とを中心にして述べると言いながら、じつは、親鸞に偏した行論となってしまった。これは、筆者自身の偏向によるものであるとともに、これまでの「浄土教」研究の偏向のひとつの反映でもあったことを申し述べておきたい。

【コラム】

悪人正機

安達俊英

◆「悪人正機説」研究の契機

悪人正機説とは周知のごとく、『歎異抄』第三章に現われる「善人なをもて往生をとぐ、いはんや悪人をや」という一文によって示される思想を示す。「善人でも往生できる、まして悪人はなおさらである」という、この我々の常識を打ち破る衝撃的なテーゼが、親鸞教学を特徴づける概念として一般に広く知られるようになるのは、明治時代の清沢満之等による『歎異抄』の再評価以後のことである。

この悪人正機説は、『歎異抄』のほかに、親鸞の曾孫にあたる覚如の『口伝抄』第十九章にも見られるが、大正時代に醍醐寺から発見された醍醐本『法然上人伝記』(以下、『醍醐本』と略)所収の「三心料簡および御法語」の中にも「善人尚もて往生す、況や悪人をやの事〈口伝これ有り〉」という一節が含まれていることが判明し、論議を呼ぶこととなった。以後、悪人正機研究は『歎異抄』を中心にこれら三文献を基本資料としてすすめられることになる。

　悪人正機研究の歴史は明治・大正時代に遡ることができるものの、本格的な研究が陸続と発表されるようになるのは戦後のことである。そしてこれらの諸研究の論点は、おおよそ次の二点に絞ることができる。その一つは、悪人・善人とは具体的にどのような概念か、ひいては、悪人正機とはいかなる思想なのかという問題である。もう一点は、悪人正機説はどのようにして成立したか、もしくはその創唱者は誰かという問題である。これら二点は、もちろん相互に密接に関連する問題であるので、諸研究の大半はそのウェートの置き方にかなりの違いはあるものの、これら二点の双方に多少とも言及している。

◆戦後の研究の成果

　さて、戦後の本格的な悪人正機研究の嚆矢となったのは、家永三郎氏の「親鸞の宗教の成立に関する思想史的考察」(『中世佛教思想史研究』法藏館、一九四七)などの論考である。そこで氏は次のように論じておられる。まず、基本的に善正悪傍の立場に立つ法然が悪人正機説の創唱者とは考えがたい。おそらく、降寛作と伝えられる『後世物語聞書』の影響下に、親鸞によって完成されたとみなしてよかろう。ただし、その底流には平安時代の各種『往生伝』にみられる悪人救済思想が存する、というものである。

これに対し、田村圓澄氏は「悪人正機説の成立」(『日本仏教思想史研究　浄土教篇』平楽寺書店、論文初出一九五二)という論文を著して、家永説に異議を唱えられた。すなわち、「善人なおもて往生、況や悪人」という逆説的悪人正機は親鸞の著作には現われず、『歎異抄』『口伝抄』にしか見られない孤立した思想であるとし、『歎異抄』も覚如との関係が深いことを論じて、結局、逆説的悪人正機は覚如が真宗教団を建設せんがために、他派との違いを明確化しようとして創出したと結論づけられた。

この田村説に対し、悪人正機説はやはり親鸞に始まると主張されたのが、松野純孝氏である。松野氏は「いわゆる悪人正機説について」(『親鸞聖人論攷』第三号、一九五五)という論文において、親鸞の思想の中には「愚者正機」とでもいうべき思想が見られ、しかも『歎異抄』には「悪」と「一文不通」(愚)という言葉が同義語的に用いられているので、親鸞が悪人正機説を説いても全く不思議でないと主張された。また、その一方で、善人・悪人とはどのような意味かを考察し、前者を自力作善の人で具体的には自力的な浄土願生者、後者を機法の二種深信を得た人と理解すべきと述べ、自力的な法然門下の異流を非難すると同時に、愚者を自覚していた漁民・農民等の教化を意識して、悪人正機説を説かれたのではないかと推測された。

また、松野氏の論文とほぼ時を同じくして、重松明久氏も「いわゆる悪人正機説の構造」(『日本浄土教成立過程の研究』平楽寺書店、論文初出一九五五)という注目すべき論考を著された。氏はその中で、まず家永・田村両説を批判し、それらは単なる悪人正機的思想と『歎異抄』の悪人正機説との構造的・質的差異を見逃しているとして、両説とは異なる新たな視点を提示されたのである。即ち、『歎異抄』第三章は自力作善ではなく他力をたのむことが往生の正因であることを明かさんとした一章であると論じ、さらにその場合の自力の念仏・他力の念仏とはいかなる意味かを、『歎異抄』全体を通して解明しようと試みられた。そして結局、『歎異抄』の悪人正機説は「念仏の自行性・善根性に捉われた自力念仏の善人でさえ辺地に往生、ましてそれらを完全に否定した他力念仏の悪人は報土に往生」という思想であり、「本願の対機」よりも「往生の正因」を論点の中心としているがゆえに、これを「悪人正因説」と命名するとされたのである。一方、この観点からすれば、『醍醐本』や『口伝抄』は本願の対機を問題にしているので「悪人正因説」ではなく、あくまで「悪人正機説」であると主張される。そして、この悪人正因説は、念仏の自行性を完全に否定し非行非善の念仏を説いた親鸞においてこそ初めて成立可能であると結論づけられた。

この重松論文は後の悪人正機研究に少なからぬ影響を与えたが、これと相前後して公表された古田武彦氏の「親鸞における悪人正機説について」（日本仏教史論集6『親鸞聖人と真宗』吉川弘文館、論文初出一九五六）も注目すべき論文である。古田氏は『歎異抄』ではなく親鸞の一次文献に基づき、悪人・善人の概念を考察された。その結果は以下のごとくである。悪人とは末法の衆生の総体を指しており、弥陀はその悪人を正機とし、菩薩・声聞等を傍機とされたのである。よって悪人正機説とはこの末法の世に生きながら自己の悪人たることを忘れ、自己の善根に頼ろうとする善人でさえ化土へ往生できるのだから、まして自身が悪人たることを自覚している者が報土へ往生できないはずがなかろう、という思想である。古田氏は重松氏と方法論的には異なる手法を採られたが、結論としては相互に近似しているところが興味深い。ただ、悪人を末法衆生の総体であるとされた点や、悪人・善人を当時の具体的社会階層に比定すれば、悪人は耕作農民、善人は体制側の人々と関連が深く、そこには厳しい善人批判が見られるとされた点などは、新知見と言うことができよう。

◆顕密体制論と悪人正機説

これら、重松・古田両氏の見解は熊田健二氏の論文（家永退官記念論集Ｉ『古代・中世の社会と思想』所収、一九七九）にも、いささかの訂正を加えて受け継がれているが、両氏の見解を土台として、悪人正機説を顕密体制論という枠組みの中へ組み込んでゆかれたのが平雅行氏である。

氏の悪人正機研究は顕密仏教の思想と顕密仏教からすれば異端派となる法然・親鸞等の思想との質的差異を論証してゆくという作業の一環として行なわれている。氏は「専修念仏の歴史的意義」（『日本中世の社会と仏教』塙書房、論文初出一九八〇）という論考の中で、家永氏が平安往生伝の悪人往生説と親鸞の悪人正機説の間の構造的差異に気づいておられない点を批判した上で、次のように論じておられる。『歎異抄』第三章にみられる思想は、「(自身を善人と思い込み、悪人たることに気づいていないがゆえに) 価値的に劣っている善人でも往生、況や (自身が悪人たることを自覚しているがゆえに) 勝れた者である悪人は」とまとめることができる。これを重松氏にならって悪人正因説と名づけるとするなら、平安往生伝の悪人往生思想は「(能力的に) 価値の劣った悪人でも往生、況や勝れた善人は」とまとめることができ、悪人正因説に対し善人正因説ということができる。一方、『醍醐本』の「私云」以下の源智の註釈の部分や『口伝抄』の思想は「(能力的に勝れているがゆえに) 弥陀本願からすれば傍機たる善人でも往生、況や (能力的に劣るがゆえに) 弥陀本願からすれば正機たる悪人は」と解釈することができる。これを悪人正機説と呼ぶならば、悪人正機説と善人正因説とは、悪人を劣った価値体とする点で一致し、悪人正因説とは正反対である。しかも、前二者は階層的機根観に基づいて善人・悪人を同時代における相対的な善人・悪人とするのに対し、悪人正因説では古田氏が指摘されたように悪人は末法の衆生のすべてとされ、平等的人間観に基づいていることも、両者の違いをより鮮明にしている。そして、この前二者がまさに顕密体制側の思想であるのに対し、悪人正因説は法然・親鸞などの異端派の思想であり、そこには大きな質的差異が存在する。

以上が平氏の所論の骨子であるが、氏はさらに「解脱房貞慶と悪人正機説」(平、前掲書、論文初出一九八七) という論文を著して、顕密体制側の貞慶がすでに悪人正機的思想を表明していることを指摘し、悪人正因説ならぬ悪人正機説が顕密体制側の論理であることをより明確に論証しようとされた。

氏の悪人正機研究は以上のように、その多くを重松・古田氏等の研究に依拠しながらも、論点をより明確化し、問題を対象化し、体系的に整理したという点で戦後の悪人正機研究の総決算の位置を占めると言ってよかろう。とくに、同じ悪人正機的表現でも、階層的人間観に立脚するそれと、平等的人間観に立脚するそれとを区別すべきという指摘は重要である。

◆教学・国文学の分野における研究

以上紹介した諸研究はその大半が史学の分野での成果であるが、その他の分野においても、悪人正機説は興味深い研究対象として取り上げられてきた。例えば、国文学の分野においては、古田・平説に近い結論を導き出している伊藤博之氏の研究（『日本文学』第一七三号、一九六七）などを挙げることができよう。

ただし、何といっても量的に多くの研究を有するのは、教学の分野である。断続的にではあるが、戦後、一貫して研究が公表され続けてきた。中でも、矢田了章氏は一九八〇年代から「悪人正機説の成立について⑴⑵⑶」（⑶は『真宗学』第七〇号、一九八四）や「悪人正機説における悪人の概念について⑴⑵⑶」（⑶は『真宗学』第九一・九二号、一九九五）などの一連の論考を著し、悪人正機の概念について研究を積み重ねておられる。この他、悪人正機の内容に踏み込んだ研究もいくつか数えられるが、ただ、史学の分野の成果にあまり注意が払われていないのが残念である。

◆悪人正機説の創始者の問題—『醍醐本』をめぐって—

さて、悪人正機説は誰によって創始されたかという問題については、明治以来の伝統もあり、断然、親鸞説が有力であった。文献学的根拠の薄い覚如創始説は別としても、法然創始説までもが、最古の法然遺文集と位置づけられる『醍醐本』に悪人正機の一文が存在するにもかかわらず、法然には「善正悪傍」的な遺文の方が断然多いなどの理由で、一部の学者を除いて退けられてきたのである。先に挙げた諸論文においても、法然に悪人正機（悪人正因）を認めるのは平氏の論考ぐらいであろう。これに対し、梶村昇氏は一九七〇年代から一貫して、『醍醐本』は信憑性の高い文献であるゆえに、その『醍醐本』所収の「三心料簡および御法語」に説かれる悪人正機説も間違いなく法然の法語と見なしえるので、よって悪人正機説は法然に始まるものであると主張されてきた。そして、その所論の集大成として、『悪人正機説』（大東出版社、一九九二）、『法然の言葉だった「善人なをもて往生をとぐいはんや悪人をや」』（大東出版社、一九九九）を出版されたのである。

確かに覚如の『口伝抄』においても、悪人正機説は「黒谷の先徳」、即ち法然からの口伝であることが示唆されており、そのようなこともあって、浄土真宗系の学者の中からも梶村説は承認されるべきであるとの声が聞かれるのであるが、その一方で、肝心の「三心料簡および御法語」の資料的信憑性に疑義をはさむ見解もある。例えば、坪井俊映氏はそこには隆寛の思想が混入していると指摘された（『印度学仏教学研究』第二三号第二輯、一九七五）。この説に対しては後に修正意見も出されている（藤堂恭俊博士古希記念『浄土宗典籍研究』研究篇、一九八八、所収の廣川堯敏氏論文）が、「三心料簡および御法語」が相当注意を要する文献であることには変わりはない。

また、『醍醐本』の悪人正機説を法然の言葉と認める学者の中にも、法然のそれは本願を客観的に解説したものであるのに対し、『歎異抄』のそれは仏道実践上における主体的な思想であり、そこには違いがあるとする説も見られ（例えば、矢田前掲諸論文）、まだまだ議論は続きそうである。

◆今後の展望

今後の悪人正機説研究は、賛否はともかく、やはり平氏の研究を無視しては成り立ち得ないと思われる。実際、平論文への反応は既に少なからず見受けられる。例えば、『醍醐本』の悪人正機の一文に対する源智の私釈の解釈をめぐる論争（『真宗研究』第四〇輯、一九九六、所収の栗原広海氏論文、参照）なども、平氏の所論に端を発したものであるし、また、平説そのものへの反論（『駒澤大学佛教学部論集』第二九号、一九九八、所収の松本史朗氏論文）も提示されつつある。ただ、平説を発展させてより強固なものにするにしても、逆に平説を一部修正したり根本的に批判して新たな体系を示すにしても、平説を十分に理解した上で、それをなすことが求められよう。少なくとも最低限、個々の悪人正機的諸表現の質的差異を無視して、すべてを同列に扱うがごとき研究方法は避けねばならないと考えられる。

さて、もう少し個別的な展望にも言及するならば、まずテキストに関しては、先程述べた「三心料簡および御法語」の資料性の問題の検討や、稲吉満了氏等による『輪円草』の発見（『深草教学』第一〇号、一九九〇、参照）、真柄和人氏による『夢中松風論』中の悪人正機説の紹介（『東山学園研究紀要』第三六集、一九九一）等に代表されるような悪人正機関係の新資料の発掘が俟たれる。

一方、思想に関しては、法然について亀山正広氏が試みられた（『真宗学』第五四号、一九七六、所収論文）ような思想家個人における思想展開や対機説法的視点からの関係法語の再検討、法然における善人正機と悪人正機の関係、親鸞における図式が法然にもそのまま当てはまるか否かの問題、悪人と凡夫の概念の異同、および史学の諸研究の成果を自家薬籠中のものとした上での教学的・思想的立場からのその成果の再確認などが望まれるところである。

日蓮系

佐々木　馨

日蓮および日蓮教学が、厳密な意味で、学問の研究対象として取り扱われるようになったのは、近代以後のことである。明治期に始まったその仏教学ないし仏教史研究の一環として、日蓮および日蓮教学の研究も、豊かに実り出す。その様子を、一九九七年に刊行された立正大学日蓮教学研究所の『日蓮聖人・日蓮教団史　研究文献目録』は、余すことなく示している。が、ここでその全てを、網羅的に紹介することは、紙数の関係上、ほとんど不可能である。よって、抽出してごく一部を紹介することになることをあらかじめ、お断りする。

管見によれば、日蓮および日蓮教学の研究蓄積は、大ざっぱに、次の三つの研究領域に類別化できる。一つ目は、「宗祖研究」であり、二つ目は、「教団史研究」であり、三つ目は、「遺文研究」である。

以下、順次、その紹介を行ない、その上で若干の問題点を指摘したい。

一　宗祖研究

従前の研究を回顧すると、宗祖日蓮に関する伝記研究には、大別して三つのアプローチが顕著であったように考えられる。一つは歴史的、二つは倫理思想史的、三つは教学的アプローチである。

「歴史的アプローチ」

このアプローチによる研究が、他の「教団史研究」や「遺文研究」にも増して、蓄積が最も多く、実に多種多様の日蓮像が提出されている。その代表例が高木豊の『日蓮―その行動と思想―』である。日蓮研究は、かれを語る同時代的史科がないこと、かれ自身、青春時代に対してあまりにも寡黙であること、さらに日蓮遺文の文献・書誌学的研究が立ち遅れていることなどのため、至難を極めたとする高木であるが、この『日蓮』の中で、十三世紀に生きた日蓮その人の思想と行動――歴史的日蓮像――をものの見事に描ききった。日蓮の六十年の波瀾万丈の生涯を、「日蓮の思想の形成―若き日蓮―」、「日蓮の宗教活動―鎌倉の日蓮―」、「日蓮の宗教と思想―佐渡の日蓮―」、「日蓮の宗教と社会―身延の日蓮―」というように、日蓮の真蹟本を中心にして客観的に跡づけたのである。

高木のこの『日蓮』は、今日においても、歴史的宗祖研究の定本的な位置を占めている。この『日蓮』が、このように評価されるのは、たんに論述が手堅いというだけではない。近代以後における鎌倉仏教研究の、「宗教改革」論、「思想史的系譜」論、「社会的基盤」論という一連の研究動向を踏まえた著作だからである。

まさに、画期的な「歴史的日蓮像」の提出であった。

宗教者として、また思想家として多面的な日蓮に関して、高木の『日蓮』に導かれながら、その後、いくつかの「歴史的日蓮像」が世に問われた。川添昭二『日蓮』は、紛れもなく、その筆頭であろう。「日蓮を蒙古襲来の時代のなかで理解することにつとめ」ようとする川添は、その中で「『立正安国論』とその前後」、「蒙古国書の到来」、「文永八年の法難」、「異国合戦―文永の役―」、「終焉の章―弘安の役と日蓮の死―」の構成により、ユニークな「歴史的日蓮像」を結んだ。川添は、「日蓮は蒙古襲来の問題についても、『法華経』至上主義の立場から、それこそ徹頭徹尾、宗教的意味文脈のなかでしか、ものをいわなかった。つまりおおづかみにいえば、国家や民族よりも宗教的な真理のほうが重いとしたのである」という、「歴史的日蓮像」を高唱したのである。

この高木・川添の後をうけ、筆者も『日蓮と「立正安国論」―その思想史的アプローチ―』を上梓したことがある。その基本的な視点は、「仏教者としての日蓮が、現実の営みである政治＝所与の体制と、いかに関わりつつ、自らの信仰の世界を構想」したかにあった。その上で、思想家日蓮の軌跡を、「出家・修学、そして開宗―現実の肯定―」、「『立正安国論』の世界―現実との対決―」、「佐渡流罪・転回―現実からの離脱―」、「身延の日蓮―現実の超克―」と、跡づけた。さらに筆者は日蓮の弾圧背景を探りながら、日蓮の全体像たる「法華経世界」の内実を『日蓮の思想構造』と銘打って考察した。

「倫理思想史的アプローチ」

「宗祖研究」の二つ目のアプローチである「倫理思想史的アプローチ」による研究は、前の「歴史的アプローチ」に比べて、成果もさほど多くない。その代表は、やはり戸頃重基の『日蓮の思想と鎌倉仏教』であろう。戸頃は歴史学と後に見る教学のアプローチに対しても批判的立場をとり、次のような独自の方法論をとった。「歴史学者による鎌倉新仏教の研究成果を概観すると、史実の側面に偏し、教学遺産との取り組み方がすこぶる弱かったように思われる。およそ教学というものは、信仰を生命とした宗教的人物の頭脳の所産であるから、これを軽視したり無視したりしては、思想史的研究も皮相にとどまり、とうてい科学的認識とよぶことさえできぬものとなるのであろう」と、歴史学的アプローチを厳しく批判した。そのうえで、「教学的アプローチ」に対しても、「思想史の研究は、宗門の教学史とは異なるのであるから、同じ教学を研究するばあいでも、歴史的思惟をできるだけ外面に現われた事実との因果関係に結びつけてみなければならない」と厳しく戒めた。戸頃のとる方法論的立場とは、「思想史の研究は、個人主観の内面に正体を隠す瞑想を問題としているのではなく、じつに外面に現われ、歴史の動きと四つに取り組んでいる思想を問題とするのでなければならない」というものであった。

こうした方法論に立って、戸頃は本文四編から成る前掲の大作を公刊した。第一編は「護国思想の展開と変容」で、ここでは、日蓮の主著『立正安国論』の中の「護国思想」を仏典上に探りながら、それを天台・真言・念仏・禅宗の「護国思想」と比較し、もって日蓮の国家観の一般性と特殊性を明らかにした。第二編は、これを受けて、鎌倉新仏教に与えた儒教道徳の影響の事実を実証している。タイトルも、文字通り、「儒教の鎌倉仏教に及ぼした影響」である。日蓮については、儒教と仏教の折衷思想である「五戒五常説」を中心に論じている。

第三編の「末法観における歴史と信仰」は、日蓮の末法思想の中の信仰と歴史的思惟の関係について、承久の乱と蒙古襲来観を中心に考察している。日蓮の強烈な歴史意識を、法華信仰との関係で解明して圧巻。最後の第四編「罪悪感と武家宗教の造型」は、日蓮が殺生を職業とする武士との交流から、生命尊重の倫理を貫徹できず、一殺多生や謗法斬罪のような、「生命否定の思想」を抱いたことを明らかにしている。「慈悲を強調したはずの仏教思想のなかから、なぜ、殺生是認の倫理が発生したか」を考察した部分である。

戸頃の拠って立つ「思想史」とは、この第四編に典型的に見られるように、その主たる関心は、中世の日蓮と現代の倫理観との相関関係の探査にあった。次の一文は、何よりのその証左である。

（日蓮の）不殺生戒の軽視は、近代以降、日蓮の宗教が政治上のテロリズムや、戦争の正当化をもたらす遠因とすらなった。

戸頃によれば、「現代の日本人が、日蓮から何を学びとり、何を捨て去るべきか、ということも、思想的にはまだ明らかにされていない」ので、「この課題を、日蓮を中心とする鎌倉新仏教一般について設定し、思想の客観的復原を企てながら、現代的評価のための貴重な素材を提供」することが、前掲書の中心的課題であるという。

この点からも、戸頃の日蓮論はあくまでも倫理学的であり、小稿が「倫理思想史的アプローチ」の中に位置づける所以もそこにある。

翻って思うに、前の「歴史的アプローチ」も、この「倫理思想史的アプローチ」も、宗祖日蓮研究において、どれほど歴史学的であったろうか。

高木豊の指摘を待つまでもなく、日蓮を同時代的に語る史料はない。が、日蓮の生き様が雄弁に物語るように、日蓮は鎌倉幕府に弾圧・迫害された。これは、紛れもない歴史的事実である。戸頃は、日蓮の「思想史的研究」に際しては、「歴史の動きと四つに取り組んでいる思想を問題とするのでなければならない」（前掲書）と力説した。筆者も、日蓮を「現実の営みである政治＝所与の体制と、いかに関わり合いつつ、自らの信仰の世界を構想」していったかを究めるべきことを強調した（前掲書）。

日蓮と幕府という所与の体制との歴史的関わりについては、このように説かれ続けてきた。しかし、残念ながら、管見にはこれまで、日蓮がなぜ、幕府によって弾圧されたのかという理由ないし歴史的背景を示してくれる研究は、入ってこなかった。この問題は、日蓮と幕府との関係はもとより、鎌倉仏教の総体的把握にとっても、重大な課題である。

筆者はこの課題に応える一つの解答として、幕府の宗教政策のあり様を、試論的に提示したことがある（拙著『中世国家の宗教構造』、『中世仏教と鎌倉幕府』、ともに吉川弘文館）。その中で、幕府の志向する宗教世界は、臨済禅と真言密教を中核とする「禅密主義」に彩られており、それは黒田俊雄の高唱する公家権門の天台宗を中心とした「顕密主義」と相対峙するものであることを、粗述したのである。

幕府が日蓮を弾圧したのは、そうした宗教史的背景があったことを考えるのが、戸頃の言う「歴史の動きと四つに取り組」むことではないか。幕府の宗教政策への照射は、今まさに緒についたばかりである。今後の深化が望まれる。そうした積極的な取り組みがなければ、日蓮の宗祖研究も、鎌倉仏教論も、いつまでも「思想史の独り歩き」の汚名は返上できない。

さて、次は、「宗祖研究」として、最も研究蓄積の豊富な「教学的アプローチ」である。この領域は、前の「歴史的アプローチ」に比べ、歴史学の中世史研究の動向にあまり左右されずに、独自の研究を営々と伝統的に続けてきた分野である。その研究の主体が、立正大学の日蓮教学研究所であることは、ひとのよく知るところである。

「教学的アプローチ」

この分野の代表作として、第一に、望月歓厚の『日蓮教学の研究』を挙げる。望月は、その「序」において、「『教学』は、その宗教における教義信条の体系で、一種の権威を伴い、不変性をもつ」といい、『宗学』は、『教学』から出でて、「宗学する者」の主体性を通した個性的な学的体系である、という。

このように基本的命題を規定した望月は、いよいよ「序論」で「日蓮教学の前階」、「本論」で「日蓮教学の研究」を展開する。

「序論」の第一章では、日蓮が『法華経』を依拠とするまでの歴史的変遷を、三国の歴聖に跡づけた（「法華経題釈の変転」）。第二章は、この日本的展開とも言うべき「本覚思想」について考察し、もって日蓮の先蹤としている（「本覚法門の成立と法華経の二門」）。第三章では、日蓮教学の歴史的背景としての「末法思想」に言及（「日本仏教の末法思想の超克」）し、日蓮の「末法為本」を浮き彫りにしている。

以上の三章が、「序論」としての「日蓮教学の前階」であり、次は、「日蓮教学」の「本論」である。この「本論」は十一章から成り、そのうち、七章までが日蓮在世時の、直接的な「日蓮教学」であり、八章から十一章は日蓮滅後の教団における教学史である。

「本論」の第一章は、日蓮の「事」の思想を扱ったもので、望月はその構造をこう捉える。本覚信は、信唱と弘教とを一如相即せしめる作用をする。その信唱は自行として宗教的純粋時を体験せしめ、弘教は宗教的歴史時形成の担い手を自覚させる、と（「日蓮聖人の宗教に於ける「事」の本質的構造」）。

この「事」思想の仏教的実践が、日蓮にあっては、『法華経』の肝心であり、一念三千である「妙法五字」ないし、「三大秘法」にほかならない（第二章「一念三千と妙法五字」、第三章「三大秘法の成立と組織」）。

古来、宗学上の一大論争となってきた「本尊」論について、望月が「人法論に於ては人本尊、形相論に於ては一尊四士」とすることを結論づけたのが第四章「日蓮聖人の本尊」であり、第五章は、この本尊論の典拠の『観心本尊抄』とその先蹤をなす『開目抄』を比較考察したものである（「開目・本尊両抄の関係」）。

第六・七章は、廃権立実の折伏を指標とする受持の一行こそが、真実の如説修行であり、日蓮にとって、霊山浄土は、現世から遊離した存在ではなく、本時の娑婆に安住する絶対の現在は、命終を契機とする未来の現在をも同時に持つものであることを明らかにしたところである（「法華経の如説修行と日蓮聖人」、「日蓮聖人の往詣思想」）。

以上までが、直接的な日蓮教学である。日蓮滅後、教団の中心課題になったのは「本迹」論であった。望月は、日隆が『観心本尊抄』の「但限八品」の語を依拠とし、『涌出品』より『嘱累品』に至る本門八品を日蓮教学の中軸としたのをもって、「本迹」論すなわち「本迹勝劣」論の起点とし、その展開を考察した（第八章「本迹論と日蓮宗の分派」、第九章「本因果妙論の考察」、第十章「日隆の顕本論」）。

最後の十一章は、近代における日蓮宗学大成者の優陀那日輝の宗学を紹介したもの（「優陀那日輝の宗学」）で、ここに、望月のいう個性的な学的体系として、ひとつの「宗学」の成立があったのである。

望月のこの『日蓮教学の研究』を見るとき、エミール・ブルンネルの「信仰に歴史的思惟を織り込むことは背理である」の名言が、にわかに真実味を帯びてくることを禁じえない。

さて、「教学的アプローチ」として、今ひとつ挙げるなら、それは茂田井教亨の『観心本尊抄研究序説—宗学体系化への試み―』であろう。本書は二部から成り、第一部は、日蓮が自らの主体的宗教体験を書いた『観心本尊抄』に着眼し、日蓮宗本尊論に独自の見解を提出したものである。すなわち、茂田井は、形式的本尊の設定以前に、本尊の基底をなすものとして、「一念三千」の観心があることを指摘した上で、本尊論については、相は「一尊四士」、性は「大曼荼羅」、体は「五字七字」と結論する。

第二部では、この『観心本尊抄』の前後の、『一代聖教大意』に始まり『報恩抄』に至る二十七篇の遺文を取り上げ、そこに展開する五義（教・機・時・国・師）に関して体系的考察を加えている。それは、日蓮の宗教思想の大系である「五義」が、宗教的自覚をもって有機的に顕示されたのが『観心本尊抄』であるからである。分析の結果、茂田井は、「五義」の淵源を、『宝塔品』の第一の勅宣と『神力品』の結文であると結論した。

さらに、本書の教学史的な価値を言うなら、それは副題が物語るように、日蓮宗の「宗学」を明確化しようとした点にある。茂田井は、一宗の宗学とは、「教祖に対する同信・共感・共鳴を基調として同一系譜にあると自覚する者の、自己理解の表現的世界である」という。したがってそれは極めて信仰的であり、個的体験的であるという。

二　教団史研究

教団史研究の最高峰は、立正大学日蓮教学研究所が総力を結集して編んだ『日蓮教団全史上』である。第一部に「日蓮宗上期教団の展開」、第二部に「教団中期の展開」と配する本書の対象範囲は、日蓮滅後から織豊期であるが、綜合的な教団史としては、現代にあって定本的位置を占める。早い時期の、「近世以後」の刊行が、日蓮宗の内外を問わず、鶴首して待たれるところである。

個人的な教団史研究として、二、三点を限定して紹介するとすれば、その筆頭は、高木豊の『日蓮とその門弟』であろう。高木は「宗教には、その形成と成立、成立後における伝播・受容の過程がある。（中略）この伝播と受容によって、宗教ははじめて実体化・集団化し、やがてその制度化としての〈教団〉が成立する」と捉え、本書は、その伝播・受容に重点を置いた、すなわち、日蓮↕弟子↕檀越の基本的関係を宗教社会史的に捉えたものだという。

「序章」で日蓮研究史を概観した上で、第一章の「日蓮の宗教の社会的基盤」において、弟子には天台系とそれ以外の系譜があり、檀越には武士・従者・名主・農民・商人などの広義の「庶民」がいると結論する。この日蓮の「庶民」性が説話的活用に現れると説くのが第二章の「日蓮の布教における説話の活用」である。「法難」というのは、「信仰によって獲得された信奉者の生きる力とそうした個々の信奉者の集団としての結集力」と、政治権力との衝突に他ならないとする高木は、日蓮教団に巻き起こった、文永八年の法難と熱原法難を第三・四章で鋭く解明する。この二つの法難の中に、門弟の世俗関係や道徳を超出しようとする反倫理的側面と倫理の宗教的正当化に苦悩・葛藤する中世的人間関係を探求したのが、第五章の「日蓮の宗教と中世的人間関係」である。

高木の「宗教社会史」的な日蓮教団史の研究は、以上の第一章から第五章においてほぼ達成されている。第六章の「鎌倉仏教史上の日蓮と門弟」で、「鎌倉仏教試論」と「日蓮の危機意識」が語られ、終章の「中世日蓮教団の形成」では、六門弟を中心に教団としての起点についてスケッチしている。

高木の教団史研究が「宗教社会史」的とすれば、「古文書学」的教団史に新領域を拓いたのは、中尾堯の

『日蓮宗の成立と展開』である。これが、中尾自らの文書調査である『中山法華経寺史料』(吉川弘文館)の研究編であることは、周知の通りである。本書の目的について、中尾は「中山法華経寺とその教団の展開を究明する」こと、および「教団と歴史とのかかわり方を捉える」ことの二点に置いている。言わば、中山法華経寺の教団史とそこに展開する思想史を構想している。

本書は本論を七章に分かち、その前後に序論と結論を付す。すなわち、その構成は、㈠中山法華経寺の成立に関する序説的意味をもつ第一・二章、㈡その成立と発展を扱う第三・四・五章、㈢その寺院内の批判運動を明かす第六章、㈣その寺院組織の展開と近世的見通しを概観した第七章、の四部門から成っている。

第一章「中世日蓮宗展開の概観」では、在地豪族の千葉胤貞流一族を外護とする富木常忍の法華寺と太田乗明の本妙寺が、中山法華経寺の原型であること、両寺は元寇を契機に中山法華経寺として一寺化されることを確認している。これを受けた第二章「下総における日蓮の檀越」は、富木常忍、太田乗明、曾谷教信、矢木式部大夫胤家、金原法橋などの檀越を具体的に分析し、もってそれらは千葉氏の被官群か在地領主であることを解明した部分である。

第三章「中山法華経寺の成立と氏寺化」は、中山法華経寺の原初形態の法華寺、本妙寺について、『中山法華経寺史料』を素材に克明に考証した本書中の圧巻。こうして成立した中山法華経寺が千葉氏の血縁・支配関係を通して教線を拡大していく様子を、千田庄の妙光寺・円静寺、さらに六浦の上行寺に検証したのが、第四章「中山法華経寺の教線の拡大」である。この延長としての第五章「日蓮宗の伝播と宗教的変革」の中で、中山法華経寺が十五世紀の十代日侒を画期に千葉氏の絆から離れ、一中世教団へと変容していく様子を描いたその筆致は、すこぶる流暢だ。

第六章の「中山法華経寺における内部的批判運動の展開」は、日親を具体例に分析したもの。『日親―その行動と思想―』（評論社）という自著をベースにしたものだけに、論調も鋭い。最後の第七章「中山法華経寺における寺院組織の展開」では、天正期の日侊に至って、法華寺・本妙寺の両寺一主制が統合されて「妙蓮山法華経寺」となったと結論づける。『中山法華経寺史料』の刊行を「実践」とすれば、本書はその「理論」版である。その意味で、最も模範的にして理想的な教団史研究となっている。

最後に、もう一つ挙げるとしたら、ためらうことなく、糸久宝賢『京都日蓮教団門流史の研究』を推したい。四章立ての本書は、中世における京都日蓮教団の寺院機構とその貴族との交流、京都妙顕寺の地方的展開（牛窓本蓮寺の開創）、本末制をめぐる中世と近世との関わりについて、切り込んでいる。とりわけ、京都日蓮教団と貴族との文芸交流は、室町時代文芸史の死角を補う仕事として特筆されていい。

三　遺文研究

戸頃は前掲の『日蓮の思想と鎌倉仏教』の中で、「日蓮研究の史料（中略）の文献学的な検討と整理の仕事は、現在まだ漸くその緒についたばかりである。それがため、わたくしの思想史的方法による日蓮研究も、文献学上の未決の問題の前に、しばしば立ちどまらなければならなかった」と回想している。

同じように、高木も『日蓮』の中で、「日蓮の遺文が基本的な史料となるのだが、浩翰な日蓮の文章に関する文献学・書誌学的な研究が十全な達成をみていない」と嘆息している。この回想と嘆息は、今日においても、なお当てはまるものであろう。別の名を『祖書学』ともいう「遺文研究」は、私たちの「宗祖研究」、「教団史研究」のいずれにも、史料論として通底する重要な一分野である。

今日、この研究に大きく貢献し、「遺文研究」に一定の水準をもたらしたのは、日蓮教学研究所編の『昭和定本日蓮聖人遺文』全四巻であろう。前の『日蓮教団全史』と双璧をなす、同研究所の一大事業である。「遺文研究」は、決して多くはないが、個人レベルでも進められてきた。鈴木一成の『日蓮聖人遺文の文献学的研究』は、その白眉である。前篇と後篇をもつ同書は、その冒頭の「第一章　序説」で、遺文の数量（完篇五二三、断片二四八）の多さと呼称および遺文研究の文献学的問題点に言及する。以下、前篇に三章、後篇に二章の本文を配した鈴木の文献学的研究が繰り広げられる。その概要はこうである。

前篇の第二章「遺文の真蹟」では、日蓮の真蹟遺文が、どのような経過で伝承・保存、もしくは散逸したかを、下総中山（「常修院本尊聖教事」、「本尊聖教録」）と身延の「大聖人御筆目録」以下、六種の記録によって叙述している。これを受けた第三章「遺文の蒐集」は、諸寺諸師による遺文蒐集の様子を、「録内御書」と「録外御書」の二期に分けて整理した考察である。鈴木は、「録内御書」の蒐集時期を、諸史料の検討の結果、下総中山の日祐の遷化した文中三年（一三七四）直後に求め、この録内に漏れた御書の蒐集が多くの篤志家によって行なわれ、「録外御書」二十五巻が刊行されたのは、寛文二年（一六六二）のことであると結論する。

第四章は遺文の系年に関する研究で、各種の目録書、註釈書、日蓮の伝記書および教義書に散見する遺文系年について分析を加え、併せて、遺文の蒐集・編纂中になされた偽書の除去、重複書の整理、蒐集漏れした遺文の発見と増補について整理したものである（題して「遺文の編纂」）。

後篇の二つの章は、「遺文の系年推定の根拠と方法」、「遺文の系年について」であり、鈴木の独自の見解が表明される。

前者についてまず、遺文の系年推定の方法として、⑴「系年が当該遺文に発見しうるもの」、⑵「複数の遺文の相互関連」、⑶「記載事件の近接脈絡」、⑷「同一思想の関連」という四種類が考えられるとし、その具体的な遺文を列挙している。

ついで、真蹟について古文書学的な方法により、書風・花押・字体についてその系年を考察している。後者の「遺文の系年について」は、まさしく鈴木のこれまでの学殖・経験を駆使した系年の論定である。その数、『富木殿御返事』に始まり『秀句十勝抄』に至る七十一書である。この章は、文字通り、他の追随を許さぬ独擅場である。

この鈴木の文献学的研究についで、この分野の成果として、寺尾英智『日蓮聖人真蹟の形態と伝来』が注目される。本格的な論究の少なかった曼荼羅本尊をはじめとする真蹟の形態と伝来過程について、真蹟原本の調査によった事例研究である。

以上のように、日蓮および日蓮教学の研究は、「宗祖研究」「教団史研究」「遺文研究」の領域で推し進められてきて、今日に至る。「宗祖研究」の中の「教学的アプローチ」のように、エミール・ブルンネルの「信仰に歴史的思惟を織り込むことは背理」を地で行く立場もない訳ではない。が、それは一信仰者には許されても、宗祖の教学形成には許されないのではなかろうか。いかなる宗祖といえども、歴史的存在である以上、「時代の子」であり、その思想・教学の形成には、何らかの歴史的関わりを免れえないからである。

したがって、今後の実り多い日蓮および日蓮教学研究は、「宗祖・教団史・遺文研究」の三領域を、常に三位一体のものとして捉え、総合的に推し進めるところに芽ばえるのではなかろうか。そのことを、自戒をこめて、痛感してやまない。

神仏習合

伊藤　聡

一

　神仏習合についての学説史を述べるに当たり、最初にこの語の定義について述べておきたい。神仏習合という語は、現在、日本の神祇信仰と仏教とが混融して生み出された宗教現象を指す用語として一般的に用いられている。この語自体は近代以降の命名であるが、その命名の機縁は、中世にまで遡る。吉田兼倶（一四三五―一五一一）は、その著『唯一神道名法要集』の中で、神道を「本迹縁起神道」「両部習合神道」「元本宗源神道」に分け、そのうち両部習合神道を次のように説明する。

　胎金両界を以ては、内外二宮と習ひ、諸尊を以ては、諸神に合はす。故に両部習合の神道と云ふ者か。

兼倶の説くところによれば、これは最澄・空海・円仁・円珍等四大師が説いたものである。

　この語は近世に入ると、仏教系神道の総称として定着し、時に略して「両部神道」「習合神道」と呼ばれ、近世以降仏教系神道説の総称として普及した。近代以降、この語は二つに分離され、仏教系神道、特に真言宗系の神道説に対しては「両部神道」の語が定着し、一方、より広い仏神融合の現象を指す語として「神仏習合」の語が用いられるようになった。近世における「習合」の用法を見ると、「純粋ではない」という否定的ニュアンスが込められており、その使用に当たっては、このような歴史的経緯について認識しておく必要がある。

ところで、「神仏習合」と「本地垂迹」の関係であるが、先の「神仏習合」の定義からすると、「本地垂迹」は、その一構成要素と見なし得るが、論者によっては「本地垂迹」の前段階である単純な融合状態を「神仏習合」としており、その用法は必ずしも一定していない。

二

神仏習合・本地垂迹を初めて近代的学問の俎上に採り上げたのは辻善之助であった。辻は明治四十年（一九〇七）に発表した「本地垂迹説の起源について」（『史学雑誌』一八—一・四・五・八・九・一二）という論文の中で、本地垂迹説の成立について、漠然と飛鳥・奈良時代あたりより始まったとされていた従来の見解を批判し、厳密な資料考証によって、奈良前期より神仏習合の萌芽が見られ、平安時代に本地垂迹説が形成され、鎌倉以降に神道書等が撰述されていく、といった発展の過程を辿ったことを示した。彼の研究の意義は、単に先駆的業績というのに留まらず、以後の神仏習合研究の枠組みと方向性を規定したものとして画期的なものであった。

辻の研究以後、家永三郎・原田敏明・堀一郎・田村圓澄・高取正男等が出て、辻の説を継承しつつ、幾つかの修正が加えられた。先ず家永三郎「飛鳥寧楽時代の神仏関係」（『神道研究』三―四、一九四二→『上代仏教思想研究』）は、辻においては不分明であった神仏習合の起源について、当初対等な関係であった仏神関係が、聖武・孝謙朝の仏教重視政策の結果、そのバランスが崩れ、仏を上位に神を下位に位置づけるようになり、以後神仏習合・本地垂迹へと発展していくと考えた。次いで原田敏明『日本宗教交渉史論』（中央公論社、一九四九）は、家永の発想を受け継ぎつつも、より広い社会変動の文脈の中でその発生を見ようとした。すなわち、大化改新以降の律令体制形成の過程で、本来氏族レベルで行われていた神祇祭祀も国家的祭祀へと変貌し、すでに国家宗教としての性質を有していた仏教との葛藤を生じ、さらに聖武・孝謙朝の仏教重視政策と、光仁・桓武朝の神祇勢力の巻き返しの結果、その緩和のために神仏習合が促進されたとする。一方、堀一郎「神仏習合に関する一考察」（『宮本正尊教授還暦記念・印度学仏教学論集』三省堂、一九五四→『宗教・習俗の生活規制』）は、仏神間の習合より葛藤の側面を重視し、神仏習合が辻の考えるように直線的に発展していったのではなく、習合と葛藤とが行きつ戻りつしながら進展していったとした。また田村圓澄「神仏関係の一考察」（『史林』三七―二、一九五四）は、習合の初期段階において、仏法による救済の対象である神々（神身離脱）と、仏法の守護者である神々（護法善神）との二つの系列があり、これは地方神と中央神との位相の差に由来すると考え、神仏習合が地方より発した現象であるとする。さらに高取正男は、「固有信仰の展開と仏教受容」（『史林』三七―二、一九五四→『民間信仰史の研究』）、「古代民衆の宗教」（『日本宗教史講座』二、三一書房、一九五九→『民間信仰史の研究』）「排仏意識の原点」（『史窓』二七、一九六九→『民間信仰史の研究』）、「神仏習合の起点」（『藤島博士還暦記念　日本浄土教史の研究』平楽寺書店、一九六九）、『神道の成立』（平凡社、一九七九）等において、田村説に依拠しながらも、習合現象の進展を神観念の変化（人格神）に求め、それに伴うもう一つの反応として、の成立」を見ようとする。

現在の古代における神仏習合に対する理解は、これらの諸氏によってほぼ形成されたといって過言ではない。これ以後の研究は、この土台の上に立って進められてきた。下出積与「神仏習合の展開」(『アジア仏教史　日本編二』佼成出版社、一九七四)、笠井昌昭「神仏習合の発生」(『日本思想史講座1　古代の思想』雄山閣、一九七七)、中井真孝「神仏習合」(『講座日本の古代信仰1　神々の思想』学生社、一九八〇)、宮城洋一郎「律令国家における神仏習合思想の形成」(『続国家と仏教　古代中世編』永田文昌堂、一九八一)、中井昌孝「神仏習合思想の形成と発展」(『日本学』一、一九八三)、白井俊介「神仏習合の発展」(『論集日本仏教史』二、雄山閣、一九八六)、逵日出典『神仏習合』(六興出版、一九八六)、速水侑「神仏習合の展開」(『東アジア世界における日本古代史講座』八、学生社、一九八六)、熊谷保孝「平安時代前期における神前読経について」(『神道宗教』一二九、一九八七)、白山俊介「律令国家と神仏習合の動向について」(『湘南史学』九、一九八七)、矢野健一「神仏習合」(『古代史研究の最前線』四、雄山閣、一九八七)、笠井昌昭「縁起神道の成立—天神信仰と本地垂迹思想」(『日本精神史』ぺりかん社、一九八八)、宇佐美正利「護法善神から本地垂迹へ」(『講座神道』一、桜楓社、一九九一)、中井真孝「神仏習合論序説」(『日本古代仏教制度史の研究』法藏館、一九九一)、同「平安初期の神仏関係—特に護法善神思想と神前読経・神分得度について」(『律令祭祀論考』塙書房、一九九一)、本郷真紹「天平期の神仏関係と王権」(『日本古代国家の展開』下、思文閣出版、一九九五)といった、奈良・平安期を対象とした研究は、基本的にその埒内にある。また、如上の宗教史的理解を、古代社会の形成と展開の過程と結びつける試みとして、義江彰夫「中世イデオロギー研究における課題と方法」(『歴史学研究』一九七一年度別冊)、河音能平「王土思想と神仏習合」(『講座日本史』四、岩波書店、一九七六→『中世封建社会の首都と農村』)、義江彰夫「日本における神仏習合形成の社会史的考察」(『中国―社会と文化』東大中国学会、一九九二)等がある。近年出た、義江彰夫『神仏習合』(岩波書店、一九九六)は、この方面の知見に基づく概論書である。

一方、辻に始まる発展図式を基本的には受け入れながら、それを過度に当てはめるのではなく、より広い文化現象に亙って、神仏習合の諸相を見出していこうとする試みは、主として村山修一によってなされた。村山は『神仏習合と日本文化』(弘文堂、一九四二)、『神仏習合思潮』(平楽寺書店、一九五七)、『本地垂迹』(吉川弘文館、一九七四)、『習合思想史論考』(塙書房、一九八七)、『変貌する神と仏たち―日本人の習合思想』(人文書院、一九九〇)等の一連の著作の中で、古代から中世に至る神仏習合の実態を思想・文芸・美術の多方面から掘り起こした。特に、筑土鈴寛『宗教芸文の研究』(中央公論社、一九五九→同著作集)、同『中世文芸の研究』(有精堂、一九六六→同)、近藤喜博『東洋文庫本神道集』(角川書店、一九五九)、岡直己『神道美術の研究』(角川書店、一九六六)、景山春樹『神道美術の研究』(山本湖舟堂、一九六二)、同『神道美術』(雄山閣、一九七三)などの唱導文芸研究・美術研究の成果に基づき、その方面に紙数を多く割いており、単なる歴史研究の枠内に留まらない柔軟さがある。

以上の見解は、各々差異があるものの、神仏習合を内部的に発展した現象と捉える点では一致している。これに対し、早くから正反対の意見を述べているのが津田左右吉で、その論は『日本の神道』(岩波書店、一九四九→同全集九)に集約されている。津田は、神身離脱や護法善神を含む習合現象全体を全く外部的要因に由来するものと位置づける。これは一見、神道の固有性を強調しているようであるが、一方で彼は祖霊信仰や人格神の観念もまた外来的影響の所産と主張しており、民俗学的神道理解とも一線を画した独自な見解として注目すべきものとなっている。津田の説は、その後長らく受け入れられることがなかったが、近年、吉田一彦『日本古代社会の仏教』（吉川弘文館、一九九五）、同「多度神宮寺と神仏習合」（『伊勢湾と古代の東海』名著出版、一九九六）において肯定的に採り上げられ、津田説をより実証的に検証する試みがなされた。

三

辻善之助とその後継者たちによって、定式化された神仏習合発展の図式は、その発生と初期状況については、さまざまな異論があるものの、古代後期以降の本地垂迹説の形成を以てその完成と見る点においては、諸家の見解はほぼ一致している。さりながら、神仏習合の歴史は、中世近世と続いていったのであり、それへの評価、特に中世に起こったいわゆる中世神道説を中心とする事態についての評価は、二つに分かれる。

ひとつは、中世神道説の本質を反本地垂迹、或いは神本仏迹と捉える立場である。このことを最初に主張したのは西田直二郎「神道に於ける反本地垂迹思想」（『芸文』九―一一、一九一八→『日本文化史論考』）で、以後中世神道の性格を論ずる際に、比較的多く見られる立場である。

もうひとつは、本地垂迹説の全き連続性の下に把握する理解であり、これは、辻よりすでに発している。特に黒田俊雄は、「『神道』の語義」（『日本思想大系月報』五七、一九七七）、「中世宗教史の中の神道の位置」（『日本古代・中世の仏教と思想』三省堂、一九七九→『日本中世の社会と宗教』）等の中で、神道を「日本の民俗宗教」としての超歴史的に一貫した宗教として存在したとする見方を批判し、本地垂迹説成立以後の中世の「神道」とは仏教の体系内における特殊形態（化儀）と位置づける。そして、中世神道説が、如何に非仏教・脱仏教を主張しようとも、本質的に顕密体制の枠内にあったと評価される。

前者の立場は、本質的に習合的性格を持つ中世神道説を、神道の自覚の現れとする点において、また儒家神道に代表される近世の排仏思想の準備期間としてのみ認めようとする神道学者流において大きな支持を得ている。ただ、神道説を含めた中世の神祇をめぐる諸言説総体から見る限り、反本地垂迹的言説が皆無ではなかったにしろ、その全体を貫く性格であったとは、とても言えない。また、後者の立場についても重要な問題がある。すなわち、辻以来営々と築き上げられてきた神仏習合の研究史において、中世以降の状況が必ずしも充分に考慮されていないのである。

このことを明確に指摘したのが、中村生雄であった。中村は「苦しむ神の身体論」(『日本学』二〇、一九九二→『日本の神と王権』)、「〈権/実〉パラダイムの成立と反転」(『信と知』慶応通信、一九九三→『日本の神と王権』)の中で、中世では実神(苦しむ神)と権神(垂迹神)という、両者が併存する状態が存在することに注目する。これは、神身離脱から本地垂迹へという発展図式と矛盾するのである。特に実神としての「苦しむ神」のモチーフは、中世社会に広く受容されていた観念であり、古代的「残存」に留まるものではなかった。

ここにおいて、神仏習合の従来の研究が、古代のみで完結させることによって生じさせた重大な問題の存在に気づくのである。

四

次に、前節の内容を踏まえ、中世の神仏習合に関する研究の状況を述べていきたい。実は、中世神道説を中心とした中世神祇をめぐる研究が活況を呈したのは、昭和初年〜十年代初頭の頃であった。戦前の神道史学の中心であった宮地直一を筆頭とした神道史学・神道学の専門家の業績が重要であるのは、もちろんのことであるが、この時期に特徴的なのは、仏教研究者たちが、盛んに神仏習合系の神道説を発表していることである。その代表的存在として、昭和十九年（一九四四）に『神仏交渉史』としてその成果をまとめた大山公淳がいる。本書は、両部神道に関するほとんど唯一の通史として、今なおその価値を失っていない。

このほか、嵐瑞澂「浄土宗神道論史の一考察—特に神道書に就て」（『鴨台史報』七・八、一九四一）、鏡島寛之「中世に於ける神仏関係の動向—反本地垂迹説を中心として」（『駒沢大学仏教学会年報』七、一九三六）、同「根本花実論と聖徳太子信仰—中世神仏関係の一素描」（『文科』一—七、一九三六）、「中世に於ける仏教理念の神道論的展開」（『駒沢大学仏教学会年報』八、一九三八）、同「中世に於ける寺院僧侶の研究」（『文科』三—三・四、一九三八）、同「過去七仏と古典の神々—年代的神本仏迹説の一考察」（『財団法人明治聖徳記念学会紀要』五四、一九四〇）、同「中世仏教徒の神祇観とその文化」（『宗教研究』二—四、一九四〇）、同「神仏関係における法性神の問題」（『宗教研究』三—三、一九四一）、鈴木三郎「神道理論の展開」（『史潮』六—三、七—二、一九三六、一九三七）、高瀬承厳『麗気記私抄・麗気記拾遺抄』（森江書店、一九三三）、田中海応「真言宗より見たる両部神道史考」（『大正学報』二七、一九三七）、長沼賢海「建武前後の神仏の信仰関係」（『史淵』六、一九三三）、同「法華念仏両宗の展開と唯一宗源神」（『史淵』九、一九三四）、同「神道に現はれたる他力念仏の影響」（『史淵』一五、一九三七）、藤本了泰「中世に於ける浄土宗と神祇並に浄土宗の神道論について」（『大正学報』二七、一九三七）、水原堯栄「高野山の神道」（『中外日報』一一一七二〜一一二三九、一九三六〜三七）等々の成果が陸続している。

この活況の背景には、日中戦争以降の国家主義の影響があろうが、少なくともここに掲げた諸論は、現在においても充分に参照するに値する。にもかかわらず、斯学にとって不幸なのは、戦後における研究においてこれらの成果の多くが受け継がれず、現在に至るまで忘却されたままになっていることである。特に鏡島の諸論などは、従来の論文目録からほとんど落ちてしまい、その存在すら無視されている。

戦後は、神仏習合を含めた神祇をめぐる諸研究は、戦前の反動から、著しく退潮した。特に中世に関しては、歴史・仏教研究者たちの関心の喪失と忌避感、および習合的性格への神道研究者の無関心（或いは軽視）故に、特にその傾向が強かった。この中にあって旺盛な活動を続けていたのが、西田長男・久保田収・萩原龍夫等である。西田は、戦前から中世神道に関する多くの論文を発表し、その成果は『神道史の研究』（雄山閣、一九四三）、『日本古典の史的研究』（理想社、一九五六）、『日本宗教思想史の研究』（理想社、一九五六）、『神道史の研究　第二』（理想社、一九五七）、『神社の歴史的研究』（塙書房、一九六六）、『日本神道史研究』全一〇巻（講談社、一九七八～七九）等に集約される（ただし、刊本に収められていない諸論にも幾つかの重要な研究がある）。久保田は、堅実な歴史学的手法によって、多くの論文を発表したが、特に『中世神道の研究』（神道史学会、一九五九）は、中世神道説の歴史を初めて包括的に論述したものであり、今日の同説への歴史的把握は、ほぼこの久保田の著作の土台の上に成っている。『神道史の研究』（皇学館大学出版部、一九七三）は、論文集であるが、その半ばが両部神道および神仏関係の問題に関するものに当てられている。また、萩原は、神道史学に留まらない研究者であったが、特に『神々と村落』（弘文堂、一九七八）に収められた諸論考に見える、中世伊勢神宮における神仏習合状況についての見解は、硬直しがちな神道史的枠組みを乗り越えており、示唆に富む。

以上の神道史学系の研究者以外では、前出の村山修一の他、櫛田良洪『真言密教成立過程の研究』（山喜房佛書林、一九六四）、大隅和雄『中世神道論』（岩波書店、一九七七）といった仏教学・思想史家による重要な研究があるものの、七〇年代までは、総じて低調なまま推移した。

その状況が一変するのは、八〇年代に入ってからである。この頃から、中世の神道説・神仏習合に関する関心が、思想史・仏教史・文学等の多分野の間から一挙に高まるのである。その後の推移については、佐藤眞人「中世神道研究の動向と展望」（『国文学解釈と鑑賞』六〇―一二、一九九五）、伊藤聡「戦後の中世神道研究について」（『神道宗教』一六七、一九九七）、原克昭「〈中世日本紀〉研究史」（『国文学解釈と鑑賞』六四―三、一九九九）において解説されているので、詳しくはそちらに譲るが、その背景としては、伊藤正義「中世日本紀の輪郭―太平記における卜部兼員説をめぐって」（『文学』四〇―一〇、一九七二）以降、「中世日本紀」の名の下に、中世神道説を中心とする神仏習合的宗教テキストを、文学研究の中で扱う機運が出てきたことが大きい。そして、阿部泰郎・山本ひろ子等の従来の文学研究の枠組みを越境していく傾向を持つ研究者が現れて、新しい研究領域を開拓している状況があり、周辺分野の研究にも大きな影響を与えている。

五

もっとも、中世の神仏習合に関する研究は、収斂していくべき方向が定まっていない上に、未解明の問題も数多く、研究状況としては、未だ初期段階にある。その意味で、中世において矛盾を露呈させてしまう辻善之助の神仏習合発展モデル（およびその修正）を解体し、中世、更には近世を通じても有効な枠組みを構築することは、今後重要な課題となっていくと考えられる。

【コラム】

批判仏教

末木文美士

◆批判仏教とは?

「批判仏教」という呼称は、袴谷憲昭によってその著作の題名として用いられたもので、「仏教とは批判である」「批判だけが仏教である」という立場を指すものと規定されている（袴谷『批判仏教』大蔵出版、一九九〇）。袴谷によれば、この語は「批判哲学」と「場所（topos）の哲学」を対立させる場合の「批判哲学」の呼称に由来するという。「批判仏教」という呼称は、日本よりもアメリカの学界でCritical Buddhismとして広く用いられるようになった。おおよその理解としては、袴谷、および駒沢大学における袴谷の同僚、松本史朗によって提起された、従来の研究に対して批判的な立場に立つ仏教研究を総称するものと解される。とくに松本が内面的、宗教哲学的傾向が著しいのに対し、袴谷の方が外へ向けての活動が著しく、批判仏教の性格も袴谷の活動によって特徴づけられるところが大きい。

袴谷と松本の活動は一九八〇年代前半に準備され、一九八五年には、袴谷の「差別事象を生み出した思想的背景に関する私見」など、後にその著作『本覚思想批判』（大蔵出版、一九九一）の中核をなす論文が発表された。さらに、八六年には松本が日本印度学仏教学会で「如来蔵思想は仏教にあらず」を発表し、同年、それが同学会の機関誌『印度学仏教学研究』に掲載されたことから、学界でセンセーションをまき起こすこととなった。一九八九年に袴谷の『本覚思想批判』と松本の『縁起と空』（大蔵出版）が刊行され、翌年、袴谷の『批判仏教』が出るに及んで、その議論のほぼ全貌があらわとなった。二人の活動は、その後も袴谷『道元と仏教』（大蔵出版、一九九二）、『法然と明恵』（大蔵出版、一九九八）、松本『禅思想の批判的研究』（同、一九九四）などで継続され、後述のように、その説をめぐっての波紋が続いた。最初の衝撃から十年以上経ち、表面的には議論もやや沈静化してきているが、彼らによって提示された問題が掘り下げられてゆくのは、なお今後の問題である。

◆批判仏教の論点

袴谷に較べて、松本の方がアカデミックな場での原理的な研究に沈潜しており、袴谷の議論も松本説をベースにしているところが大きい。松本説の要点は、仏教の根本原理を無我説および縁起説に求め、それに対して如来蔵説のように何らかの基体を想定する説をdhātu-vādaと呼んで、それを仏教の原理から逸脱するものとして厳しく批判したところにある。如来蔵＝仏性説は東アジア系仏教の共通の前提となるものであるから、松本の批判は東アジア系仏教全体に対する果敢な挑戦となったのである。

袴谷はアカデミックな研究者としては、インド＝チベット系の唯識説の研究を主とするが、批判仏教という観点からは、松本の提出した原理を日本に適用し、幅広い批判活動を展開したところに特徴がある。その活動の領域は大きく四つに分けられる。

①宗学

袴谷の批判活動の一つの原点は、曹洞宗における差別問題との取り組みにある。曹洞宗では浄土真宗などに較べて差別問題への対応が遅れ、幹部による差別発言の問題化などを経て、本格的に取り上げられるようになった。袴谷は仏教における差別の思想的原理を本覚思想に求め、ここから本覚思想批判が展開されることになった。袴谷らの宗門との関わりは、また道元解釈に見られる。この点で袴谷の果たした役割は、道元晩年の十二巻本『正法眼蔵』を、本覚思想批判を徹底したものとして高く評価したところにある。十二巻本の再評価は七十五巻本との関係など、宗門内の議論を呼ぶことになった。

②仏教学

袴谷の主張の中心となるのは本覚思想批判である。道元の「辨道話」に本覚思想への批判と見られる言辞のあることは、硲慈弘らによって指摘されていたが（『日本仏教の開展とその基調』、三省堂、一九四八）、袴谷はそれを松本の dhātu-vāda 批判と結びつけながら、他方で本覚思想の概念規定を極めて広く取り、土着思想と合体して定着しようとする思想をすべて「本覚思想」と呼んで、「仏教」に対立するものとして批判した。したがって、その射程距離は極めて大きく、批判の範囲が広がることになった。

③哲学

上述のように、「批判仏教」の語は「批判哲学」に由来するが、これはヴィーコが自らの「トポスの哲学」に対立するものとして、デカルトの哲学を規定づけた語である。袴谷はあくまでデカルト的近代合理主義の批判的精神に立脚し、ポスト近代的な動向をも含むトポス＝場所の哲学を拒否しようとする。袴谷によれば、まさに本覚思想とはトポス＝場所の思想に他ならないのである。

④社会問題

その出発点に差別問題への告発があることからも知られるように、袴谷の社会的問題に対する関心は強い。袴谷は、いわば遅れて来た近代主義者であるとともに、遅れて来た左翼でもある。たとえば、梅原猛・中曾根康弘による日本主義的な動向などに厳しい批判を浴びせている。

◆批判仏教の波紋

批判仏教は当初極めてセンセーショナルな形で登場し、また露骨な個人攻撃の言辞も見られたため、学界では拒絶反応にあい、その意図を理解しえた同じ駒沢大学の同僚の中に同調者を生んだ。伊藤隆寿『中国仏教の批判的研究』(大蔵出版、一九九二)などがその典型であり、石井修道『道元禅の成立史的研究』(大蔵出版、一九九一)なども近い位置に立つ。

当初から批判仏教に正面から論争を挑み、独自の密教理論を展開させたのは津田真一である(「『般若経』から『華厳経』へ」、『成田山仏教研究所紀要』一一、一九八八など)。多くの研究者はこの問題を正面から扱うことを避けてきたが、雑誌『仏教学』三六号(一九九四)では、仏教思想学会会長の高崎直道が、その巻頭論文「最近十年の仏教学」の中で多くの頁をこの問題にさいて、批判仏教の果たした役割が学界に公認されたことを示した。その前年(一九九三)、アメリカ宗教学会で批判仏教のパネルが持たれ、激しい議論が交された。その後、P. Swanson & J. Hubbard (ed.), *Pruning the Bodhi Tree* (Univ. of Hawaii Press, 1997) が刊行された。ここには、袴谷・松本をはじめとする日米の研究者のこの問題に関する論文を収め、批判仏教の全貌を総括するものとなっている。

批判仏教の問題提起は、それが刺激となって新たなアカデミックな分野での研究意欲を刺激した点も無視できない。その一つは『正法眼蔵』の七十五巻本と十二巻本に関する議論であり、鏡島元隆・鈴木格禅編『十二巻本『正法眼蔵』の諸問題』（大蔵出版、一九九一）はその成果である。また、本覚思想批判によって逆に本覚思想への関心も高まり、Ruben Habito, *Originary Enlightenment* (Tokyo, 1996), Jacqueline Stone, *Original Enlightenment and the Transformation of Medieval Japanese Buddhism* (Univ. of Hawaii Press, 1999) のようなすぐれた研究書も刊行された。

インド仏教に関しても、初期仏教解釈、大乗仏教の成立論、空の解釈、如来蔵＝仏性説の位置づけなど、従来定着していた解釈が近年一気に流動化し、もう一度全面的に洗い直されなければならない時期にさしかかっている。

なお、筆者自身の批判仏教との関係やそれに関する私見に関しては、拙著『鎌倉仏教形成論』（法藏館、一九九八）第四部第四章にまとめて論じた（英語版は、上掲の *Pruning the Bodhi Tree* に収録）。本稿もそれに基づくところが大きい。

◆今後の課題

先に批判仏教を「遅れて来た近代主義」「遅れて来た左翼」と評した。これは決して揶揄ではなく、むしろ「遅れて来た」ことにこそ意味があると考えられる。流行の時代に流行の立場を主張することは誰でもできる。ポスト近代・脱左翼の時代に敢えてドン・キホーテ的な批判を提示することによって、その批判はより深く流行を抉ることになる。また、曹洞宗門にせよ仏教学界にせよ、そうした批判を受けなければならない前近代性にいまだに支配されているということでもある。

批判仏教の活動が今日公認されつつあることは、逆に言えば、それだけ当初の衝撃がおさまったということであり、そのまま過去の挿話として骨抜きにされ、幕引きされてしまう可能性をも意味する。しかし、上述のように、批判仏教以後ようやく動き出しつつあるアカデミズムの新動向もまだこれからの課題であり、安易な幕引きは許されない。

最近の動向としては、従来コンビを組んで協力関係にあった袴谷と松本の間でも、両者の相違が明らかになり、松本による袴谷批判が提出された（袴谷『法然と明恵』の書評、駒沢大学仏教学部論集二九、一九九八）。袴谷らの影響下に、ジョアキン・モンティロ『天皇制仏教批判』（三一書房、一九九八）のような新たな注目すべき成果も見られる。

批判哲学とトポスの哲学について付言しておくと、Pörtner/Heise, *Die Philosophie Japans* (Kröner, 1995) は、西欧の立場から異質の日本思想をどう捉えるかという優れた試みであるが、著者らは日本哲学を総体として「トポスの哲学」として特徴づけている。土着的本覚思想をトポスの哲学として規定する袴谷と期せずして一致する結論となっているのは興味深い（拙著『解体する言葉と思想』〔岩波書店、一九九八〕第十五章参照）。西欧の立場からは、そこにこそ西欧と異質の思想の発見があるのであるが、文字通りその「場所」において苦闘する立場からは、逆に一見時代遅れの「批判」こそが武器となるのである。少なくとも安易なポスト近代よりは真摯であろう。ただ、近代かポスト近代か、批判かトポスかという二項対立が、どれだけ真に有効な範疇であるかは、それほど確かではない。

最後に、批判仏教の批判が敢えてタブーとしている問題があることを指摘しておきたい。それは教団論である。たとえば、曹洞宗という教団を考える時、その教団の経済的基盤は瑩山系の祈禱仏教と江戸期以来の葬式仏教に支えられている。文字通り土着思想化した仏教である。批判仏教の批判を徹底するならば、教団の解体論に進むであろうし、逆に教団の原理を認めて内部改革の道を取ろうとするならば、土着仏教批判一本では解決しない。袴谷には葬式仏教を認めている言辞も見られるが、もっとも肝要の問題が曖昧にぼかされている印象を免れない。

III　関連諸学の研究史と方法

仏教民俗学

林　淳

一　宮田・五来論争について

「仏教民俗学」という言葉を民俗学や仏教史の研究者が聞くならば、ゴライシゲルという人名をまず思い浮かべることになるのではないだろうか。仏教民俗学という用語を頻繁に使い、その確立の意義を長年にわたって提唱してきたのが五来重氏であったことは、よく知られているからである。五来氏じしんも、仏教民俗学と自己を同一化していた節があり、それゆえに、仏教民俗学への批判はそのまま五来批判である、という自意識の持ち主であったようである。

『続仏教と民俗』は、『仏教と民俗』とともに、五来氏が年中行事や墓などの仏教民俗学のトピックをわかりやすく説明した啓蒙的な好著であるが、そのあとがきにおいて、五来氏が、激烈な書き方で宮田登氏を批判している。宮田氏は、『日本の民俗学』（講談社学術文庫、一九七八）において、一方で仏教民俗学の主張があるが、他方でその必要性を認めない立場もあるという学界の現状を紹介している。後者の立場は、民俗学のなかにすでに仏教民俗を扱った厖大な研究があり、自然と仏教民俗が民俗資料としてあらわれてくるものだというのである。これに対して五来氏はすぐさま、宮田氏を仏教民俗学否認者と断定し、つよく反発、弾劾し、売られた喧嘩は買わねば、という口調で、宮田批判を繰り広げている。公平に見て、この批判には五来氏の誤読の部分がまじっていると言わざるをえない。とはいえ五来氏の激しく昂揚した反応に接すると、仏教民俗学＝五来という特権的な自意識が確実に存在していたことに気づかされる。

「仏教民俗学」または「仏教と民俗」が（宮田）氏のいうように無用な学問であり、理論に合わない学問ならば、本書は読者をあざむくことになり、これで多くの学生を指導した私は切腹しなければならない。

（『続仏教と民俗』三三一頁）

この文章を初めて読んだときに、私は思わず笑ってしまった。威勢のよい啖呵と「切腹」という言葉が、民俗学という土の匂いのする地味な学問に似合わない気がしたからである。この宮田批判の中で、五来氏は公開の場での返答を執拗に要求しているが、寡聞にして宮田氏からの反論を私は知らない。おそらくは宮田氏は反論を書かなかったものと思われる。この論争（？）を、かつての私はただ笑って読んですましていた。迂闊にも、仏教民俗学をめぐる重要な論点がひそんでいることに気がつかなかったのである。

この論争を取り上げるにあたり、最初に確認しておきたいことは、宮田氏と五来氏とのあいだで「仏教民俗学」、「仏教民俗」がしめすイメージ、あるいは内実について共通の理解が存在していない点である。宮田氏の、仏教民俗学という立場を言挙げする必要がないという立場では、仏教にかかわる事象は自然に民俗資料にふくまれているので、仏教民俗のみが特化される必然性はないことになる。これは、民俗学の内部で、すでに仏教民俗も処理可能な現象だということである。そこから見れば、あえて仏教民俗学という名称を冠する学問が、別に用意される必要はないという結論になる。それに対して五来氏は、仏教学や仏教史の援用なしには仏教民俗が解明されることはないという立場をつよく押し出している。二人が想定している「仏教民俗」は、実のところかなり異なるイメージに基づいている。宮田氏の場合には、「民俗資料に含まれる仏教的要素をもつ資料」を「仏教民俗」としているが、五来氏の場合には、端的に「仏教民俗の歴史」をさす。宮田氏は、仏教民俗学を仏教・民俗学と読みかえているが、五来氏にとっては、仏教民俗・学なのだろう。仏教・民俗学であるならば、民俗学の応用分野、あるいは下位分野として設定されなくてはならないが、仏教民俗・学であるならば、仏教民俗を対象化しうる、さまざまな分野からのアプローチの総合ということになり、民俗学にのみ固守する必要はなくなるだろう。以上のような私の整理が当をえているならば、五来氏はつぎのように主張すべきであったのだ。「宮田氏は仏教民俗学を民俗学の下位分野に矮小化している。私の提唱している仏教民俗学には、仏教史研究の面と民俗学の面との両方がある。民俗学者である宮田氏に、「仏教史研究としての仏教民俗学」の方面についてとやかく言われたくはない」と。(1)

五来氏と宮田氏との論争をふりかえり、両者の仏教民俗学へのイメージの相違が根本にあったことを私は述べてきたが、五来氏による仏教民俗学の内実とその下位分類をつぎに検討してみよう。五来は、「仏教と民俗」(『日本民俗学大系』第八巻〈平凡社、一九五九〉)において仏教民俗学の扱うべき対象として以下の七つの分野をあげている。

（一）仏教的年中行事

（イ）修正会・修二会、（ロ）日待ち・月待ち、（ハ）節分、（ニ）涅槃会、（ホ）彼岸会、（ヘ）花祭り、（ト）練供養、（チ）夏祈禱、（リ）虫送り、（ヌ）雨乞い祈禱、（ル）盆、（ヲ）十夜、（ワ）大

師講、(カ)寒行

(二)法会(祈禱と供養)

(イ)護摩供、(ロ)大般若転読、(ハ)土砂加持、(ニ)大法事・大法会・経会、(ホ)お砂踏み、(ヘ)流れ灌頂、(ト)仏立て、(チ)口寄せ、(リ)識法、(ヌ)護法飛

(三)葬送習俗

(イ)葬式、(ロ)年回供養、(ハ)墓地

(四)仏教講

(イ)同族講、(ロ)地域講、(ハ)葬式講、(ニ)普遍講

(五)仏教芸能

(イ)顕教系芸能、(ロ)密教系芸能、(ハ)浄土教系芸能、(ニ)芸能僧

(六)仏教伝承

(イ)縁起、(ロ)奇跡、(ハ)霊物、(ニ)唱導者

(七)仏教的俗信

(イ)願かけ、(ロ)咒禁、(ハ)禁忌、(ニ)予兆

この論文を再録した『続仏教と民俗』では、右の七項目に修験道が追加されているが、このころの五来氏の関心が、修験道に傾いたためであった。ところで、一九八六年から刊行され、五来氏も編者の一人であった『仏教民俗学大系』は、当初の企画を見ると、上に見た五来氏の仏教民俗学の構想を基本的に継承したものであることを確認することができる。当初の企画発表時点での構成は、以下の通りである。

第一巻　仏教民俗学の展望　桜井徳太郎・藤井正雄編
第二巻　聖と民衆　萩原龍夫・真野俊和編
第三巻　聖地と他界　桜井徳太郎編
第四巻　祖先祭祀と葬墓　藤井正雄編
第五巻　仏教法会と祈禱　日野西真定・吉田清編
第六巻　仏教年中行事　伊藤唯真編
第七巻　寺と地域社会　戸川安章編
第八巻　俗信と仏教　宮田登・坂本要編
第九巻　仏教芸能と美術　鈴木昭英編
第十巻　縁起と仏教伝来　鈴木昭英・豊島修編

さきの五来氏の構想と『仏教民俗学大系』を比較すると、(一)仏教的年中行事、(二)法会、(三)葬送習俗、(五)仏教芸能、(六)仏教伝承、(七)仏教的俗信が、そのまま巻構成に反映していることに気がつく。これらは、仏教民俗学の領域でも、とくに五来氏が縦横無尽に活躍した分野であった。さらにうがった見方をすれば、『第五巻　仏教法会と祈禱』、『第六巻　仏教年中行事』、『第九巻　仏教芸能と美術』、『第十巻　縁起と仏教伝来』などといった五来氏の得意とした分野の巻の編者は、五来氏の門下やその影響をうけた関西の研究者が担い、それ以外の編者は、東京の研究者が中心的に担うといった分業が見られることである。

五来氏の仏教民俗学には、仏教史としての面と民俗学の面があったことを私はさきに示唆した。五来氏の「仏教史としての仏教民俗学」を継承したのが、もっぱら関西の研究者であった。他方で、「民俗学としての仏教民俗学」は五来氏の影響とはそれほど関係なく、東京の民俗学者のなかでも、葬送墓制、修験道、仏教的な民間信仰といったテーマを中心に研究が積み重ねられてきた。たとえば、葬送墓制では、最上孝敬『詣り墓』（古今書院、一九五六）、井之口章次『日本の葬式』（筑摩書房、一九七七）、藤井正雄『祖先祭祀の儀礼構造と民俗』（弘文堂、一九九三）などがあった。修験道では、和歌森太郎『和歌森太郎著作集第二巻　修験道史の研究』（弘文堂、一九八〇）、宮家準『増補版・修験道儀礼の研究』（春秋社、一九八五）、宮本袈裟雄『里修験の研究』（吉川弘文館、一九八四）などがある。仏教的民間信仰では、宮田登『ミロク信仰の研究』（未来社、一九七〇）、佐野賢治『虚空蔵菩薩信仰の研究』（吉川弘文館、一九九二）などをあげることができよう。このような成果をもって、民俗学ではなく、仏教民俗学でなくてはならないという議論は、東京ではあまり聞くことはない。宮田氏が、五来氏のように力んで仏教民俗学と言挙げしなくても、民俗学の研究のなかで仏教民俗は対象化されてきた、という見解をしめしたのは、東京の民俗学の研究状況をふまえた上でのごく自然な反応であり、一つの見識であったと思われる。

『仏教民俗学大系』所収の論文のいずれにも、ここで私が指摘してきたような仏教民俗学をめぐる、仏教史と民俗学のズレと対抗、それをもたらした根本にある関西の民俗学と東京の民俗学との学風の相違といった問題の局面を明るみに出すような作業の論文は、残念ながら載っていなかった。五来氏の仏教民俗学は、今となっては継承者のグループからも、批判的なグループからも積極的な再検討を加えられることはなく、棚上げされたという印象を私はもっている。私が五来氏の学問にこだわるのは、その厖大な著作群のなかから最良の部分を切り出し、再評価し、五来氏の学問を研究史上に正当に位置づける作業に寄与したいからである。

二　五来氏の研究の評価

五来氏の、多方面にわたる超人的な活躍の成果を概括することは、容易ではないが、かりにつぎの六点にまとめることができると思う。対応する編著作を記しておく。

（一）古代中世寺院の儀礼・法会・芸能と現存する民俗事象との歴史的な関係の発見
（二）葬送墓制習俗の研究――『葬と供養』（東方出版、一九九二）
（三）中世の聖の研究――『高野聖』（角川書店、一九六五）、『善光寺詣』（平凡社）
（四）山伏・修験道の研究――『山の宗教』（淡交社、一九七〇）、『修験道入門』（角川書店、一九八〇）
（五）仏教的民間信仰研究――『石の宗教』（角川書店、一九八五）
（六）芸能、縁起の研究――『芸能の起源』（角川書店、一九九五）

五来氏の創見にみちた成果のなかで、もっとも良質な部分は、（一）と（三）にあるというのが、私の見解である。（二）、（五）、（六）は、民俗学の一分野として従来からあった領域に、五来氏が自説をもってのりこんで、大活躍したというのが、私の率直な印象である。（四）の修験道研究は、五来氏のみならず、和歌森太郎氏、戸川安章氏、村山修一氏、宮家準氏などの研究によって切り拓かれた分野であり、こうした成果が、五来氏が第二期の監修者をつとめた『山岳宗教史研究叢書』（名著出版）のシリーズに集大成されている。このシリーズの刊行が、学術的な研究を刺激し、修験道研究をして人文学のなかで市民権を獲得する原動力になったことは、疑う余地はない。五来氏の修験道研究では、滅罪、擬死再生、原始回帰といった宗教的なモチーフの抽出が大胆になされ、密教系・法華経系・念仏系という分類、山岳道場系・海洋宗教系という系統分類が、独自に創作されたが、しだいに閉ざされた言葉の空間を形づくった。また近世の修験道を、本山派、当山派などの組織の展開ではなく、円空や行道などの木食行者に修験道の本流をみるところに、五来氏の個性が光っているともいえるが、孤高の宗教者を共感的に高く評価し、教団や組織化に価値を認めることができなかった点は、五来学の基本的な弱点であった。(2)「原始回帰」「海洋宗教系」は、説明概念ではなく、五来氏の詩人的な感性の産物と理解した方が、納得しやすいだろう。こうした方面の継承としては、豊島修『死の国・熊野』(講談社、一九九二)をあげておく。

さきに良質なものの一つにあげた(三)では、名著『高野聖』がそうであるように、中世高野山の勧進、唱導、遊行にかかわった下級僧侶の聖の実例を博引旁証によって明らかにするという中世仏教史にとって刮目すべき成果であった。その後、黒田俊雄氏を中心にする寺院史研究の進展によって、中世寺院の堂衆、行人、聖の階層の存在や活動は、より史料に即して論じられるようになったが、中世仏教における聖や勧進のもつ意義への最初の言及として、五来氏の中世仏教の研究は重要な位置を占めていた。(三)の研究とともに、あるいはそれ以上に高く評価すべきなのは、(一)の領域である。この領域は、著書としてまとまっていないので、見落とされがちではあるが、五来氏は、古代中世の寺院の法会・芸能と、現在観察できる民俗芸能との間の共通性を指摘し、一つの整合的な解釈枠をつくりあげた。たとえば修正会・修二会は、東大寺修二会で知られるように、奈良時代以降に諸寺院や国分寺でおこなわれてきた法会であるが、畿内では今なお、オコナイ、オトウという行事が正月の村の行事として広く分布する。オコナイ、オトウの方は、民俗学的に、あるいは歴史学的に研究されてきたが、大寺院の修正会との関連性については誰も思ってもいなかったのを、五来氏がその関連を喝破したのであった。では寺院の法会と村の行事との関係は、どのように解釈すればよいのだろうか。五来氏の解釈枠は、つぎの三段階をふむ。古代から修正会もオコナイもともに存在していたが、民俗的なオコナイが仏教化する（第一段階）。民俗的なオコナイが寺院の修正会と結びつくことで、その形態を変えずに保持される（第二段階）。寺院の修正会の民俗化がおこる（第三段階）。三つの段階の設定は、五来氏ではなく私が、五来氏の文章から読みとっておこなったものであることをお断りしたい。つぎのような引用に五来氏の基本的な考え方が端的にしめされている。

私ははじめに日本の民俗は仏教と化合することによって変化しなくなり、タイムカプセルに容れたようによくのこったと述べた。それはたしかにそうで、弓手原の大晦日と正月行事のオコナイなどは、修正会と結合しなかったら残ったかどうか疑問である。いま宮オコナイといっている正月行事も、明治維新以前は一応村寺の僧侶なり別当山伏が導師に出向いて、修正会を執行していたはずである。（「総説―仏教民俗学の概念」『講座日本の民俗宗教』第二巻〈弘文堂、一九八〇〉）

五来氏は好んでタイムカプセルや分子化合の比喩を使って、固有の民俗が仏教と「化合」したことで生き残ったと述べている。アプリオリに固有の民俗や霊魂観を前提にする点では、柳田国男氏以来の民俗学の発想がよく継承されているといってよいが、私が評価するのは、そこではなく、第二段階のタイムカプセル化、第三段階の仏教の民俗化である。残念ながら五来氏は、「喝破」や「指摘」にとどまり、個別的なモノグラフによって第二段階、第三段階にあたる論点を掘り下げていくことをしなかった。五来氏の提起した指摘をより発展させたものとして、私は、山路興造氏の修正会研究をあげておきたい（山路興造「修正会の変容と地方伝播」『大系日本人と仏教』七〈春秋社、一九八八〉）。五来氏の『踊り念仏』（平凡社、一九八八）では、天台宗の引声念仏の展開や一遍の踊り念仏の系譜上に、現存する念仏踊りや大念仏などの地方の民俗芸能を位置づけているが、（一）の方法・視点のヴァリエーションと見てよいであろう。

三　文化史としての仏教民俗学

五来氏が提唱した仏教民俗学は、その後に広範に広がり、ますます活性化したというような「物語」を、私は語るつもりはない。晩年の五来氏は、宗教民俗学と名乗っていて、仏教民俗学をあまり語らなくなっていた。必ずしも仏教にのみこだわっていられなくなったからであろう。それに、仏教民俗学がまとまりのある焦点をもち、下位領域を橋渡しするような関連づけがおこなわれてきたわけではなかった。葬送墓制研究と修験道研究は、五来説によれば、同一の仏教民俗学の下位の領域になるのだが、現実には相互にあまり関連性のない二つの研究領域なのである。ふつう墓制の研究者は、修験道の歴史を知る必要はないであろうし、修験道の研究者は、墓制の知識をまったくもたなくとも研究調査に支障はない。修験道研究は、仏教民俗学の他の領域とほとんど関係なく展開できる独立した領域であり、むしろ吉田神道の展開や陰陽道史との比較対照の方が実りをもたらすと期待される領域なのである。また葬送墓制研究や地蔵信仰などの仏教的な民間信仰は、宮田氏が説くように民俗学のなかですでに多くの研究成果を生産してきたと見るべきだろう。だとすると、五来氏じしんが仏教民俗学の看板をおろして、代わりに宗教民俗学の看板を選んだ以上、仏教民俗学という言葉の使用の根拠は、今や消えつつあるように思われる。個々の研究者が、みずからの定義によって「仏教民俗学」という言葉を使用するのはかまわないが、研究者集団において同一のイメージの共有化をはかることは、五来氏にとっ

てさえ困難であったであろうし、将来も不可能であろう。(3)

仏教民俗学の一般化や体系性を求めることは不可能であろうが、五来氏の仏教民俗学には、可能性があるように思われる。それは、さきに見たように（一）と（三）の領域であり、「民俗資料を使った仏教史」とも言うべき分野である。五来氏は、東京の民俗学者への強固なライバル意識を抱き、みずからの学問的成果をライバルにも承認させようと躍起になったが、もう少し落ち着いて視線を「東」にではなく、もっと身近な「西」に向けるべきではなかったか。

関西の人文学の知的伝統には、西田直二郎氏の文化史学の伝統と柳田民俗学をうまく結びつけた歴史民俗学、あるいは文化史研究の流れが、敗戦後に複数の分野でさまざまな形で展開したと私は見ている。(4) 戦中に柳田国男、折口信夫の両氏が、西田氏によって京都帝国大学での集中講義に招かれたことが、大きなきっかけであったといわれる。三品彰英氏、柴田実氏、竹田聴洲氏、村山修一氏、横田健一氏、高取正男氏などの諸氏は、それぞれに民俗学や民族学の影響を受けて、ユニークな研究成果をのこしたことで知られるが、「民俗資料を使った宗教史、あるいは文化史」という領域への関心という点では、五来氏もふくめ共通の基盤に立っていた。畿内の歴史的な環境における民俗的な風土は、古代中世以来の大寺社の法会や芸能の影響をどこかしら引きずり、さらに中世後期における村の成立ともふかく結びついて展開した点において、それ以外の地域の民俗の意味とは決定的に異質である。五来氏を仏教民俗学に駆り立てたのも、関西居住後に、関東では見られない畿内の歴史性に富んだ民俗資料に魅せられたからに他ならないであろう。同時代を生きた人たちは、五来氏を「孤高の学者」と呼び、敬して遠ざけたようであるが、実際は、文化史学と柳田民俗学とを結びつけ、あらたな研究分野の展開を試みた点で、文化史学の本流にいた人物であったという評価が、なされてもよいと思われる。

註

（1）初期の五来氏は、「仏教史としての仏教民俗学」に力点を置いていたが、後年には「民俗学としての仏教民俗学」を前面に押し出すようになった。この五来氏の転回が、宮田・五来論争をひきおこす一つの要因になったと私は考えている。初期の五来氏の見解は、つぎのような文章によくあらわれている。「私の意図は仏教民俗そのものの解明というよりも、仏教民俗の変遷を歴史的にあとづけることにより、日本庶民仏教の本質をあきらかにすることにあった。しかしその意図が実現されるためには必然的に史学、民俗学の両面にわたる仏教民俗資料の蒐集分類が先行せねばならないから、その大方の目安を立てるために、かりに「仏教民俗学」の構想を立てて見た。しかしさればとて私は「学」を僭称してこの学問の独立を策するごとき大それた謀叛気はさらさらなく私にとってはあくまでも日本庶民仏教史の補助学科としてのこの一試案を提示するにすぎない」（「仏教と民俗」『仏教民俗学』一号、一九五二）。この論文については、上別府茂氏の示教による。

（2）五来氏の修験道研究が学界に寄与した最大の点は、厖大な資料の公刊とともに、民俗芸能・民俗信仰の伝播の担い手として山伏を設定したことにある。とくに民俗芸能研究においては、山伏が伝播したという説明は、通俗化し常套句ですらある。

（3）仏教を対象化した民俗学研究が将来、展開されるとすると、宗派の差異と地域性を組み入れたものにならざるをえない。顕密仏教系寺院と葬祭仏教系寺院との厳密な区別が、民俗調査においても必要な作業の前提になるはずだ。林淳「日本仏教の位置」（『日本の仏教』二〈法藏館、一九九五〉）。

（4）文化史学の意義については、奈良本辰也「文化史学」（『日本歴史講座』第八巻、東京大学出版会、一九五七年）、柴田実「西田史学の世界」（『日本民俗文化大系』一〇〈講談社、一九七八〉）を参照。奈良本論文については、磯前順一氏の示教による。

付記

本稿の論点は、脊古真哉氏との対話から学んだ点が多い。また蒲池勢至氏、上別府茂氏には草稿を読んでいただき、貴重なご教示を賜ることができた。三人の方に心よりお礼を申し上げたい。

仏教文学

吉原浩人

一　はじめに

小稿においては、日本仏教文学の研究史について概観し、併せて研究動向の展望を示すことを求められている。このうち、研究史については過去に懇切な文献案内が数多く存在している。特に、伊藤博之・今成元昭・山田昭全編『仏教文学講座』全九巻の最終巻「研究史と研究文献目録」（勉誠社、一九九四）は、三百二十頁に及ぶ一書のすべてが、仏教文学研究史と文献目録で占められており、特に詳細である。以下に目次を掲げる。

〈研究史〉片岡了「法語」、石川一「和歌（歌論・釈教歌）」、前田雅之「説話」、渡辺昭五「歌謡」、小林保治「謡曲と仏教」、上田本昌「俳諧文学」、朝倉尚「禅林の文学（五山文学）―註釈書を中心に―」、近藤信義「萬葉集」、三角洋一「源氏物語」、鷹尾純「女流日記」、河北騰「歴史物語」、日下力「平家物語と仏教」、後小路薫「近世草子」、志村有弘「近・現代文学」

〈研究文献目録〉石橋義秀「第一部　仏教文学研究論文目録」、石橋義秀「第二部　仏教文学研究書目録」

一見すればわかるように、項目の立て方は必ずしも仏教文学全分野に亙っているわけではなく（たとえば縁起・唱導がない）、かつ執筆者の視点により内容に精粗の差がある。しかし、研究文献目録第二部の重要なものには略解題も付されており、研究史についての情報はある程度網羅されているといえよう。この分野の研究を志す者は、最初に繙くべき必読文献である。

これ以前にも、仏教文学の研究史を纏めたものは数多い。たとえば、中世文学会編『中世文学研究の三十年』（一九八五）に、石橋義秀が「仏教文学研究の動向―昭和三十年以降、現在まで―」として回顧している。同書は中世文学会創立三十周年記念誌なので、その性格上内容は限定されるが、研究史上のトピックと問題点を簡潔に指摘している。ここで石橋は、昭和三十年から十年毎に区切って各分野ごとに個別研究を概観した後、要するに、三十年代から四十年代にかけては、文学作品（中世文学に限らず、古代から近代に至る作品）に見られる仏教思想や教理などをえぐりだす研究が主流を占めていた。四十年代から五十年代にかけては、研究が多様化し、本文の提供・新資料の発掘とともに、その研究は深化すると同時に特殊化の傾向をたどるようである。研究者人口が増え、研究書や論文の数は飛躍的に増加したが、仏教文学の文学としての本質に迫る研究はあまり見られないのが現状である。

と結論した。同じ書で、小峯和明は「説話文学研究の三十年」として、やはり十年毎に研究史を区切り、それぞれを「昂揚期・拡散期・混迷期」と規定した。そして、「文学研究の根本の課題を無視ないし欠落させた論文が多くなっている」「一方で、雑駁で些末な地をはうごとき研究状況が蔓延している」などと、概ね石橋と同様の認識を示した。

じつは、小稿に求められているもう一つの論点である研究動向の展望について、結論を先取りして言えば、この石橋・小峯の総括の域を出るものではない。多様化・特殊化の流れは、ますます激しくなっており、特にこれからの研究を担う若い世代において、資料発掘と従来の資料の読み替えの成果は著しい。しかも、そういった研究のベクトルについていけない層に、不満と苛立ちは募ってはいるのだが、かといってなかなか現状を打破する総合的な研究の展望を拓けずにいるのである。

そこで小稿においては、まず仏教と文学の関係についての論点に触れた後、近代以降の研究の流れについては、研究史上劃期となった主要なものを列記するにとどめ、おおむね最近十年間の研究の動向について、講座・論集・雑誌特集と単行書を中心に、力を注ぐ形としたい。過去の研究を軽視するわけではなく、限られた紙数の中で重複を繰り返すことは無意味であり、近年の論著のみでも研究の流れは充分理解できると判断したからである。それにしても浩瀚な分野にすべて目を通すことは、能力の限界もあり不可能である。軍記・和歌・歌謡・芸能の各分野については触れることができず、筆者の専門の関係から古代・中世に偏ったものであることを、御寛恕いただきたい。各分野の参考文献目録を掲げる雑誌・単行書を意識的に選んでいるので、是非実際に参照されることを願いたい。なお、仏教学の成果が文学研究に裨益する例として、伊藤聡「仏教研究と文学研究の間」（『日本文学』第四六巻第一一号、一九九七・一一）という展望があることを、小稿を補う意味で記しておく。

二　研究上の問題点と過去の主要論著

日本における仏教と文学の関係を専門に討究する学会に、仏教文学会がある。本学会は、昭和三十七年（一九六二）四月、仏教文学研究会として発足。昭和五十三年（一九七八）仏教文学会と改称し、年一度の大会と本部・支部主催で行われる年八回の例会など、活発な研究活動を行っている。研究会誌としては、『仏教文学研究』第一期第一集（一九六三）から第十二集、第二期第一・二集（一九七六）までを単行書として刊行、その後雑誌『仏教文学』（一九七七—）を年刊で発行し、現在に至っている。この『仏教文学研究』第十二集（一九七三）においては、「仏教文学とは何か」という特集を組み、十九名の研究者がこの主題について論じている。ここで論点となっているのは、『法華経』の譬喩譚は文学研究の対象にすべきか否か、祖師の法語は果たして文学と言えるのかなど、主に仏教と文学の範囲と境界の問題である。仏教文学の範疇を限定して捉えるか、拡大解釈すべきか、論者によって主張は異なる。その後も、こういった仏教文学定義の試みは何度か行われたが、結局曖昧なままで、おそらく永遠に決着はつかないであろう。しかし、だからといって仏教文学研究を志す者は、この問題に無自覚であってはならない。絶えず、仏教とは何か、文学とは何かと、自己に問い続けることが、研究の深化のために必要不可欠な条件である。

仏教文学については、古くは野村八良『鎌倉時代文学新論』（明治書院、一九二二）が「仏教文学」の章を立て、『宝物集』『撰集抄』から仮名法語まで幅広い範囲で論じたのが、研究史上の劃期であった。坂井衡平は、『今昔物語集の新研究』（誠之堂、一九二三）において、国文学中の四大系統として「固有文学・神道文学・漢文学・仏教文学」の四系統に分けて論じ、仏教文学をさらに四系に分類している。筑土鈴寛は、戦前の仏教文学研究史上最大の巨人であり、その全貌は『筑土鈴寛著作集』全五巻（せりか書房、一九七六—七七）に集成されている。驚くべきは、今日我々が強い問題意識を持って闡明《せんめい》しようとしている主題が、すでに多く言及されていることである。仏教文学研究の本格的出発点として、その今日的意義は大きい。他に記すべきものは多いが、戦前の研究者については、筑土を除き『国文学　解釈と鑑賞』「続・古典学者の群像―明治から昭和戦前まで」(一九九二・八)において顕彰されている。

戦後の仏教文学研究は、筑土の弟子である永井義憲の存在が大きい。永井は『日本仏教文学研究』(古典文庫、一九五七)、『日本仏教文学研究』第二集(豊島書房、一九六七)、『日本仏教文学研究』第三集(新典社、一九八五)にその研究を集成し、別に『日本仏教文学』(塙書房、一九六三)という概説も執筆した。多屋頼俊には、『多屋頼俊著作集』全五巻(法藏館、一九九二)があり、間中冨士子『国文学に摂取された仏教―上代・中古篇』(文一出版、一九七二)も重要である。石田瑞麿『日本仏教思想研究』全五巻(法藏館、一九八六―八七)のうち、第五巻「仏教と文学」には仏教文学論を収める。

過去の研究史をいろどる入門的名著としては、家永三郎『日本思想史に於ける否定の論理の発達』(弘文堂、一九四〇)、小林智昭『無常感の文学』(弘文堂、一九六五改版)、唐木順三『無常』(筑摩書房、一九六五)、西田正好『仏教と文学　中世日本の思想と古典』(桜楓社、一九六七)、桜井好朗『隠者の風貌―隠遁生活とその精神―』(塙書房、一九六七)、竹岡勝也『王朝文化の残照』(角川書店、一九七二)、今成元昭『仏教文学の世界』(日本放送出版協会、一九七八)、間中冨士子『仏教文学入門』(世界聖典刊行協会、一九八二)などがあり、論集には大正大学国文学会編『文学と仏教　迷いと悟り』(教育出版センター、一九八〇)、大久保良順編『仏教文学を読む』(講談社、一九八六)がある。

三　講座

以下には、ここ十年ほどの講座・論集・雑誌特集・単行書に限って、研究の流れを概観していきたい。まず近年の学界で、最も大きな話題となったのが、今野達・佐竹昭広・上田閑照編『岩波講座 日本文学と仏教』全十巻（岩波書店、一九九三―九五）、伊藤博之・今成元昭・山田昭全編『仏教文学講座』全九巻（勉誠社、一九九四―九六）という、二つの講座である。従来、仏教文学でこれほどの規模の講座はなかったところに、ほぼ同時期に大型企画が重なった。これは、先述した研究の混迷状況を打開しようとするもので、その試みは積極的に評価すべきものである。しかし、この双方の講座の存在自体、現在の学界の現状と問題点を内包しているように思われるので、やや詳しく見ていきたい。まず、両者の巻構成を上下に対照して示す。

	岩波書店	勉誠社
第一巻	「人間」	「仏教文学の原典」
第二巻	「因果」	「仏教思想と日本文学」
第三巻	「現世と来世」	「法語・詩偈」
第四巻	「無常」	「和歌・連歌・俳諧」
第五巻	「風狂と数寄」	「物語・日記・随筆」
第六巻	「経典」	「僧伝・寺社縁起・絵巻・絵伝」
第七巻	「霊地」	「歌謡・芸能・劇文学」
第八巻	「仏と神」	「唱導の文学」
第九巻	「古典文学と仏教」	「研究史と研究文献目録」
第十巻	「近代文学と仏教」	

単純に比較して、岩波書店のものは従来の講座にはない、斬新な主題別の巻構成をとるのに対し、勉誠社（現・勉誠出版）の講座は分野別分類を踏襲したオーソドックスなものという印象を与える。両者の巻頭言を比較すれば、違いはより明瞭になる。岩波講座の「編集にあたって」では、「本講座は、具体的な文学作品を通して、その背景にある仏教思想とその影響を省察し、併せて世界的視野を持った現代人の立場からの考察を加えることによって、日本人の死生観と生活心情を総合的に把握しようとするものである」と述べる。これに対し、勉誠社の「刊行のことば」では、「本講座では、習俗や文化の基底にまで浸透した仏教の影響を、経典・法語・詩偈・願文・表白から芸能にいたる広範な領域を対象に取り上げ、日本人の仏教思想の諸相を明らかにすると共に体系化することを試みた」とする。要するに、岩波講座では、あくまで個別の文学作品を中心に据えつつ、その周縁に展開しようとするのに対し、勉誠社講座は、経論や祖師の法語までも広く包含しつつ、文学の内面に迫ろうと志向する。ただこれは、仏教文学に対するアプローチの仕方の問題で、方法自体に優劣があるわけではない。

個別にみると、岩波講座は編集委員に国文学者ばかりでなく宗教学の上田閑照を加え、仏教学の末木文美士に編集協力を仰いでいるのが特色である。各巻は、四部もしくはそれ以上に分けられ、最初と最後の部門に仏教学者・宗教学者あるいは斯界の大家が総論を執筆、中心部分に専論を配するという目次構成をとる。各論部分は、作品別・人物別の特論が多いが、中には大きな主題を展開する部分もある。全体に力の入った読み応えのある論が多い反面、執筆者が特定の学系に属する傾向があり、必ずしも適材適所と言いがたい面がある。勉誠社講座では、第一巻を三名の編者が担当し、印度・中国撰述の経論解題に宛てているのが特徴。文学研究者の解題だけに、日本文学への影響に詳しく有用である。第二巻は仏教思想の古典・近代文学への影響の特論、第三巻以降が分野別の各論にあたる。第八巻など研究の最前線に配慮された巻もあるのだが、全体的に老・壮・青がバランスよく配されているとは言いがたく、単なる概説に過ぎないものや、過去の論の繰り返しが目立ち、老大家が偏重されている印象を受ける。岩波書店・勉誠社双方の講座に言えることだが、日本仏教文学研究の現状や論集の意義を理解できず、的外れの論を展開するものが散見する。第一義的には執筆者の責任であるが、こういった論者を選定し掲載させた編者の責任は問われねばならないであろう。講座物は、構成の決定・執筆者の選定が命である。編者の共同討論によって考え抜かれた目次を作成し、提出された原稿に、場合によっては書き直しを求めることも必要ではないか。また大家の安定した論も必要であるが、研究の最先端を求める読者の要請にも応えるべきであろう。待望の大講座が、このように分裂した印象を与える形になってしまうこと自体、混迷する研究状況を端的にあらわすものなのかもしれない。

他の講座もので、部分的に仏教文学に関わるものは数多い。中でも、本田義憲・池上洵一・小峯和明・森正人・阿部泰郎編『説話の講座』全六巻（勉誠社、一九九一―九三）は重要である。特に第三巻「説話の場―唱導・注釈―」や、古代・中世の個別の作品を論ずる第四・五巻が関連深い。全体に内容のある論が多く、講座として成功した例といえよう。他に説話では、説話と説話文学の会編『説話論集』（清文堂出版、一九九一―）があり、特集形式の論集であるが、第五集（一九九六）は「仏教と説話」の題で九本の論文を掲載する。井上光貞・上山春平監修『大系仏教と日本人』全十二巻（春秋社、一九八五―八九）、桜井徳太郎・藤井正雄他編『仏教民俗学大系』全八巻（名著出版、一九八六―九三）、赤坂憲雄編『叢書・史層を掘る』全五巻（新曜社、一九九一―九二）、久保田淳他編『岩波講座日本文学史』全十七巻・別巻一冊（岩波書店、一九九五―九七）、『日中文化交流史叢書』全十巻（大修館書店、一九九五―）なども、適宜仏教文学関連論文を収載する。『講座日本の伝承文学』全十二巻・別巻一冊（三弥井書店、一九九四—）は、特に第五巻「宗教伝承の世界」（一九九八）に関連の論文が多い。

四　論集・雑誌特集

仏教文学の名を冠した論集に、今成元昭編『仏教文学の構想』（新典社、一九九六）がある。これは、仏教文学研究を領導してきた今成の古稀を祝賀したもので、立正大学・早稲田大学関係の研究者を中心に、三十三本の仏教文学の専論を集めた、仏教文学研究史上にも記憶さるべきものである。関連して『立正大学国語国文』第三三号（一九九六・三）が、やはり「今成元昭先生古稀記念号」として、特集を組む。これに先立ち、國東文麿編『中世説話とその周辺』（明治書院、一九八七）があり、國東の古稀記念論集として門下生を中心とした論文を掲載する。渡辺貞麿『仏教文学の周縁』（和泉書院、一九九四）は、著者の遺稿集。渡辺追悼の『文芸論叢』第四一号（一九九三・九）は、『渡辺貞麿教授追悼論集　国文学論集』（大谷大学文芸学会、一九九三）として単刊された。石橋義秀他編『仏教文学とその周辺』（和泉書院、一九九八）は、渡辺貞麿と高橋伸幸追悼のためのもので、二十本の論攷と三本の資料を収める、必見の仏教文学論集。

思想史の分野の論集では、源了圓・玉懸博之編『国家と宗教　日本思想史論集』（思文閣出版、一九九二）、岡田重精編『日本宗教への視角』（東方出版、一九九四）、玉懸博之編『日本思想史　その普遍と特殊』（ぺりかん社、一九九七）、速水侑編『院政期の仏教』（吉川弘文館、一九九八）などに、文学に関連する論文が多く掲載される。

国文学専門雑誌のうち、『国文学　解釈と鑑賞』は、仏教文学関係の特集が多い。「聖徳太子伝の変奏」（一九八九・一〇)、「地獄・極楽の文芸」(一九九〇・八)、「物語・日記文学にみる信仰」(一九九二・一二)、「霊場信仰と文芸」(一九九三・三)、「風狂の僧・一休—その実像と虚像」(一九九六・八)、「『法華経』と平安朝文芸」(一九九六・一二)、「『法華経』と中世文芸」(一九九七・三)、「徒然草—新たな読みの可能性を探る」(一九九七・一二)、「文学と絵画」(一九九八・八)、「親鸞と蓮如—史実と伝承の世界」(一九九八・一〇)などである。『国文学 解釈と教材の研究』は、「仏教—死と生と夢と」(一九九二・六)、「仏教・知と言葉と」(一九九六・七)という仏教特集を二度に亙って組み、他に「親鸞と道元」(一九八八・二)、「徒然草—移りゆく悲しみと存命の悦びと」(一九八九・三)、「説話の宇宙—方法としてのまなざし」(一九九五・一〇)、「良寛—仏教と歌と詩と」(一九九八・六)などの特集がある。『国語と国文学』第六七巻第一一号(一九九〇・一一)は「文学と信仰・思想」の特集。『国語国文』第六五巻第四号(一九九六・四、同年五月に『安田章教授退官記念中世文学・語学論集』と題して中央図書出版社から刊行)は、安田章退官記念として大部の特集を組み、有益な論考が多い。『日本文学』第四五巻第七号(一九九六・七)は「中世における「聖なるもの」」の特集。『伝承文学研究』第四六号(一九九七・一)「高橋伸幸追悼号」にも関連の論考があり、季刊『文学』第八巻第四号「中世仏教の文化圏」(一九九七・一〇)は、内容が充実している。

また仏教文学と特に関連の深い学会としては、中世文学会、説話文学会、説話・伝承学会、和漢比較文学会、絵解き研究会などがあり、それぞれの年刊の研究誌は必ず参照しなければならない。

五 単行書

十年程前には、世に「仏教辞書ブーム」と称されるほど、新しい企画の仏教辞典が続いて刊行された。それまでは、織田・望月・宇井・中村と、俗に個人の名を冠して呼ばれる辞典に頼っていたのだが、前三者は明治期から昭和戦前の編纂で言葉が難解であり、それを解決した中村辞典には固有名詞が採られないという難点があった。そこで、法藏館・小学館・岩波書店などから、一斉に総合的な仏教辞典が刊行されたのだが、いずれも専門家の評価を満足させるものではなかった。大勢の執筆者がかかわる辞書は、却ってその特徴を削ぎ総花的になってしまうことがある。逆に個人が責任を持って全編を執筆したものは、視点が一貫する。その点で優れているのは、岩本裕『日本仏教語辞典』（平凡社、一九八八）、石田瑞麿『例文仏教語大辞典』（小学館、一九九七）である。前者の解釈は時に個性的であるが、いずれも日本仏教文学からの用例採取が、他辞書に比して群を抜いて多く、文学研究には有用である。金岡秀友・柳川啓一監修『仏教文化事典』（佼成出版社、一九八九）は、大項目主義の事典で「仏教と文学」の項は七十頁以上に亙る詳細なもの。書目の解題としては『日本仏教典籍大辞典』（雄山閣、一九八六）があり、人名を調べるには『日本仏教人名辞典』（法藏館、一九九二）がある。

仏教説話関係の単行書では、多田一臣『古代国家の文学—日本霊異記とその周辺』（三弥井書店、一九八八）、八重樫直比古『古代の仏教と天皇—日本霊異記論』（翰林書房、一九九四）、中村史『日本霊異記と唱導』（三弥井書店、一九九五）、河野貴美子『日本霊異記と中国の伝承』（勉誠社、一九九六）、出雲路修『説話集の世界』（岩波書店、一九八八）、千本英史『験記文学の研究』（勉誠出版、一九九九）、高橋貢『中古説話文学研究』（おうふう、一九九八）、前田雅之『今昔物語集の世界構想』（笠間書院、一九九九）、小峯和明『説話の森　天狗・盗賊・異形の道化』（大修館書店、一九九一）、同『中世説話の世界を読む』（岩波書店、一九九八）、同『宇治拾遺

物語の表現時空』（若草書房、一九九九）、小林保治『説話集の方法』（笠間書院、一九九二）、安田孝子『説話文学の研究　撰集抄・唐物語・沙石集』（和泉書院、一九九七）、浅見和彦『説話と伝承の中世圏』（若草書房、一九九七）、小島孝之『中世説話集の形成』（若草書房、一九九九）、追塩千尋『日本中世の説話と仏教』（和泉書院、一九九九）、林雅彦『穢土を厭ひて浄土へ参らむ—仏教文学論—』（名著出版、一九九五）、阿部泰郎『湯屋の皇后』（名古屋大学出版会、一九九八）、池上洵一『修験の道　三国伝記の世界』（以文社、一九九九）など、優れた成果が数多く公刊された。仏伝文学では、黒部通善『日本仏伝文学の研究』（和泉書院、一九八九）がある。精力的に著書を刊行しつづけている田中貴子には、『外法と愛法の中世』（砂子屋書房、一九九三）、『百鬼夜行の見える都市』（新曜社、一九九四）などがある。

唱導文芸については、この十年に大幅な研究の進展があった。国文学研究資料館文献資料部『調査研究報告』第一二—一七号（一九九一・三—九六・三）に連載された、山崎誠・小峯和明他「安居院唱導資料纂輯」（一）—（六）は、安居院流唱導文献の翻刻・解題であり、学界に貴重な資料を提供した。その成果の延長線上に、国文学研究資料館編『真福寺善本叢刊』第一期全十二巻（臨川書店、一九九八—）がある。この公刊により唱導文献のみならず、多方面に亙る中世仏教文学の大いなる進展が期待できる。論文・注釈・資料集では、福田晃・廣田哲通編『唱導文学研究』（三弥井書店、一九九六—）があり、さらなる続刊が期待される。この分野の研究は、中世学問史とも密接に関連するが、近年非常に精緻で優れた成果が、続けて刊行をみた。黒田彰『中世説話の文学史的環境』（和泉書院、一九八七）、同『中世説話の文学史的環境　続』（和泉書院、一九九五）、廣田哲通『中世仏教説話の研究』（勉誠社、一九八七）、同『中世法華経注釈書の研究』（笠間書院、一九九三）、同『天台談所で法華経を読む』（翰林書房、一九九七）、牧野和夫『中世の説話と学問』（和泉書院、一九九一）、山崎誠『中世学問史の基底と展開』(和泉書院、一九九三)、村上美登志『中世文学の諸相とその時代』(和泉書院、一九九六)、仁和寺紺表紙小双紙研究会編『守覚法親王の儀礼世界—仁和寺蔵紺表紙小双紙の研究—』全三冊(勉誠社、一九九五)、阿部泰郎・山崎誠『守覚法親王と仁和寺御流の文献学的研究』全二冊(勉誠社、一九九八)、阿部泰郎・小林直樹・田中貴子・近本謙介・廣田哲通『日光天海蔵　直談因縁集　翻刻と索引』(和泉書院、一九九八)、中野真麻理『一乗拾玉抄の研究』『一乗拾玉抄　影印　叡山文庫天海蔵』(臨川書店、一九九八)などである。今日の研究の隆盛は、直談系の『法華経』注釈書テキストの刊行と、各寺社の文庫調査が引き金になったものであるが、専門書がこれほど並ぶとは、少し前には考えられなかったことである。今後の研究は、ここに提供された豊富な情報を相対化し、咀嚼した上で進めなければならない。

法会は唱導の生まれる場であり、文学研究にとっても重要な意味を持つ。佐藤道子編『中世寺院と法会』(法藏館、一九九四)は、現在の法会研究の水準を示す論集。単行書としては、高山有紀『中世興福寺維摩会の研究』(勉誠社、一九九七)、松尾恒一『延年の芸能史的研究』(岩田書院、一九九八)が優れた成果。関連して、蓑輪顕量『中世初期南都戒律復興の研究』(法藏館、一九九九)も重要。

絵解きの通史には赤井達郎『絵解きの系譜』(教育社、一九八九)があり、林雅彦編『絵解き万華鏡　聖と俗のイマジネーション』(三一書房、一九九三)は、絵解きの入門的論集。西尾光一の古稀記念論集・資料集として、林雅彦・渡邊昭五・徳田和夫編『絵解き—資料と研究—』(三弥井書店、一九八九)があり、渡邊昭五・林雅彦編『伝承文学資料集成』第十五輯「宗祖高僧絵伝(絵解き)集」(三弥井書店、一九九六)も、絵解き台本と実演の記録を収載する。石破洋『地獄絵と文学—絵解きの世界—』(教育出版センター、一九九二)は、地獄絵の影響に詳しく、関連して、中野玄三『六道絵の研究』(淡交社、一九八九)、坂本要編『地獄の世界』(渓水社、一九九〇)、同『極楽の世界』(渓水社、一九九七)、石田瑞麿『日本人と地獄』(春秋社、一九九八)などもある。

寺社縁起では、近世の略縁起に注目が集まり、中野猛編『略縁起集成』第一―五巻(一九九五―二〇〇〇)、稲垣泰一編『寺社略縁起類聚』I(一九九八)、梁瀬一雄『社寺縁起の研究』(一九九八)が、いずれも勉誠社から相次いで刊行された。しかし、中には解題も充分付さず、ただ翻刻したのみというものもみられ、翻刻本文の信頼性も含め研究の余地はまだ大いにある。なお、中野猛の論文集としては『説話と縁起』(新典社、一九九五)があり、『説話と伝承と略縁起』(新典社、一九九六)は、中野の還暦記念論集。『国文学　解釈と鑑賞』では「物語る寺社縁起」(一九九八・一二)という特集が組まれた。縁起とかかわるお伽草子本地物には、松本隆信『中世における本地物の研究』(汲古書院、一九九六)という重厚な論がある。

女性と仏教、ジェンダー論・女性史の立場から、既成仏教に対して多くの発言がなされたのも、近年の特徴である。その口火を切ったのは、大隅和雄・西口順子編『シリーズ女性と仏教』全四巻(平凡社、一九八九)であり、大越愛子・源淳子・山下明子『性差別する仏教』(法藏館、一九九〇)は、大きな議論を呼んだ。学界の関心の昂まりを受けて、『国文学　解釈と鑑賞』「古典文学にみる女性と仏教」(一九九一・五)、『日本仏教学会年報』第五六号「仏教と女性」(一九九一・五)の二つの雑誌が、同時期に特集を組んだ。関連の論集としては、主に歴史学の視点からであるが、女性史総合研究会編『日本女性生活史』全五巻(東京大学出版会、一九九〇)、同会編『日本女性史論集』全十巻(吉川弘文館、一九九七―九八)、脇田晴子/S・B・ハンレー編『ジェンダーの日本史』上・下(東京大学出版会、一九九四―九五)、河野信子他編『女と男の時空』全六巻・別巻一冊(藤原書店、一九九五―九六)、西口順子編『仏と女』(吉川弘文館、一九九七)などがある。大越愛子・源淳子らは『解体する仏教』（大東出版社、一九九四）ほかの単行書を続いて刊行しており、傾向は異なるが石田瑞麿『女犯―聖の性』（筑摩書房、一九九五）などもある。

仏教文学と関連して、神道と文学については、伊藤聡執筆の別項「神仏習合」で詳しく触れられるはずであるが、最近の研究の進展は特に著しいものがある。『国文学　解釈と鑑賞』は、「中世の「神」と文芸」（一九八七・九）、「神々の変貌―中世神道の教理と文芸」（一九九五・一二）、「古代に見る御霊と神仏習合」（一九九八・三）の三度の特集を組み、『日本の仏教』も第三巻に「神と仏のコスモロジー」（一九九五・七）を特集した。論集には、菅原信海編『神仏習合思想の展開』（汲古書院、一九九六）があり、単行書では近年、山本ひろ子『変成譜―中世神仏習合の世界』（春秋社、一九九三）、同『異神　中世日本の秘教的世界』（平凡社、一九九八）、福田晃『神話の中世』（三弥井書店、一九九七）、佐藤弘夫『神・仏・王権の中世』（法藏館、一九九八）などの注目作が相次いで刊行された。またこの分野では、多くの若手研究者が共同の研究会活動などを通じて、著しい成果を挙げているが、まだそれぞれが単行書を出すまでには至っていない。

与えられた紙幅もすでに尽きようとしている。近世仏教文学の分野では、堤邦彦・後小路薫・和田恭幸らが顕著な業績を挙げており、近代文学には『国文学　解釈と鑑賞』「近現代作家と仏教文学」（一九九〇・一二）などの特集があるが、いずれも省略に従う。

六　おわりに

過去の代表的研究を掲げた後、講座・単行書・雑誌特集を中心に、ここ十年ほどの研究を概観してきたため、必然的に研究史上記憶すべき業績が中心となった。これ以外にも、この時期に単行書がないために名を掲げなかった、特に若手の優秀な論考は数多い。そういったものは、上記講座や雑誌特集に含まれているので、研究の最前線を確認していただきたい。

仏教文学研究は、以上のごとく一見盛況を呈しているかに見える。しかし実際には、方法論の行き詰まりによる、閉塞状況に陥っている面もある。あまり意味を感じられない研究は取り上げなかったが、そういった論考にこそ問題は存在する。資料発掘それ自体が目的化しているとしか思えないような報告、現在の研究状況を踏まえない独善的な文章や暴論の類が一部に横行している。資料発掘が新たな研究の地平を拓くのであれば、大いに歓迎すべきことであり、実際、唱導文芸研究や中世神道研究は、それによって大幅な進展を見せている。問題は、新資料をただ紹介したり、非生産的な言辞を弄するだけでなく、あるテキストを仏教思想と文学史の流れの中でどのように位置づけるかであろう。また、旧知の資料も必ずしも精確に読まれているものばかりではない。有名な和文脈の作品はともかく、漢文作品や中世唱導・神祇資料には満足な註釈さえないものが大半である。新資料を用いずとも、新たな読みの地平を展開することはできるのである。言わずもがなのことであるが、仏教文学研究を志す者は、各自がそれぞれの分野で見取図を描いた上で、巨視と微視の双方の視点を併せ持った研究を目指すべきであろう。

（一九九八年七月成稿、二〇〇〇年一月補訂）

【コラム】

女性と仏教

松下みどり

◆「女性」という視点

教義史と教団史に片寄っていた日本仏教史を、総合的に捉え直していこうとするとき、そのための一つの視点として、「女性と仏教」の問題がある。このような視点を明確に提起したのは、大隅和雄・西口順子編『シリーズ　女性と仏教』全四巻（平凡社、一九八九）である。このシリーズは、編者の両氏を発起人として発足し、一九八四年から九三年まで活動をおこなった「研究会・日本の女性と仏教」における研究成果をまとめたものであり、仏教史を「信心・信仰の歴史」として捉え直していこうという意図のもとに、それを考えていくための有効な手がかりとして「女性と仏教」というテーマを提示している。「1尼と尼寺」「2救いと教え」「3信心と供養」「4巫と女神」の四巻から成り、数多の興味深い論文と共に、研究上の課題と今後への方向を示して、いまだこれを超える包括的研究成果は現れていない。

このような仏教史研究における「女性」という視点は、現実の性差別という問題の解決の方向を、過去の歴史の中に探っていこうとする、女性史研究の高まりの中で登場してきたものであるといえる。七〇年代・八〇年代以降、日本女性史研究は飛躍的に発展し、近年の成果としては、女性史総合研究会編『日本女性史』(東京大学出版会、一九八二)、脇田晴子編『母性を問う』(人文書院、一九八五)、女性史総合研究会編『日本女性生活史』(東京大学出版会、一九九〇)、脇田晴子/S・B・ハンレー編『ジェンダーの日本史』(東京大学出版会、一九九四・九五)、『女と男の時空』(藤原書店、一九九五—九八)、総合女性史研究会編『日本女性史論集　5女性と宗教』(吉川弘文館、一九九八)などが刊行されている。特に古代・中世の分野においては、仏教と関わる論文を多く収録しており、また女性と仏教の問題を考えていく上での有効な視座を提供している。

このように、「女性と仏教」というテーマが学会の関心を集め、さまざまな方面から多くの論考が発表されるようになった。個別研究が進みつつあるが、しかし明らかにされていないことはあまりにも多く、その全体像は、いまだ捉えられていない。「女性と仏教」に関する研究は、まだ始まったばかりであると言わざるを得ないが、この研究視点が、新しい仏教史を拓く可能性の鍵を握っていることは確かであろう。

◆研究状況と課題

「女性と仏教」と一口に言っても、研究者各々の研究分野や問題意識によって、その立場はさまざまである。「女性と仏教」に関する日本仏教史研究上の立場、問題の立て方を整理してみるならば、次のように分類されるであろう。

（1）仏教側が女性をどのように捉え、何を説いてきたのか。つまり仏教にとって女性とは何であったのか。

（2）仏教さらには社会において、女性はどのような役割を果たし、どのような意味を持っていたのか。

（3）女性の立場において、仏教はどのように受け入れられたのか。つまり女性にとって仏教とは何であったのか。

従来の仏教史研究において論じられてきたのは、主に（1）の立場からであった。それは、従来主流であった教理史や宗派史の研究分野での問題の立て方であり、言ってみれば男性の宗教としての仏教が女性をどう「救済」してきたか、という問題であった。これに対し、（2）や（3）の立場は、近年の新しい研究の傾向であり、女性の立場に立って、仏教史を見直していこうとする方向である。またジェンダーの視点から（1）を相対的に捉え直していこうという方向も生まれている。

研究のテーマとしては、現在のところ次のようなものがみられる。①経論の女性蔑視思想と女人成仏論・女人往生論　②女人禁制　③尼と尼寺　④在俗女性の信心と宗

教活動 ⑤巫女と女神信仰 ⑥高僧の母への信仰 ⑦女性観の捉え直し、などである。

周知の通り、仏教経典には、女性は、梵天・帝釈天・魔王・転輪聖王・仏陀になることができないという「五障」説のような女性蔑視の文言があり、また女性は女身のままでは成仏できず、男性に変身して成仏するという「変成男子」説に基づく女人成仏論や女人往生論が展開されている。つまり仏教は女性を差別し、また差別しつつ救済を説いてきたわけである。①の女人成仏論・女人往生論は、従来の（1）の立場からの研究の中心的なテーマであり、その代表的なものが、笠原一男氏『女人往生思想の系譜』（吉川弘文館、一九七五）である。すなわち古代仏教は女性を救済の対象から除外してきたが、鎌倉新仏教が女人往生論を説き、はじめて女人救済をおこなったとし、その点において鎌倉新仏教を高く評価するというもので、従来この説が通説的位置を占めていた。

しかし、このような笠原説に対しては、批判的捉え方が近年の大勢である。牛山佳幸氏（「律令制展開期における尼と尼寺」『民衆史研究』二三号、一九八二。「古代における尼と尼寺の問題」『民衆史研究』二七号、一九八四。いずれも『古代中世寺院組織の研究』〈吉川弘文館、一九九〇〉に所収）は、八・九世紀の寺院社会においては、経論の影響による女性蔑視観や女性不浄観は存在せず、僧尼は対等の地位にあったとして、笠原氏の古代仏教観を批判し、さらに官尼が仏教界から姿を消していったのは、律令国家による儒教倫理の導入と家父長制家族の成立が原因であるとした。平雅行氏（「旧仏教と女性」津田秀夫先生古稀記念会編『封建社会と近代』同朋舎、一九八九。『日本中世の社会と仏教』塙書房、一九九二）は、女人往生思想の中核は、顕密仏教にあったとして、笠原氏の新仏教中心の歴史観を批判し、さらにこのような思想は、女性差別が社会の中に浸透・定着していく指標として捉えられるとしている。この点については、平氏が指摘しているとおり、すでに戦前において遠藤元男氏（「女人成仏思想序説」〈西岡虎之助編『日本思想史の研究』章華社〉所収、一九三六）によって、女人成仏思想は、女人解放思想とはいえないという指摘がなされていたのであり、その点では笠原説は遠藤氏より「後退している」とも見なされよう。このように女人成仏論・女人往生論は女性差別思想であったとする見方と、時代状況の中では、とにかくも女性を「救済」したという点では評価すべきであるとする松尾剛次氏（「遁世僧と女人救済」『シリーズ女性と仏教2』）等の見方とがあるが、歴史的評価の問題はひとまず措き、まずはその「救済」の内実と女性の信仰の実態の解明へと展開していくべきであろう。

女性差別の問題に関しては、経論の女性蔑視思想がどのように解釈され、どのように日本社会に受け入れられていったのか、そしてそれがケガレ観念とどのように関わるのか、といった問題はいまだ解明されているとは言えず、今後の研究が待たれるところである。初期古代仏教が女性を差別していなかったとしても、その後の歴史の中で、女性差別を助長する役割を仏教が担ったことは否定できないのであるから。

「五障三従」「変成男子」説の受容については、小原仁「転女成仏説の受容について」

（『日本仏教史学』二四、一九九〇）、永田瑞「仏典における女性観の変遷」・吉田一彦「竜女の成仏」（『シリーズ女性と仏教２』）などがある。

また寺院および寺院の存する山岳への女性の立入禁止、すなわち②の「女人禁制」「女人結界」については、様々な議論があるものの、その成立要因などについて未だ定説はない。近年では、牛山佳幸氏（「『女人禁制』再論」『山岳修験』一七、一九九六）などによって、その成立理由は、従来指摘されてきたような女性不浄観や経典の女性蔑視思想ではなく、戒律の遵守という考え方から始まったとする説が支持されている。女人禁制の実態については、西口順子『女の力―古代の女性と仏教―』（平凡社、一九八七）、阿部泰郎「女人禁制と推参」（『シリーズ女性と仏教４』）が注目される。

③の尼と尼寺の問題については、先述の牛山氏（前掲『古代中世寺院組織の研究』所収論文）の業績がその後の研究に大きな影響を与え、近年特に研究の進展が見られるテーマである。尼とひと口に言っても、尼寺に住する正規の尼だけでなく、たとえば後家尼のように家に居住する尼など、さまざまな形態の尼が存在する。古代的な尼寺の衰退とは反対に、在家の尼は増加していくことが指摘されている。西口順子氏（前掲書）や勝浦令子氏（「尼削ぎ攷」『シリーズ女性と仏教１』。『女の信心―妻が出家した時代―』平凡社、一九九五。「古代の「家」と僧尼」『日本史研究』四一六、一九九七など）は、そのような広い範囲の、正規でない尼の姿を捉え、彼女らが教団や社会の中でどのような役割を果たしていたのかを明らかにしていこうとしている。中世の尼寺について

は、網羅的研究として牛山佳幸「中世の尼寺と尼」（『シリーズ女性と仏教1』）、律宗の尼寺と尼について細川涼一『中世の律宗寺院と民衆』（吉川弘文館、一九八七）、同『女の中世』（日本エディタースクール出版部、一九八九）などがある。

④の在俗女性の信心や宗教活動については、その実態の解明への取り組みが、まさに先述の（2）や（3）の立場から、進みつつある。このような方面の研究を含んだものとして、西口順子編『仏と女』（吉川弘文館、一九九七）、吉田一彦・勝浦令子・西口順子『日本史の中の女性と仏教』（法藏館、一九九九）などを挙げておく。

仏教が基層信仰との融合において民衆に受け入れられたことを考えるならば、「女性と仏教」の問題を考えていくためには、仏教の枠にとどまらず、広く「女性と宗教」という視点から捉えていかなければ、その全体像が把握できないことは言うまでもない。大隅和雄氏（「女性と仏教—高僧とその母—」『史論』三六号、一九八三。「仏教と女性—『元亨釈書』の尼女伝について—」『歴史評論』三九五号、一九八三）は、仏教の庶民への浸透の過程で、女性が重要な役割を果たしたことを指摘し、⑤の巫女と女神信仰や、⑥の高僧の母への信仰の問題の重要性を指摘している。巫女と尼の関係、あるいは観音信仰と女神信仰の関係や、社会におけるそれらの持つ意味など、解明されなければならない問題は多い。

ジェンダー論の視点から特筆すべきは、⑦の女性観の捉え直しであろう。まず母性の問題については、脇田晴子編『母性を問う』（前掲）があり、たとえば、平安末期から鎌倉初期に、天台僧において母性尊重が強調されてくることなどを指摘し、女性の存在価値が歴史的に母性機能にのみ押し込まれていった過程を検証している。田中貴子氏（「〈玉女〉の成立と限界」『シリーズ女性と仏教4』）は、僧の夢記の中に「玉女」の特質を探り、その女性像が、母性と異性とを兼ね備えた救済者として、一方的に男性を守護する、男僧の内なる理想像であったことを明らかにしている。また浅野美和子氏（「民衆宗教における両性具有観」『シリーズ女性と仏教2』）は、近代において見失われた両性具有観念を、近世の民衆宗教のなかに考察している。このような女性観や性の問題は、現代にもつながる問題であるだけに、今後の研究課題として重要なものである。

以上は、仏教史研究という立場での概要であるが、「女性と仏教」という観点では、この他に、フェミニスト宗教研究者による、仏教の性差別的側面に対する批判がある。（大越愛子・源淳子・山下明子『性差別する仏教』法藏館、一九九〇。大越愛子・源淳子『解体する仏教―そのセクシュアリティ観と自然観』大東出版社、一九九四など）宗教の性差別構造が世俗文化内の性差別現象に反映しているとして、仏教に基づく性差別的構造を明らかにしようとする。日本の問題として特に批判の対象とされているのは、共同体原理として利用されたとする「日本的母性原理」であり、この観点から本覚思想や西田幾多郎が批判されてくる。

日本社会において無自覚的な性差別構造を「可視的」なものへと浮上させる試みと

して評価に値するが、ただしそのいささかセンセーショナルな表現が、人々に拒否反応を生むことになるなら、それはフェミニズムにとっても惜しまれることである。それは措くとしても、性差別構造の原理化の中核として、批判対象を「仏教」とするというとき、その批判を困難にしている原因は、まさに日本仏教の特質にある。1・教義レベルでの仏教と、社会における仏教の実態にズレがあること。つまり教義レベルでの思想が人々の意識にどこまで浸透していたかは明らかでないこと。2・仏教として批判されているものは、日本人の信仰あるいは思想全体に関わる問題であること。たとえば観音信仰と母性信仰の結びつきなど、仏教だけでは語れない。

「仏教の去勢的母性原理への退行が更に進むのは、仏教の日本化によってである」(前掲『性差別する仏教』)のならば、なおのこと、その差別構造の形成の過程については、さらに注意深く検討される必要がある。日本社会における性差別構造の形成の要因とその過程とを歴史的に明らかにしていくこと、それはまた、単に「仏教」批判という形ではすまされない「日本仏教」の姿を浮き彫りにしていくことでもあるだろう。またその際には、社会的側面と文化的側面の相互関係を捉えていくことが必要であるのは言うまでもなく、女性史研究と仏教史研究の連携が、今後さらに重要となろう。いずれにせよ、ジェンダー論の視点を取り入れていくことが、仏教史研究を活性化するものであることは記しておきたい。

仏教美術

齋藤理恵子

一　はじめに

わが国への仏教公伝について記した『日本書紀』欽明十三年条の記事によれば、百済の聖明王が使者を遣わし「釈迦仏金銅像」を経論などとともに献上したという。仏教伝来の当初から仏像は非常に重要な役割を果たしていたわけで、それに対し欽明天皇が「西蕃の献れる仏の相貌端厳し」と述べたとあるように、当時の人々にとって百済からもたらされた仏教美術は驚嘆すべきものであったに違いない。日本古代においては仏教美術を受容することは、中国や朝鮮半島から先進の文化を取り入れることにほかならなかった。

このように日本の仏教美術は大陸の仏教文化の影響下にはじまり、展開していくこととなるが、ことに飛鳥時代から奈良時代にかけての美術様式は、中国の美術様式を受容することにより変遷していったともいえる。したがってこの時期の日本美術の研究においては、その美術様式の源流がどこにあり、どのような経路で伝播し、いつ頃受容されたかなど、中国美術とのかかわりが重要なテーマとなってきた。

法隆寺金堂釈迦三尊像

本稿では、このような中国美術様式の受容にかかわる問題として、日本仏教美術の黎明期である飛鳥時代とそれに続く白鳳時代の仏像様式研究のなかから、近年注目されている、止利様式の源流および白鳳様式の成立に関する論考を取り上げ、研究の経緯をたどることとしたい。

二　止利様式の源流

飛鳥時代の仏教美術の代表的作品として、まず第一に挙げられるのが法隆寺金堂の釈迦三尊像であろう。その光背に刻まれた銘文には、止利仏師により推古三十一年（六二三）に完成されたと記されており、制作者と制作年代が明白な基準作例として知られている。またわが国最初の本格的寺院である飛鳥寺の本尊釈迦如来像も止利仏師の作であり、止利は飛鳥時代を代表する仏師といえる。飛鳥寺本尊像は止利の作とはいえ残念ながら火災による損傷が著しく、顔面の一部にわずかに当初の姿をのこすのみとなってしまっているので、止利様式の典型とされるのは法隆寺釈迦三尊像である。これと様式的に近い仏像として、戊子年（六二八）銘の釈迦如来および脇侍像をはじめ、いくつかの作例が知られており、飛鳥時代には、止利様式の仏像が盛んに制作されたものと思われる。

ところで止利様式の源流については、中国の北朝美術に求めるのが通説となっていた。それに対し、昭和五十八年（一九八三）に吉村怜氏により南朝起源説がだされ、以来この問題が再び注目されるようになった。吉村説に至る研究の経緯については、大橋一章氏が『論争　奈良美術』のなかで詳細に述べているので、ここでは概要を記した上で、その後の研究を追ってみたい。

さて止利様式の源流についての研究は、すでに明治時代に始まっている。明治四十年（一九〇七）、平子鐸嶺氏は「司馬鞍首止利仏師」と題する論文中で、飛鳥寺本尊および法隆寺釈迦三尊像と龍門石窟の北魏仏像との類似性を指摘し、止利様式の源流は北魏にあるとの見解を示した。以後、この止利様式北朝起源説は多くの研究者の支持を得ることとなる。

これに対し止利様式の源流を南朝に求めたのが関野貞氏である。関野氏は法隆寺非再建論者として知られる建築史家であるが、昭和八年（一九三三）に発表された論文「朝鮮三国時代の彫刻」（『朝鮮の建築と芸術』所収）において、高句麗の仏像様式は北朝式で百済・新羅は南朝式であると指摘した。さらに「日本建築に及せる大陸建築の影響」（『日本の建築と芸術』上巻、所収）において、飛鳥時代の様式の源は百済を介して伝来した南朝様式であると述べている。

関野氏の主張は、すでに浸透しつつあった止利様式北朝起源説に対立するきわめて重要なものであったが、なぜか特に反論もされぬまま無視されてしまう。一方、北朝起源説を補強することになるのが、水野清一氏が昭和二十四年（一九四九）に発表した「飛鳥白鳳仏の系譜」である。水野氏は第二次世界大戦中におこなった中国石窟の現地調査の結果をふまえて中国と日本の彫刻様式を比較し、法隆寺釈迦三尊像と北魏の龍門賓陽中洞本尊が、様式上類似することを詳細に論じた。現存資料の極端にとぼしい南朝仏像については、水野氏はほとんど考慮にいれておらず、以後長らく止利様式と南朝との関連を論じるものはいなかった。

このような学界の趨勢に真向から対立する説を唱えたのが吉村怜氏である。吉村氏は昭和五十八年に発表した「南北朝仏像様式史論」（『中国仏教図像の研究』所収）において、北朝の仏像様式は北魏の洛陽遷都（四九四年）を境に急激に南朝様式と同化し、その後は南北の差がほとんどなくなったと主張する。すなわち洛陽遷都以前に造営された雲崗石窟と、遷都後造営の龍門石窟との間にみられる仏像様式の変化は、南朝様式の影響によると考える。

それを実証するものとして吉村氏が着目したのは天人誕生図である。吉村氏はかねてより雲崗や龍門などの北魏石窟に多くみられる天人誕生図について研究し、雲崗の天人は蓮華の中から誕生するのに対し、龍門では蓮華から変化生、化生という変態過程を経て天人になること、天人の背景となる天空中に雲崗ではみられない雲の表現が見られることなど、雲崗と龍門の間には表現上、またその背景となる思想上、大きな隔たりがあることを明らかにしてきた。このような研究成果をふまえ、新たに南斉陵墓から発見された天人誕生図が龍門式であることを指摘し、これにより〈南朝様式→龍門様式〉という影響関係が立証できたとする。また百済武寧王陵出土の王妃木枕にも南朝式の天人誕生図が描かれていることから、南朝様式は北朝のみならず朝鮮半島へも波及したと述べている。

さらに吉村氏は同じく昭和五十八年発表の「止利式仏像の源流」において、飛鳥の仏教文化に直結する百済は外交上南朝一辺倒で、その仏教文化も南朝の影響下にあると主張する。そのうえで、止利様式の源流は時代的にいって南朝の梁様式にあり、〈梁→百済→日本〉というルートで伝播したとする。また止利式仏像が直接交流のない北朝の仏像と様式的に近似しているのは、ともに南朝仏像の様式を反映しているためと解釈した。

これは、止利様式の源流が北朝様式にあるとする定説を覆す、まことに画期的な説であった。これまで南朝の仏教彫刻は、現存作例があまりに乏しいために様式研究の対象とされず、止利様式の源流の問題は北朝の仏像との比較からのみ論じられてきた。その結果、北朝の北魏あるいは東魏の様式が朝鮮半島を経て日本に伝わり、止利様式が成立したと考えられてきた。しかし吉村氏のいうように洛陽遷都後は北朝の仏像が南朝の仏像と同化し、南北両様式とも大差ないものであったとすれば、止利式仏像と北朝仏像の様式上の類似は、止利様式の源流が北朝にあることの根拠とはならないのである。

ところで従来、北朝起源説を裏づける事項のひとつとされてきたのが、止利作の丈六釈迦像を本尊として安置する飛鳥寺の伽藍配置である。昭和三十一年から三十二年（一九五六―五七）にかけて行なわれた発掘調査の結果、創建当初の飛鳥寺は一塔三金堂形式の伽藍配置だったことが判明したが、同様の伽藍配置が平壌郊外の清岩里廃寺址にみられることから、高句麗の影響が指摘された。止利作の仏像を本尊とする飛鳥寺が高句麗式であるということになれば、北朝の仏像様式が高句麗を経て日本に伝播するというルートが想定できるとされたのである。

この点について、吉村氏は平成四年（一九九二）に発表した論文「日本早期仏教像における梁・百済様式の影響」において次のように批判している。すなわち、飛鳥寺の造営にあたっては蘇我馬子の要請により百済から仏舎利がもたらされ、百済僧のほか鑪盤師、寺師、瓦師、書人、画工などの技術者が来朝したことが、『元興寺伽藍縁起』および『日本書紀』に記されているが、このような百済人の僧侶や、技術者たちの指導の下に造営された飛鳥寺は純然たる百済式寺院であり、一塔三金堂式の伽藍を設計したのは百済からきた寺師であったはずで、同じプランをもつ寺院が当然百済にもあったと推測できるという。さらに吉村氏は「日本と高句麗との間に正常な国交が始まるのは、高句麗僧恵慈の来日（五九五年）以後であってみれば、飛鳥寺の造営が始まる五八八年の時点では、直接的な高句麗影響はありえない」として、止利作の飛鳥寺本尊丈六釈迦像は百済様式そのものだったと述べている。

とすれば百済様式の起源が北朝か南朝かということが問題となるが、吉村氏は百済が五世紀、六世紀を通じて南朝とは密接な外交関係を保っているのに対し、北朝とは四七二年の北魏への遣使を最後に国交を断絶し、五七〇年代になってようやく北斉・北周と外交関係が復活していることを指摘し、百済様式は南朝の梁の影響下にあると重ねて主張する。従来、止利様式の源流を北朝にもとめる立場から〈北魏・東魏→高句麗→百済→日本〉というルートが想定されていたが、吉村氏は六世紀の朝鮮半島の情勢から見て、高句麗から百済へ文化が伝播する可能性はほとんどないという。

これに対し平成五年（一九九三）、岡田健氏は「仏教彫刻における朝鮮半島と中国・山東半島の関係」（『日韓両国に所在する韓国美術の共同調査研究 研究成果報告書』奈良国立博物館、一九九三年）において百済への北朝の影響を主張する。岡田氏は山東省に現存する、東魏および北斉期のものとみられる金銅一光三尊像と類似する仏像が、高句麗にも百済にもあることから、このような仏像様式の伝播経路として次のような二通りの可能性を指摘する。一つは、北朝様式が高句麗に伝わりさらに百済に影響をあたえる〈北朝→高句麗→百済〉という伝播経路である。いま一つは、北朝様式が山東半島から高句麗や百済に影響を及ぼすという経路であるが、この場合、百済へは「高句麗から百済へというルートをたどったのか、あるいは山東から直接百済の地域に及んだのか。実際の作品の類似を考えると、後者の可能性も高い」とする。いずれの場合も北朝様式が百済様式の源であり、これを取り入れた飛鳥時代の仏像様式の起源は北朝にあるということになる。

この岡田氏の説に答える形で吉村氏が発表したのが、平成七年（一九九五）の「止利式仏像と南朝様式の関係——岡田健氏の批判に答えて——」である。吉村氏は当時の国際情勢からみて、高句麗と百済の間には文化交流はほとんどないと主張する。すなわち朝鮮半島の高句麗・百済・新羅三国の状況は、六世紀の前半と後半とでは大きく変化しており、六世紀前半は南下政策をとる高句麗が百済・新羅を圧迫していた時期で、高句麗と百済は地を接していたが敵対関係にあった。それが六世紀後半になると新羅が勢力を西に伸ばし高句麗と百済の間に入り込む形となるが、高句麗と百済の敵対関係は継続しており、かつ国境を接していないので両国間の文化交流はほとんどありえないという。このことから吉村氏はまず〈北朝→高句麗→百済→日本〉というルートの可能性を否定する。つぎに山東半島を経由して北朝様式が伝わる場合は、高句麗から百済というルートは成立しないので、山東から直接百済に影響がおよぶというルートのみが考えられるが、その場合も「太いパイプが通じていたとはとても思えない」という。

吉村氏のいうように、南朝と百済、百済と日本がそれぞれ外交上密接な関係にあったことは確実で、〈南朝→百済→日本〉という文化の伝播ルートの存在についても疑問の余地はなかろう。もし仮に、止利様式の源流が北朝にあるとすれば、止利様式はこのメインルートではなく別のルートで伝播したということになる。北朝起源説の立場からすれば、北朝仏像と止利式仏像の様式の類似によって別ルートによる伝播が裏づけられるということになろうが、北朝仏像が南朝仏像に同化していたとすれば北朝起源説の論拠は危うくなる。

この北朝仏像の南朝化こそが南朝起源説の基盤であるわけだが、天人誕生図のような仏教図像や文献上の検討だけでは不十分で、南朝仏像によって実証されない限り吉村説は認められないとする向きもあり、止利様式の源流が南朝か北朝かという問題は未だ決着をみていないのが現状である。南朝仏像の現存作例がわずかであるといっても、仏教文化の興隆した南朝に多くの寺院があり仏像制作が盛んであったことはいうまでもなく、将来、南朝の寺院址から仏像が出土する可能性は十分ある。止利様式の起源をめぐる問題はそのときまで結論を俟たなければならないのかもしれない。

旧山田寺仏頭

三　白鳳様式の成立

白鳳という名称は、美術史上の時代区分において飛鳥時代に続く時代の呼称として用いられている。その下限は平城遷都で区切られるが上限については諸説あり、さらに白鳳という独立した時代設定を認めない研究者もいる。

とはいえ止利様式をはじめとする飛鳥時代の仏像様式とは一線を画する新様式の仏像が、平城遷都以前にすでに制作されていたことにはもはや異論を呈するものはない。その代表的基準作例としては、現在興福寺所蔵のいわゆる山田寺仏頭、すなわち天武十四年（六八五）開眼の山田寺講堂本尊があり、このような新様式を白鳳様式と呼んでいる。

そもそも白鳳という言葉が、美術史上の時代を示す呼称として用いられるようになったのは明治時代のことである。関野貞氏が明治三十四年（一九〇一）の論文「薬師寺金堂及講堂の薬師三尊の製作年代を論ず」の中で、仏教伝来から平安遷都に至る期間を推古時代と寧楽時代に二分し、さらに寧楽時代を前期・本期もしくは白鳳期・天平期に細分すべきだと提唱したのにはじまる。関野氏は寧楽時代前期すなわち白鳳期の上限について明言していないが、寧楽時代の美術は唐文化の影響によるもので、その勢力は大化以後盛んになったと述べているので、大化以後を白鳳期と考えていたようである。

しかし大化頃の彫刻様式を示す基準作例を挙げているわけではなく、白鳳様式成立の要因とされる唐文化の影響が大化以降顕著になったとする根拠は明白ではなかった。にもかかわらず、その後、大化元年（六四五）の大化改新から和銅三年（七一〇）の平城遷都までを白鳳時代とする時代区分が浸透していった。

このような白鳳の時期設定を見直すきっかけともなった最初の出来事が、野中寺弥勒菩薩像の発見であろう。大正七年（一九一八）に野中寺宝蔵から偶然見出されたこの像の台座には、天智五年（六六六）にあたる「丙寅年」の銘が刻まれていた。従来の時代区分によれば天智朝はまさに白鳳時代であるが、野中寺像の様式は白鳳ではなく飛鳥様式であるとしたのが源豊宗氏である。源氏は昭和四年（一九二九）に発表した「飛鳥時代の彫刻」の中で、野中寺像は飛鳥様式であるから白鳳時代の上限は天武朝まで下げるべきだと主張した。

さらに昭和十二年（一九三七）にいたり、興福寺東金堂解体工事に際し本尊台座内から仏頭が発見され、この仏頭が、天武十四年に開眼された山田寺講堂本尊の頭部であることが明らかになった。この山田寺像は、興福寺に奪われ東金堂に安置されていたが、後に火災に遭い頭部のみとなったのである。天武朝の仏像様式を示す基準作例が忽然と出現したわけで、白鳳美術を研究する上での大発見であった。

ここに天智五年の野中寺弥勒像と天武十四年の山田寺仏頭という基準作例が揃ったわけだが、安藤更生氏は両者の様式にかなりの隔たりがあることから、山田寺像の制作がはじまった天武七年（六七八）を様式の分岐点とみなし、この年を境に飛鳥時代と奈良時代にわけることを提唱した。天智朝と天武朝の間に時代の境界線を引いたという点では、山田寺仏頭発見以前の源氏と結果的には同じであるが、安藤氏は白鳳という時代を設定しない。山田寺仏頭以後を奈良時代に組み込んでしまい、法隆寺五重塔塑像群が制作された和銅四年（七一一）までを奈良前期、それ以後を奈良後期とした。つまり白鳳という独立した時代を認めないわけで、安藤氏はこの説を昭和三十三年（一九五八）「白鳳時代は存在しない」という、いささかセンセーショナルな題目で発表している。

もっとも白鳳否定論は安藤氏が最初ではなく、すでに昭和十五年（一九四〇）に小林剛氏が「白鳳彫刻史論」において、奈良時代の先駆的様式の時期であるから奈良時代前期とすべきだと主張している。ただし小林氏は、大化以降遣唐使の往来などにより唐文化が取り入れられたとして、飛鳥と奈良の境界を大化におく。そのうえで大化以降も初期においては飛鳥様式の仏像もつくられたとしており、野中寺像が古様であることを理由に天智朝を飛鳥時代に組み入れた安藤氏とは、時代区分の概念に根本的な違いがある。

小林氏や安藤氏のように白鳳という時代設定を否定する説もだされたものの、その後も多くの研究者は白鳳という名称を捨てようとはしなかった。町田甲一氏もその一人で、昭和三十四年（一九五九）に発表した「上代彫刻史における様式時期区分の問題」と題する論文中で、天智九年（六七〇）の法隆寺焼失をもって飛鳥時代の終焉とし、それ以降を白鳳とするという説を述べている。法隆寺焼失という偶発的事項を時代の区切りとする町田氏の主張は賛同を得られなかったものの、白鳳の上限を大化より下げるということに関しては一般的傾向となっていった。

ところが昭和四十九年（一九七四）、川原寺跡の裏山から大量の塼仏や塑像の断片が出土すると、再び白鳳の上限を天智朝まで溯らせる見解が示されるようになる。川原寺は斉明天皇の川原宮の地に創建された寺で、その造営は天智朝初頭には開始されたと考えられている。すでに昭和三十二年から三十三年にかけて行なわれた川原寺址の発掘調査により、中金堂の前に西金堂と塔が並列するという新形式の伽藍配置であり、唐尺を用いているなど唐文化の影響が及んでいたことが指摘されていた。

この川原寺裏山出土の塼仏と塑像断片について西川新次氏は、昭和五十三年（一九七八）に発刊された『文化財講座　日本の美術　5』の中で、「直接的な初唐様式採用の顕著な事例」であると述べている。すなわち、出土した塼仏の大多数を占める方形三尊塼仏にみられる丸顔の若々しい表情やのびのびした体軀の表現、塑像断片におけるリアルで均整のとれた身体把握や明るさと若さに満ちた生命感の表現を、初唐様式の直接的影響によるものとみなしたのである。西川氏はさらに、白鳳時代とは川原寺をはじめとする大寺を中心に、初唐様式がかなり純粋な姿で採用された時代であるとしている。

しかし西川氏は白鳳様式の源流を初唐様式のみに求めるのではなく、北斉・北周から隋、さらに初唐におよぶ期間に展開した中国彫刻様式の流れを汲むものとみる。またこれら諸様式の影響は、白村江敗戦前後における新羅および唐との頻繁な接触、あるいは亡命者をも含む工人らの来朝が一大契機となって本格化したと推定し、白鳳時代の始まりを白村江敗戦の天智二年（六六三）頃とした。

同じく川原寺の塼仏と塑像に注目して白鳳彫刻について論じたものとしては、昭和五十五年（一九八〇）に発表された大橋一章氏の「川原寺の造仏と白鳳彫刻の上限について」がある。大橋氏はまず川原寺出土の方形三尊塼仏について、全体としてはリアルに表現されているが身体把握は完全とはまだいえず、過渡期のものと解されるとし、さらに盛唐期の宝慶寺浮彫り三尊像との比較により初唐様式の作品であるとする。また塑像断片についても、造形感覚はかなり写実的であるが細部においては身体把握が未成熟な段階、すなわち初唐様式であるとみなす。そのうえで初唐様式が天智朝の初頭から川原寺の造仏過程において受け容れられていたのであるから、白鳳時代の上限は天智朝初頭まで溯らせるべきだと主張した。

白鳳彫刻の本質は初唐様式から習得した写実表現の萌芽にあるとする大橋氏の認識によるならば、いつから初唐様式を受容しはじめたかによって白鳳時代の上限が決まることになる。この点について大橋氏は、平成七年（一九九五）に相次いで発表した論文「勅願寺と国家官寺の造営組織」および「白鳳彫刻論」において、さらに検討を加えている。すなわち初唐文化の直接の伝播は、舒明天皇二年（六三〇）に遣わされた第一回遣唐使が帰朝した舒明四年（六三二）にはじまり、遣唐使や遣唐使とともに帰還した留学生たちによって、初唐の仏教文化が伝えられたという。さらに舒明十一年（六三九）および翌十二年にも留学生が新羅の仲介を得て帰国しており、このような舒明朝における第一回遣唐使や留学生の帰国を、初唐文化受容の第Ⅰ期とし、その後第二回遣唐使が帰朝した白雉五年（六五四）から第四回遣唐使が帰朝した斉明七年（六六一）までを、初唐文化受容の第Ⅱ期とする。

この初唐文化受容の第Ⅰ期にあたる舒明十一年には、勅願寺第一号の百済大寺が発願されたが、大橋氏はこれを舒明天皇が唐より帰国した留学僧から仏教を受容した結果とみる。そして第Ⅱ期には百済大寺の造営が進行中で、その造営にあたった工人集団は最先端の初唐美術にもっとも早く接することができたという。百済大寺の彫刻は現存しないが、かつて天智天皇奉造と伝えられる乾漆の丈六像があり、この像はその後百済大寺の移転にともなって移動し、平城遷都後には大安寺金堂の本尊となっていたことが文献上しられている。大橋氏はこの丈六像こそ、初唐美術の影響を受けた写実表現の萌芽を思わせる仏像だったと推測する。

さらに大橋氏は、勅願寺第一号である百済大寺の造営は斉明朝末までには完了し、百済大寺造営集団は、斉明天皇の崩御後その冥福を祈って発願された、勅願寺第二号の川原寺の造営集団にそのまま受け継がれたという。そのことから「川原寺の建築や仏像は発掘結果から初唐美術を確実に習得していたのであるから、百済大寺の乾漆像を初唐様式の彫刻と解する私見はより確実なものとなろう」と述べ、百済大寺の乾漆丈六像は、白雉五年に帰国した第二回遣唐使が将来した初唐彫刻を手本として、斉明朝（六五五—六六一）の前半頃に中大兄皇子が奉造した、白鳳彫刻の第一号であると結論する。

川原寺出土の塼仏や塑像が、西川氏が指摘したように「初唐様式採用の顕著な事例」であることは異論のないところである。川原寺に先立つ百済大寺の場合は作例が現存しないが、遣唐使や留学生の帰国により舒明朝にはすでに初唐の仏教文化がもたらされていたはずであり、百済大寺造営にあたって組織されたエリート集団である勅願寺造営集団が、最先端の初唐美術を習得していたとする大橋氏の説は、説得力にとむといえよう。

以上の研究経緯を概観してみると、基準作例となる野中寺像、山田寺仏頭、さらに制作年代がある程度限定される川原寺塼仏および塑像の発見が契機となり、白鳳様式の概念や白鳳時代の上限が見直されてきた。しかし、数少ない基準作例のみから様式の分岐点を見極め時代区分を決めるのは困難であり、今後の研究においては、作例の空白を補うためにも新様式の成立事情の検討が不可欠である。初唐美術が日本に伝わった時期や経路、さらに初唐様式の作品が実際に日本で制作されるに至る経緯や背景をより一層明らかにすることが、今後の白鳳様式研究の重要なポイントといえよう。

四　おわりに

本稿でとりあげた止利様式および白鳳様式は、中国の美術様式が伝播した結果つくり上げられたものであった。その中国美術の受容と日本の美術様式の変遷との関連を整理してみると、まず仏教文化受容の初期段階においては、百済を経由して南北朝時代の美術様式が伝えられ、その流れを汲む止利様式が推古朝頃には全盛となった。その後、舒明朝にはじまる遣唐使によって中国から直接初唐文化が輸入され、斉明朝ないしは天智朝には、初唐様式を習得した工人によって白鳳様式の仏像が制作されるようになった。おおよそ以上のような流れが飛鳥・白鳳の様式変遷の大筋といえよう。

今後の日本仏教美術の研究においては、中国の美術様式の変遷や中国文化の伝播にかかわる国際情勢などを視野にいれた幅広い研究が、ますます重要になっていくものと思われる。近年では、南北朝から隋、唐にいたる時代の中国仏教美術に関する研究が次々と発表されており、その成果をふまえて、日本仏教美術の研究が一層進展するものと期待される。

仏教建築

山岸常人

仏教建築の歴史についての建築史学的研究は、明治から戦後にかけて質の高い膨大な量の蓄積をもっているが、それに比べると近年の研究成果の量は多くない。反面、日本史・仏教史・芸能史・民俗学等と関わりのあるいわゆる学際的な研究が見られるようになっている。こうした研究状況に至る過程を明治以来の建築史の方法の展開の中で概観したい。

一　建築史学の方法の歴史

戦前までの展開

明治から昭和戦前の多様な建築史研究の中で、法隆寺再建非再建論争（略して法隆寺論争）の果たした役割は極めて重要である。法隆寺の伽藍が『日本書紀』に記されているように天智九年（六七〇）の火災で焼失したのか否かは、現在の法隆寺西院伽藍の建立年代、さらには飛鳥時代の建築様式を考える上で重要な問題である。しかも法隆寺金堂の薬師三尊や法起寺・法輪寺の三重塔等の相前後する時代の彫刻や建築などとも関係してくるために、建築史学者だけでなく、美術史学者・歴史学者・仏教史学者・地理学者などがこの論争に加わって、さまざまな視点と方法によって再建非再建の問題が論じられた。その論争は建築史学にとってみれば、歴史学その他の隣接するさまざまな学問分野の方法論を学ぶだけではなく、自己の学問の方法を精緻なものに磨きあげることに結びつくことになった（村田治郎『法隆寺の研究史』中央公論美術出版、昭和六十二年）。

ここで培われた方法は、昭和十二年から十九年（一九三七—四四）にかけて活動した建築史研究会の活動で、より厳密な論証を求める方向へと展開していった。建築史研究会の活動の中心にあった足立康・福山敏男らは史料批判を踏まえた文献史料の読解によって、古代から中世の建築・仏像・絵画などの歴史の解明に多大な成果を挙げた。その成果は今でもなお研究の基礎とすべきものが少なくない。

法隆寺論争が象徴的に示すように、明治以来、建築史学の中心的分野は寺社建築であった。しかし大正から昭和戦前に至る間の社会的あるいは思想的状況の変化の中で、研究対象や方法が拡大していった。対象としては武家住宅・民家・城郭・茶室・都市等が加わり、方法としては建築の生産に関わる側面や経済的な側面についての分析に関心が広がった。ただしこうした問題意識の変化は、とりあえずは仏教建築の研究に対してはさほど大きな展開をもたらすものではなかった。

戦後における展開

上述のように、建築史学は戦前の段階で一定程度の方法論を獲得するに至っており、戦後しばらくの間に公表された成果は戦前の到達点の連続線上に位置づけられたものであった。しかし昭和三十年から四十年頃（一九五五—六五）を境として新たな視点と問題意識による研究が出現し、ここに、現在に至る多様な建築史研究の方法が確立することになる。もちろんそれは仏教建築の研究についても言えることであった。

この昭和三十年から四十年頃を〈転換点〉と呼ぶことにして、戦前から戦後にかけての方法の変化を踏まえつつ、〈転換点〉以降の仏教建築史の新たな動向を見てゆきたい。

二　戦前から戦後への方法的展開

戦前から戦後にかけての仏教建築史の研究方法の展開を端的に要約して述べるならば以下のようになろう。

①沿革と建築形式・技法史から機能論へ
②現存遺構の歴史史料化
③対象とする時代の拡大（古代から中・近世へ）
④生産史的観点の充実
⑤発掘遺構の活用

現存遺構の史料化

①は最も重要であるので後に詳しく述べることとして、まず②から述べよう。現存する建築遺構は建築史草創期の伊東忠太以来、直接の研究対象となっていたし、国宝修理は明治三十年（一八九七）に開始されていて、個々の建築遺構を分析する作業やそこでの知見を考察することは部分的には行なわれていた。たとえば天沼俊一の研究（「日本建築史研究の栞」『史林』第五巻一号〜第十六巻四号、大正九年〜昭和六年）は現存遺構に即した代表的な研究の一つであるが、現存遺構を真正面から総合的に研究の対象に据えて、史料批判を加えつつ客観的に叙述したのは浅野清『法隆寺建築綜観』が嚆矢といってよい。

浅野の成果としてはさまざまな点が挙げられるが、仏教史研究との関わりで言うならば、建物は常に修理や改造を経て変化しているという点を具体的に明確にしたことが重要であろう。もちろん浅野は寺院建築の改造の過程について歴史的な意味づけを与えるに至っていないし、その後しばらくはこの点がとりたてて重視されることはなかった。〈転換点〉までの多くの研究はその建物の建立当初という一時点に執着していたかに見える。法隆寺論争はその典型であるし、戦前の一つの到達点とも言うべき『建築史』所載の諸論文も、創建・建立の事情や建築形態を扱った論文が大半を占める。換言すれば時間の流れに沿って通時的に仏教建築を見る視点が欠如していたとも言えよう。このことはそもそも扱う時代が古代に偏し、中世や近世への視点が乏しかったこととも繋がり、また文化財建造物の保存修理は建立当初の形態への復原が最も正当だとの言説に繋がってくる（山岸常人「文化財「復原」無用論」『建築史学』第二十三号、平成六年）。

建築といえどもそのものの物理的な性能の変化（破損や劣化）だけでなく、建築をとりまく種々の社会的状況等と呼応しつつ変化してゆく。変化してゆく状況も、また変化した個々の時代の状況も歴史研究の対象となりうるはずであるから、浅野の研究が建築遺構という、物に即した側面でもそれが実証的に可能であることを提示したことは重要である。浅野には法隆寺以外の寺院を同様の方法で扱った『奈良時代建築の研究』があり、大岡実も『日本建築の意匠と技法』等の優れた仏教建築技法史の研究を著わしている。この、建築の技法や意匠を精緻に調査しつつ時間軸の上に並べる手法は、研究対象の種類・時代を広げて、〈転換点〉以後、現在まで建築史研究の基本的方法として継承されている。このことは次の③にも繋がる。

中・近世への視野

③について見ると、戦前までは古代が研究対象の中心であって、中世は主として現存遺構を扱うにとどまり、近世に至っては江戸初期の霊廟建築を除くと顕著な成果はなかった。戦後早く、太田博太郎は中世に着目して『中世の建築』を著わし、大仏様と禅宗様の建築を解明し、伊藤延男は『中世和様建築の研究』で新和様・折衷様の中世仏堂（伊藤は中世の仏堂というだけの意味に用い、また密教仏堂とも称している）の主として平面形式を分析して、中世への視点を大きく広げた。

近世については、昭和四十年代後半から櫻井敏雄が行なったいわゆる鎌倉新仏教諸宗派の仏堂形式に関する研究が、戦国期から江戸初期の諸宗派の教団の動向と対比しつつ現存遺構の建築形式を論じた先駆的な業績であった。その後、昭和五十二年（一九七七）以降、近世社寺建築緊急調査が文化庁の主導で全国的に行なわれて、ようやく近世の仏教建築が歴史研究の射程に入るようになった（『近世社寺建築の研究』『建物の見方・しらべ方　江戸時代の寺院と神社』）。

生産史的観点

④の生産史的観点は、戦後、大河直躬が東大寺の造営組織や南都諸寺に従属する番匠座などの実態を解明し、寺院の造営組織や職人の組織と権門の関係など、今までにない視点での研究を展開した。これは歴史学における豊田武、建築史の渡辺保忠らの研究の影響を大きく受けていると見られるが、後に『番匠』としてまとめられ、建築職人の社会生活史を叙述すると同時に、従来の様式・技法史とも融合した新たな世界を展開した。しかしそれはあくまで職人の動向に執着しているだけであって、その職人の活動様態を、社会もしくは他の社会組織との関わりで理解しようとしたのは永井規男であった。

永井の「十三世紀後半における南都興律とその建築活動——新和様の成立に関する試論」は鎌倉後期の新和様の仏堂を生産した社会的母体を「律宗教団」、すなわち禅律僧の地方への組織的な勢力拡大に結びつけた論文である。後に盛んになる禅律僧研究の初期の論文である田中稔の「西大寺における「律家」と「寺僧」——文和三年『西大寺白衣寺僧沙汰引付』をめぐって——」(『仏教芸術』六二、昭和四十一年)がその二年前に活字となっていたが、永井の論文もまた早い時期に禅律僧の活動に注目した画期的な論文であった。永井は同様の関心を発展させ「丹後国分寺建武再建金堂の成立背景」を著わす。ここにおいて戦後までの大工やその組織、大工の技術体系のレベルを超えて、建築を生産(建設)する社会的背景にまで踏み込んだ研究に到達したことになる。

ちなみに大仏様・新和様の寺院建築については後に鈴木嘉吉「南都の新和様建築」(『大和の古寺』3、昭和五十六年)、太田博太郎「新和様の成立」(『全集日本の古寺』十三、昭和五十九年)を得るが、前者はあくまでも建築様式に固執した戦前に連なる問題意識の、後者は別当と建築様式の関係を論じて〈転換点〉以後の学会の動向を反映した、両者対照的な論文である。ただし鈴木のそれは建築様式を語る限りにおいては極めて貴重な好論であり、様式技法を直接扱う研究の少なくなった〈転換点〉以後においては、逆に貴重である。

発掘遺構

⑤の発掘遺構を仏教建築史研究の史料として扱うようになるのも、〈転換点〉以後の顕著な傾向である。これも早くは、法隆寺論争にほぼ決定的な決着をもたらした昭和十四年（一九三九）の若草伽藍の発掘の例があるが、極めて部分的な発掘調査であって、大規模な発掘が仏教建築史に大きく影響を与えたのは昭和三十一、三十二年（一九五六、五七）の飛鳥寺の発掘が最初である。以後日本経済の高度成長とともに大規模な発掘が増加する。それまでは地上に残された基壇や礎石・地割等をもとにして伽藍形態を復元する方法がとられていた。その代表的な研究に大岡実の『南都七大寺の研究』があり、ここでも伽藍形態の多様性を時間軸上に並べて理解する観点があるが、発掘調査事例の増大以後は個別の寺院の伽藍の個々の建物・施設の構造、その変化、遺物による造営や使用の実態等が捉えられるようになって、発掘史料は文献史料を補完するものとなった。〈転換点〉以後、古代の寺院の伽藍構成や建築平面については発掘史料に基づき精緻に叙述されるに至っている（太田博太郎「南都六宗寺院の建築構成」、宮本長二郎「飛鳥・奈良時代寺院の主要堂宇」）が、多様な寺院のあり方に対してはむしろ考古学の方からの発言が刺激的である（上原真人「仏教」『岩波講座日本考古学』4、昭和六十一年）。平安以降の中世の寺院については、未だ発掘事例を建築史学的に咀嚼する段階にすら至っていない（久保智康「国府をめぐる山林寺院の展開」『朝日百科日本の国宝 別冊 国宝と歴史の旅 3 神護寺薬師如来像の世界』平成十一年）。

〈技法史＋年代記〉の成立

さて後回しにしておいた①が最も仏教建築史の研究史において重要な方法的発展である。戦前までの研究は個別寺院の沿革を扱うものがほとんどであった。それも特に創建・創立に関する研究が多いことは先にも述べた。これは現存する建築や彫刻がいつ建てられ造られたものであるかを解明し、それにより建築や彫刻の様式の時代的特質を極めることに主眼があったからである。主として解体修理によって知られる技法・意匠に関する緻密な調査を踏まえつつ、文献史料の緻密な史料批判による年代記の作成が戦前の仏教建築史研究のほとんど総てであったといって過言でない。先に述べた太田・伊藤の研究はさまざまな意味において画期的であったが、いずれも〈技法史＋年代記〉の枠組みは崩さず、この方法が〈転換点〉以後も仏教建築史研究の基調となった。『奈良六大寺大観』『大和古寺大観』『日本建築史基礎資料集成』等は技法史と年代記を融合した研究書としての金字塔と言ってよい。また杉山信三『院家建築の研究』も同様の方法により、主として摂関・院政期の白河や鳥羽の寺院を対象として丹念に史料を拾い出している。なお、杉山の使う院家の概念は再考を要する。

機能論・空間論の出現

このように戦前から戦後にかけての遺構と文献史料を素材として形成された〈技法史＋年代記〉が〈転換点〉以降の今日の仏教建築の研究方法の基本を構成しているが、一方〈転換点〉において極めて重要な方法的変革の成果が出現する。井上充夫の『日本建築の空間』（昭和三十六年に提出された学位論文の要約）がそれである。それまでの研究が建築の形態・技法・意匠とそれを作る側面に限られていたのに対し、井上は仏教建築に限らず諸種の建築について、その空間の変遷を探るという新たな視点を導入した。具体的にはその建物が使われる場面、すなわち法会や神事、政治の儀式などを取り上げて、その際、人と建築空間がどのように関わっているか、その関わりが空間の形態の変化とどのように関わっていたかを明らかにしたのである。従来の方法による建築史に対しては俗に「空き家建築史」との批判があるが、井上は空き家ではなく、まさに人がその建物を使っている生きた状態での建築の歴史を解明したところに意義がある。

もっとも同様の視点での研究は、住宅史分野ではなかったわけではない。住宅史では住宅内外での儀式や生活様式との密接な関わりの中で住宅形式の変遷を解明しており、川上貢『日本中世住宅の研究』（墨水書房、昭和四十二年）、伊藤鄭爾『中世住居史』（東京大学出版会、昭和三十三年）は戦後から〈転換点〉の早い時期に現われた成果である。しかし仏教建築や神社建築に関してはかかる視点はとられてこなかったのである。

井上の方法は機能論的な建築史、もしくは空間論とでも呼べる。この方法を継承する研究はしばらく見られなかったが、昭和四十年代の終わり頃から少しずつ同様の視点による研究が見られるようになる。法華堂・常行堂・阿弥陀堂についての清水擴の研究、密教の灌頂や修法についての澤登宜久の研究、灌頂堂や密教寺院の伽藍についての藤井恵介の研究、中世仏堂の空間の機能を扱った山岸の研究等がそれである。これらの研究の基本的な分析指標は法会（仏教儀式）にある。そこで、このことについてもう少し詳しく考えたい。

法会と建築

法会とは寺院において僧侶が仏教の教義を修学し、仏法を実践する行為であり、さらには僧侶や檀越が特定の旨趣の実現のために行なう儀式でもある。したがって法会は寺院の寺院たる所以、僧団の僧団たる所以を最も総合的に表現する営為である。建築内外の空間はその法会を執行する会場《えじょう》であり、法会の形態は会場、すなわち建築空間の形態と密接不可分の関係にある。したがって建築空間は法会を媒介にしてその形態の意味、変遷とその要因等を分析することが可能である。ただし、建築空間は舗設がなされて初めて法会の会場となるのであり、また法会にもさまざまな種類があって、一つの建築空間で多様な法会が開催されるのが一般的であるから、その意味で建築空間が直ちに法会の空間であるわけではない。この点は機能論によって建築空間を論ずる際、注意を要するところである。

さて、法会を機軸とした仏教建築研究の可能性について先鞭をつけた井上の研究の方法は、会場における座配と進退（動線）を史料によって復原することにより空間の性格や構成を分析するものであった。しかし座配と進退といったいわば法会の外縁だけを撫でているだけでは、空間の静的な性質の差異を把握するところで留まる。言うまでもなく法会は会場に出仕者が配されるだけでは法会たり得ないのであって、開催に伴う種々の文化的・社会的・経済的要素の総合体として法会は成立している。その諸要素を例示すれば、教義や経論、法会の旨趣、本尊、荘厳、僧俗の出仕者、法会執行のための経済的裏づけ、法会の効用（効験）等であって、さまざまな側面に亘ることが明らかであり、法会を分析のキーワードとすることは、とりもなおさず仏教史、もしくは寺院史研究全般と関わることを意味する。すなわち法会から仏教建築の空間を解析することができると同時に、建築空間を機軸として法会の構造、さらには法会の構成要素を分析することも可能なのである。

ところで法会史研究の可能性を提示した研究としては、速水侑の『平安貴族社会と仏教』（吉川弘文館、昭和五十年）を忘れることはできない。速水は密教修法の展開について、法会の内容すなわち事相に踏み込みつつ、その実態を解明するとともに、貴族社会への受容の様相を捉えて、法会の社会的機能の史的変遷を考察した。

事相が単に仏教学や宗門史の範囲にとどまらない広がりをもって捉えられた点と、仏教教団内部での教学や事相の自律的展開が世俗社会に受容されつつ相互関係の中で展開してゆく様相が捉えられた点が、今日なお新鮮かつ本質的である。近年、法会や僧団の組織原理のごく一部を抽出し、その概念だけをもって国制史上に寺社権門を位置づける研究が散見されるが、教団活動の自律的な展開を踏まえつつ他権門や国制との関係を捉える速水の方法は今一度立ち返るべき原点である。

付言すると、儀式を扱った研究として、政務と儀式の関係を論ずる橋本義則等の研究を嚆矢とする新しい政治史研究の潮流がある。寺院史研究におけるのと同様、政治史・制度史においても新たな方法が確立しつつあることに注目しておいてよい。

三　顕密体制論の影響と課題

以上のような〈転換点〉以後の新しい観点の仏教建築史研究は、戦後世代の研究者に引き継がれ、さまざまな展開をもたらしている。後戸や堂蔵の信仰と機能に関わる山岸・黒田龍二、文書保管についての山岸、真言密教の信仰と建築に関わる藤井恵介・上野勝久・冨島義幸、多宝塔に関する清水擴の研究などがそれである。

これらの研究には黒田俊雄の権門体制論・顕密体制論との関わりがある。黒田は寺社権門が公家権門・武家権門と並び、職能を分担しつつ総合的に中世の国家を形成していたとしたが、この論によって、寺社が単に人間の精神的側面に対しての機能だけでなく、前近代において社会的に重要な位置を占めていたことが明確になった。黒田は「中世寺院史と社会生活史」（『中世寺院史の研究』上、法藏館、昭和六十三年）において、総合的な寺院社会生活史形成のために、他の多くの要素とともに寺院境内・堂塔・坊舎の建築史的研究との融合をも謳っている。こうした寺院・仏教建築についての位置づけは、昭和四十年代頃、〈技法史＋年代記〉の金字塔に到達して閉塞状況に陥っていた当時の建築史界に仏教建築研究の論理的根拠と方向性を与えた。筆者もそうした影響を大きく受けた一人であるが、一方で建築史界ではなお顕密体制論以前の旧態依然たる枠組みで中世の仏教史を理解し、中世の仏教建築を位置づけている側面もある。その顕著な例が禅宗建築で、戦後、関口欣也・川上貢らによって、禅宗建築・禅宗様についての研究もまた〈技法史＋年代記〉の極めて質の高い研究域に達した。その成果を受けて、鎌倉期に出現した新しい建築様式である禅宗様は、建築形式・様式の独自性と永続性によって中世の仏教建築を代表するものとの認識が定着していて、黒田の顕密体制論やそれを承けた平雅行（『岩波講座日本通史』第八巻、岩波書店、平成六年）による、禅宗は顕密体制下の異端であり、国制の中で正当な位置を占め得なかった、との認識との乖離がある。こうした乖離は双方の分野から解消されねばならないが、少なくとも建築史側ではその努力はなされていない。建築遺構を中心に研究を行なうと、歴史の全体像の中での位置づけを見失いがちである。顕密体制論を批判的に継承しつつ、建築史における古典的な問題意識の見直しをはからねばならない。

上記近年の諸研究は、関連学問領域と交流をもちつつ成果を挙げているが、建築というものを素材としつつ信仰・生活・社会組織・制度等の歴史に発言をしてゆくこと、それを通じての学問領域間の相互交流こそが、仏教史・寺院史の研究を豊かなものにするはずである。近年盛んな都市史研究との接点も、仏教建築研究では未開拓の領域である。伽藍や建築などの仏教の活動の場の研究が、仏教の歴史の解明に資するところはなお少なくないと考えられる。

【コラム】

絵画史料論

吉村 均

◆絵画史料研究の現状

日本中世史研究では、近年、絵画史料を用いた研究が盛んであり、黒田日出男『姿としぐさの中世史』（平凡社）、同『境界の中世 象徴の中世』（東京大学出版会）、保立道久『中世の愛と従属』（平凡社）、藤原良章・五味文彦編『絵巻に中世を読む』（吉川弘文館）などのほか、文学、日本思想史学、建築学など、周辺領域との共同研究も数多く刊行されている。

入門書としては、『週刊朝日百科日本の歴史別冊 歴史の読み方1 絵画史料の読み方』（朝日新聞社）が、方法論と実際の読解が豊富な図版を用いてわかりやすく示されており、よい。本格的な研究を志すならば、絵巻物に描かれた姿や服装、道具などをピックアップして説明を加えた『新版 絵巻物による日本常民生活絵引』全五巻・

索引別巻（平凡社）を手元におく必要があるだろうし、黒田日出男編『歴史学事典3　かたちとしるし』（弘文堂）も、日本に限らず世界の事例を数多く集めている上、項目ごとの参考文献が記されていて、役に立つ。

多岐にわたる研究のうち、仏教学と直接関わるのは、『一遍聖絵』『親鸞伝絵』のような祖師絵伝や、社寺参詣曼荼羅などの研究で、その史料としては、『新修日本絵巻物全集』（角川書店）、『日本絵巻大成』『続日本絵巻大成』『日本の絵巻』（以上、中央公論社）、大阪市立博物館編『社寺参詣曼荼羅』（平凡社）が便利。そのほか、『日本の美術三三一　参詣曼荼羅』（至文堂）も、モノクロ図版中心だが、曼荼羅ごとの文献一覧も付いており、参考になる。

絵画史料論は発展途上の研究分野であり、方法論から個々の図像の解釈に至るまで、さまざまな論争が繰りひろげられていて、それを限られた紙幅で概観するのは到底不可能である。そこで、ここでは研究で中心的な役割を果たしてきた黒田日出男氏の論文をいくつか紹介するにとどめる（その多くは激しい論争をひきおこしているが、それらについては毎年刊行されている『史学雑誌』の「回顧と展望」を参照してほしい）。

◆なぜ絵画史料への関心が高まったのか

黒田氏の論考は、図像に縁起や説話などその土地に結び付けられた歴史を重ね合わせ、図像の配置・空間構成にそれを作り上げた作者の視線を読み取る点に特徴がある。「熊野那智参詣曼荼羅を読む」(『思想』七四〇)では、参詣者として描かれている白装束の夫婦を死者であると解釈し、熊野那智参詣曼荼羅は、それまで考えられていたように見る者に実際に参詣に赴くことを促すのではなく、見ることで参詣を代行する性格のものだと結論づけている。社寺参詣曼荼羅に関わる論考としては、ほかに「熊野観心十界曼荼羅の宇宙」(『大系仏教と日本人8　性と身分』〈春秋社〉所収)、「参詣曼荼羅の不思議」(『絵画史料の読み方』〈前掲〉所収)などがある。また、「二つの『一遍聖絵』について」「親鸞伝絵と犬神人」(共に『絵画史料の読み方』所収)で、『親鸞伝絵』や『一遍聖絵』では写本によって「癩者」「非人」や「犬神人」の描き方に違いがあることを指摘し、写本の階級性や教団の権威化のプロセスを明らかにしている。

このような絵画史料の研究を、従来軽視されてきた史料の活用、文献史料の補助といった程度に考えるべきではないだろう。これは絵画を扱ったものではないが、筆者は、どの専門分野に進むべきか悩んでいた学生時代に、歴史学研究会の大会報告号に掲載されていた黒田日出男氏の論文「中世の皮膚感覚と恐怖」(前掲『境界の中世　象徴の中世』所収)を見つけ、驚愕したおぼえがある。皮膚感覚などというものが歴史学の研究対象となることなど、当時の筆者には思いもよらないことだった。強く興味を惹かれたものの、このような研究が、研究の積み重ねの上に成り立っており、その分、斬新な発想を受け入れにくい学者の世界で認められることはないだろうとも思った。

　今となっては不明を恥じるほかないのだが、国史学において、かつて主流だった唯物史観から、絵画史料論など五感を扱う研究に学者の関心が移っていったのは、イデオロギーや左翼勢力の衰退というよりも、日本が高度経済成長によって生産中心から消費中心の社会に移行していったことが大きいのではないだろうか。当時の筆者には唯物史観に基づく日本史の論文は理屈をこねまわした空論としか思われず、視覚や触覚を取り上げた研究にリアリティーを感じたのだが、もちろん唯物史観がリアリティーを無視していたわけではなく、敗戦後の復興から高度経済成長期にかけては、生産にこそリアリティーがあったのだろう。

◆史学以外の分野の成果

　このような流れは国史学に限ったものではなく、さまざまな分野で、同時発生的に、あるいは互いに影響を与えながら、新しい研究潮流が生まれてきている。もっとも盛んなのは、絵解きなどで絵画史料論と直結する説話文芸研究で、林雅彦『日本の絵解き』（三弥井書店、文献目録があり、増補版では目録が追加されている）、社寺参詣曼荼羅を扱った徳田和夫『絵語りと物語り』（平凡社）や、能のような演劇と勧進聖の関係を扱った松岡心平『宴の身体』（岩波書店）のほか、『岩波講座　日本文学と仏教』全十巻（岩波書店）、『説話の講座』全六巻（勉誠社）、『仏教文学講座』全九巻（勉誠社）

といったシリーズが次々と刊行されて、関連する論考が多数収録されている。

それに比べると、仏教学では、このような潮流への反応がいまひとつのように感じられる。しかし、仏教は本来、寺院の荘厳、法会における読経の声や、焼香のかおり、燃え上がる護摩の炎、夢告や往生死における紫雲のような奇瑞など、五感に強烈に訴えかけるものだったはずである。

阿部泰郎氏、山本ひろ子氏らによる密教の灌頂の儀軌を手がかりとした中世王権論(『岩波講座　東洋思想』一六巻所収の阿部氏、山本氏の論考、山本氏『変成譜』〈春秋社〉ほか)、呪術的な旧仏教の改革者として近代的な読み方をされてきた法然や親鸞の思想を、瞑想体験や夢告から読み直す中村生雄氏の試み(『カミとヒトの精神史』人文書院)、踊り念仏や巡礼といった聖の仏教の実践面を掘り起こした故・五来重氏の仏教民俗学(『増補　高野聖』角川選書、『五来重　宗教民俗集成』全八巻、角川書店、ほか)、山折哲雄氏らの修行への身体論的関心(山折氏ほか『修行と解脱』全三巻、佼成出版社)、そういった試みが続く研究者に受け継がれ、周辺領域との交流をさらに深めていけば、日本仏教の研究は今とはまったく異なる相貌を見せるにちがいない。何といっても、密教図像学など、仏教は絵画史料の宝庫なのである。

(一九九七・十一・十九)

[付記]
本稿執筆後、西山克『聖地の想像力——参詣曼荼羅を読む』(法藏館)、五味文彦『「春日験

記絵」と中世』（淡交社）をはじめ、数多くの著作が刊行された。それらを概観する余裕はないが、注目すべき動向として、本稿でも期待していた、絵画史料を論じるだけではない、クロスオーバー的な研究の成果があがってきていることがある。説話や絵画から中世の女性観・世界観に新しい光をあてた阿部泰郎『湯屋の皇后』（名古屋大学出版会）、密教の儀軌を駆使した山本ひろ子『異神』（平凡社）は、今後の研究の指標とするべき研究といえる。

結び——仏教史を超えて

末木文美士

本書は、諸般の事情で本来の予定より大幅に遅れて刊行されることになった。当初の原稿締め切りからは三年近く経っている。早くから原稿を提出してくださった執筆者、また出版を待望しておられた読者の皆様に対し、編集委員一同、心からお詫び申し上げたい。

この二、三年、従来以上に日本仏教史関係のさまざまな貴重な論著が出版され、研究史上大きな転機を迎えている。今回、校正段階での加筆訂正、及び参考文献の付加によって、できうる限り現在の研究状況を反映できるように志した。なお不備もあろうが、基本的には研究史と研究の現状について、基礎となるデータは提供できたのではないかと考えている。

本書の基本的な方針は、佐藤弘夫氏の序論に適切に論じられている。そこに言われているように、今日の仏教研究の特徴は方法・対象の多様化であり、しかし他方、そのように多様化したものを、どのように統合するかが新たな課題となっている。本書の各論をお読みになった読者は、そのことを強く実感されたことであろう。

ここではそのような問題を承けながら、本書の結びとして、もう少し広い視野で仏教研究を進めていくための問題点を、いささか補足的に考えてみることにしたい。ひとつは研究を進めていくための下敷きになる史観・価値観の問題であり、もうひとつは仏教史が仏教史として閉じられず、より広い日本思想史・宗教史の世界にどのように関わっていくことができるかという問題である。もちろん両者は密接に関係しており、本来二つに分けられない問題である。

一　歴史と価値

近代の仏教研究はいわゆる鎌倉新仏教を中心に展開してきた。もっとも、このことは常識のように考えられているが、実際には大正頃からのようであり、必ずしも近代の出発点からというわけではない。しかし、少なくとも相当に長い間、鎌倉新仏教こそ日本の仏教の中でもっとも優れたものであり、それ以外はほとんど評価するに値しないかのような見方が公認されてきた。

その理由はさまざま考えられるが、とりわけ、鎌倉新仏教の祖師に由来する宗派が、近代においても仏教界で大きな勢力を持ち、その近代化が急務であった事態と密接に関連していることは疑いないであろう。実際に、浄土真宗の清沢満之、禅の鈴木大拙、日蓮系の田中智学らの運動は、その課題に正面から取り組み、仏教が近代においても十分に批判に耐えうる思想・宗教であることを如実に示した。キリスト教や近代の西欧文化に衝撃を受けながらも、直ちにそこに自らのアイデンティティを認めえなかった多くの知識人にとって、鎌倉新仏教はそれに代わりうる思想基盤を提供するものとなった。

もうひとつ、特に第二次大戦後の歴史学において、マルクス主義を先頭とするいわゆる進歩史観の果たした大きな役割を無視することができない。近代日本の歴史観としてもっとも徹底したものは、皇国史観かマルクス主義の唯物史観しかないといっても過言ではない。いささか乱暴に言えば、両者を左右の両極端としながら、その中間にさまざまな潮流が配置されるのである。そのうち、皇国史観はもともと学的な検討に耐えうるものではなく、敗戦とともに消滅したのもやむをえないことであった（もちろん、その心情は今日まで底流に存しているが）。それに対して、唯物史観はそもそも科学的であることを標榜しており、事実、その提供する図式が、歴史科学の発展に果たした役割は決定的なものがあった。それによってはじめて、古代から近代（さらには未来）に至るまでの歴史の流れを、超越的な神などを持ち出さずに、一貫して人間の歴史として説明することができるようになったのである。

そして、マルクス主義ほどには極端化できないところに、さまざまな近代主義的な進歩派の歴史観が位置した。近代主義は、一方では近代になっても温存されている前近代性を批判することで、批判の原理となりうるとともに、もう一方では、日本社会の近代化は権力側にとっても急務であったため、保守から革新までのかなり広い幅を持って支持されることになった。マルクス主義において主流となった講座派が、明治維新をブルジョア革命以前の絶対王政と位置付け、社会主義革命以前にブルジョア革命による近代化が必要であると見たことにより、近代主義はマルクス主義とも親和関係を持ちうるようになった。

その際、戦後の近代主義にマックス・ウェーバーが大きな影響を与えたことを見逃すことはできない。よく知られているように、ウェーバーの近代観はその宗教観と密接に関わっている。すなわち、「呪術からの解放」

（Entzauberung）を近代化の大きな特徴と見て、西欧近代のプロテスタンティズムに高い評価を与えるのである。もっともプロテスタンティズムに近代的宗教の範型を見て、仏教をその理想から見直そうという試みは、すでに明治初期の島地黙雷から見えることで、さらに言えば、日本以外でも同様な傾向は近代仏教の大きな特徴をなすものであった。それは、しばしばプロテスタント仏教（Protestant Buddhism）と総称される。そして、そのひとつの特徴は、教理の合理化であり、その裏側には呪術的側面の除去ということが内含されている。仏教で呪術的な要素といえば、ただちに密教と結び付けられ、密教を前近代的として否定することは、ほとんど暗黙の了解として近代の仏教者・仏教研究者に共通しており、前提とされていた。近年の「批判仏教」の運動に至るまで、このことは見事に一貫している。鎌倉新仏教は、密教を否定し、また、密教と深く関係しつつ展開した神仏習合の曖昧さを否定したことで、高く評価されたのである。

こうして、近代における鎌倉新仏教中心の見方は、近代化を求めて進んでいくという日本の社会の要請に合致し、いちはやく近代への指針を提示したという点が高く評価されたのである。ところが、一九七〇年代頃からその価値観が大きく揺らぐこととなった。スターリン批判を出発点とする公式主義的唯物史観への疑念は、やがて九〇年代におけるソビエト連邦と東欧共産圏の崩壊によるマルクス主義的理念の決定的解体にまで、さまざまな屈折をはらみながらも突き進むことになる。他方で、科学技術の進歩は必ずしも人類の幸福をもたらさず、むしろ人類とその環境の危機をも招きかねないことが次第に明らかになり、従来の「歴史の進歩」という理念に決定的な疑念が呈されるようになった。はたして近代化が、本当に望ましいことであったのかどうか。マルクス主義を最先鋭とする近代主義をも含む進歩史観が、大きく揺らぐこととなったのである。

その後、ポスト近代主義、ポスト植民地主義、文化的多元論、あるいは文明の闘争論、グローバリズム等々、従来の左右対立の軸を微妙にずらしつつ、さまざまな視点が提示されながらも、今日、決定的な歴史観は提示されていない。「大きな物語」の消滅が語られるように、むしろ画一化された歴史観の存在そのものが今日では疑わしいものとなってしまった。ちなみに、歴史修正主義や新自由主義史観をめぐる論争までをも含めつつ、今日の歴史観に関わる諸説が、多く近代以後の枠の中で展開されていることは、ここで問題視しておいてよいであろう。実際には、そもそも近代とは前近代とのかかわりの中ではじめて問題にされうるものであり、近代国民国家から歴史が始まるわけではない。前近代まで視座に収められない史観は、史観として欠陥品と言わなければならない。また、欧米の流行を持ち込んで、それを日本に当てはめることで解決するような単純な問題でもない。

仏教史に関していえば、何と言っても黒田俊雄による顕密体制論の提示が決定的な影響を及ぼした。黒田は早くも七〇年代に価値観の変化を敏感に感じ取り、従来の公式主義的唯物史観が通用しなくなったことを見抜きながらも、それでもなおマルクス主義を維持しつつ、新たな歴史観を自前で提示しなければならないという大苦闘から、顕密体制論を産み出した。それ故、曖昧なところ、矛盾したところを多分に含みつつ、きわめて大きな衝撃と影響を与えることになった。旧仏教、なかんずく密教の重要性の指摘は、その後の仏教研究の方向を決定したといっても過言でない。「ポスト顕密体制論」と言われながらも、いまだに顕密体制論の決定的な影響のもとに今日の仏教研究は展開している。

黒田俊雄だけでなく、網野善彦の影響も極めて大きなものがあるが、網野もまたマルクス主義から出発しつつ、公式主義の立場を批判し、アナール派に近い社会史、生活史の視点を導入して、「日本」として一元化できない歴史の多様性を示した。近代宗教史における安丸良夫、近代思想史における色川大吉など、新しい独自の史観の提示が、しばしばマルクス主義から出発しつつ、公式主義を批判する中から生まれてきていることは注目される。

このように、マルクス主義の崩壊、近代主義の行き詰まりは、マルクス主義のもっていた批判的精神や近代主義の合理的発想までをも全面否定するものではない。なんでも今まで否定されていたものを持ち上げ、従来研究されていなかったことをもの珍しく取り出すだけであるならば、むしろかえって危険でさえある。非合理主義の謳歌が、一部の宗教研究者によるオウムの賛美や容認にまで至ったことを、我々は十分に反省しなければならない。唯物論や近代合理主義の危機は、決して前近代的な宗教の復活を正当化するものではない。オウムの突出は、それが「間違った宗教」だったからで「正しい宗教」は無傷だったというわけでは決してなく、そもそもオウム以後、宗教そのものが今日危機的に問い直されていることを知らなければならない。

このように、仏教史の問題は一般的な歴史論としてだけでなく、きわめて実践的な宗教としての仏教のあり方と絡むものである。とりわけ、宗門のあり方と密接に関わるところにその特殊性がある。本書で時代別のほかに、系統別の研究史の整理を試みたのも、時代論に限定できないそれぞれの流れを見直すことが必要と考えたからに他ならない。宗門の立場に立つ研究の問題点は、ともすれば「我が仏尊し」の閉鎖的、独善的な価値観に陥りやすい点にある。もちろんそれぞれの宗門にはそれぞれ独自の問題があり、そこに真摯な追求がなされていることは認めなければならないが、今後、さらに宗門の硬直した公式主義的なドグマや、本来の人間の問題を忘れた教団維持優位の護教論を乗り越えて行くことは、宗門研究者に課せられた大きな課題である。それによってはじめて宗門の問題が外に開かれて行くことになるであろう。「批判仏教」によって提起された宗祖無謬説への批判など、今日きわめて重要な意味を持っている。

二 「日本的」なるものを超えて

以上の考察からも、仏教史の研究が仏教史だけに留まらず、より広く時代の歴史・思想と関連せざるをえないことは明白である。以下では、その中でも特に日本の思想史全般、あるいは仏教以外の諸思想・諸宗教の研究とどのように関わるかを概観しつつ、そこに見え隠れする「日本的」なるものに如何に対処すべきか考えてみよう。

今日の日本思想史研究において、広範な時代を包括しつつ、独自の史観を提示したのは、丸山真男である。特に近年刊行された『丸山真男講義録』（東京大学出版会）は、従来知られていなかった丸山の通史的な日本思想史理解を明確に示し、仏教の位置付けにも触れている。その点で、特に一九六四年の講義を収める『講義録』四（一九九八）が注目される。

丸山によれば、日本の思想は「原型」となる発想によって制約されている。「原型」は後には「古層」と呼ばれるようになり、有名な「歴史意識の古層」論文（一九七二）につながっていく。それは、「生成のオプティミズム」の重視、「一切を自然的な時間経過に委ねる考え方」（講義録四、六七頁）などによって特徴づけられるもので、日本の社会・思想が開かれてゆくために、克服されなければならない要素である。丸山は、このような「原型」を乗り越えようとする最初の試みとして、仏教を高く評価する。仏教という普遍の衝撃により、日本の思想はその特殊性が打ち破られたというのである。しかし、仏教もまた「屈折と妥協」を通して、再び「原型」的発想に引き戻されて行く、という悲観的な結論に至っている。

丸山の仏教観は、一九六〇年代前半の研究状況に基づいており、当時の鎌倉新仏教中心論をそのまま受容している。それだけでなく、「呪術からの解放」に最大の価値を置くプロテスタンティズム的近代主義の傾向がきわめて顕著であり、今日そのまま通用するものではない。しかし、原型＝古層とその克服というテーマは、単純に古代・中世の問題ではなく、その背後に「日本的」とされる閉鎖性や無責任システムをどう乗り越えるかという、きわめて今日的、実践的課題があることを見逃してはならない。むしろその実践的要請から出発し、過去に遡ってその源泉を見極めようとするところに、丸山の原型＝古層論の課題があったのである。その中で、仏教の普遍性と土着化の重層性をどう捉えるかという、きわめて大きな問題が提示されているのである。

丸山の原型＝古層論については、「日本的」なるものの克服を課題としながら、かえって、「日本的」なる発想が古代から一貫した固定的なものであるかのように捉えられてしまうという逆説的な危険性が、しばしば批判の対象とされる。古代から日本に固有なものの実在を認めて、その賛美と復古を説く日本主義と正反対の位置に立ちながらも、「日本的」なるものを認めてしまうことにおいて奇妙に一致してしまうのである（この点については、本シリーズ第II期第一巻『仏教と出会った日本』所収の拙稿「〈日本的なるもの〉を見定めるために」参照）。

このような「日本的」なるものへの還元は、日本思想研究においてしばしば行き当たる厄介な問題である。特に神道研究が長く不毛であったことは、戦前の国家神道の影から今日なお抜け出せないという実情があるとともに、ともすれば「古代的」「日本的」なものに源泉を求めることによって、それを突き破る学問的な発展性が出てこないという事情も無視できない。それは、あたかも仏教研究が護教論に終始する限り、新しい発展が望めないのと近似している。その意味で、従来不純なものとして神道側からも仏教側からも無視され続けてきた中世の神仏習合の解明が今日急速に進められつつあることは、神道史研究に新しい展望を開くものである。そればかりでなく、従来、神道史・仏教史として別個に進められてきた両分野の谷間の部分の重要性が明らかになることで、縦割り的な研究体制そのものに根本的な批判を突きつけるものとなっている。

また、神道学の中でも、従来の国家神道的な価値観を批判し、新たな価値観を生み出そうという試みが少しずつなされるようになってきたことは注目される。例えば、鎌田東二は、神道を環太平洋に通底する古代的発想として理解し、神仏習合の根底に、より根源的な神神習合を置くという、きわめて興味深いスケールの大きな神道論を展開している（『神道とは何か』、ＰＨＰ新書、二〇〇〇）。氏はまた、神道における宗教的要素を正面に出すことで、祭式儀礼に立つ国家神道への批判を展開している。ただ、このように注目すべき要素を持ちながら、なおそこでは古代日本の理想化を免れておらず、そこに発する問題点はそのまま積み残されている点は、ここに指摘しておかなければならない。

儒教（儒学）は、日本ではそれ自体としてはすでに生命を保っていないが、他の東アジア諸国では、いまだに民族を結束するイデオロギーとしての役割を果たしつづけている。従来から儒学が重視されてきた台湾や韓国はもとより、中国でもマルクス主義に代わって喧伝されつつある。「東アジア儒学圏」なる発想は、このようなナショナリズムの思惑の集合体としてきな臭い政治性を持ち、儒学研究もその戦略に乗せられる危険性を常に孕んでいる。澤井啓一『〈記号〉としての儒学』（光芒社、二〇〇〇）は、このような事情を踏まえながら、「儒学文化圏」とか、「東アジア」とか、さらには「日本」という集合概念の虚構性を明らかにして、それを内実をもたない「ゼロ記号」として捉え、それぞれの地域に、儒学が〈言説〉としてだけでなく、〈プラクティス〉（慣習的実践行為）としていかに土着化するか、という観点からの見直しを図ろうとしている。

これらの集合概念を実体を持たない方法概念に還元することは、確かにきわどいテーマの政治性を骨抜きにし、批判性を確保する有効な手段である。ただ、完全に「ゼロ記号化」できるかどうか、そこになお疑問が残る。特に儒学と較べて、今日でもなお生き続けている仏教の場合、問題は一層複雑である。私自身、「方法としての仏教」として、仏教を方法論的概念とみなすことを提言してきたが、それだけでは、今日生きている仏教にまで届かないものがあることを認めないわけにいかない。すでに触れたように、仏教の問題は歴史的な問題であると同時に、そこにきわめて今日的な課題が託されている。清沢満之に端を発する近代仏教の一つの大きな展開は、思想運動であると同時に教団改革運動であった。その複雑な「屈折と妥協」の過程を見るとき、「仏教」がイデオロギー的表層だけでは解決しない不透明な根を持っていることが如実に知られよう。「批判仏教」の運動の限界もまた、ひとつには教団論を無視して、表層的イデオロギーの次元でのみ批判的であることに存する。

「仏教」概念の不透明さ以上に大きな問題となるのが、「日本」なる概念の不透明な曖昧さである。その不透明さを透明たらしめようとした丸山の果敢な試みが、「日本的」なるものの曖昧さにかえって足を掬われたことを、我々は決して外から見て冷笑して済ますことはできない。むしろそうした果敢な試みさえ放棄し、曖昧なまま「日本」という概念にくるんで、賛美するか、あるいは簡単に否定しさることができると考える単純さこそ危険である。今日のナショナリスティックな動向のプロパガンダの浅薄さは直ちに見て取れるが、むしろそれに対する批判が、曖昧で不透明な「日本的」なるものの深みを認識せず、きわめて表層的なオプティミズムに支配されていることにこそ、強い危機感を覚えないわけにいかない。

では、過去に遡っての思想史的研究は、過去をどのように捉えることによって、この不透明な曖昧さに立ち向かうことができるのであろうか。ここで注目したいのは、桂島宣弘が提示した「「他者」としての徳川日本」という視点である（『思想史の十九世紀』、ぺりかん社、一九九九）。氏は、近代へと接続する視点からのみ徳川思想史を見ようとする従来の視点を批判し、そこに近代の視点だけでは捉えきれない「他者」を見ようとする。「「他者」とは、実は近代国民国家の国境形成後の、国境の〈向こう側〉に存在する人々と捉えられる「外国人」、あるいは「在日外国人」だけ」ではない。「日本列島上で近代以前に活動してきた人々」もまた「他者」として捉えられるべきだ、というのが桂島の提起する視点である（同書、五〇頁）。

仏教史の場合、必ずしも桂島の言うように、「近代国民国家」を標準とした「われわれ」に集約できないところがあるが、いずれにしても、従来の仏教史が、近代への接続という観点から評価されてきたことに対して、むしろ直ちに近代に接続しない「他者」として見直そうという視点は、十分に有効である。近代の「他者」論・「私」論は、ともすれば「他者」とは「私」に対する存在で、「私」そのものは透明で明晰な「個」として確立しているかのような錯覚に陥っている。しかし、「他者」が「私」にとって不透明であるのと同様に、「私」自身も内部に不透明な曖昧さを抱えているのである。「私」自身の内なる不透明さは、「私」自身が内に抱え込んでいる「他者」性に他ならない。「私」こそが「私」にとって最大の「他者」である。歴史とは、まさに「私」自身にとって不透明な「私の内なる他者」の蓄積であり、その不透明な領域を掘り起こしていくことに歴史研究の大きな課題がある。

「徳川日本」が今日の「われわれ」から見て「他者」とするならば、中世はより深く「他者」的であると言うことができる。「他者としての中世」を見事に捉えた一例として、山本ひろ子『中世神話』（岩波新書、一九九八）を挙げることができよう。本書は、一方で古代から一貫したものとしての「日本的」なるものというフィクションを離れ、他方で近代に接続するものとしての中世（近代的中世）という観点を離れ、中世独自の世界像を取り出すことによって、「他者としての中世」を浮かび上がらせている。

もちろん、こうした研究によって過去が解明し尽くされ、透明化することはない。しかし、自らにつながりつつ、しかも断絶した「私の内なる他者」を自覚していくことは、その「他者」を覆い隠して存立するかに見える「今の私」を、深いところから批判し、捉えなおしていく大きな力になるものである。仏教史の研究もまた、その一翼を担うものと考えられる。

IV 文献一覧

凡例

一、文献は、なるべく基本的なものを中心に選ぶようにしたが、取捨はそれぞれの執筆者に任せた。したがって必ずしも網羅的なわけではない。また、最近（一九九八年以後）の研究文献で、各項に含まれていない主要なものは、末尾に補遺として編集委員が補った。

二、より一般的な仏教入門的な文献や日本仏教の通史的なものについては収めなかった。それらについては、末木文美士『日本仏教史』（新潮社、一九九二。文庫版、一九九六）、松尾剛次『仏教入門』（岩波ジュニア新書、一九九九）などの参考文献を参照されたい。

古代

上川通夫

石上英一「古代東アジア地域と日本」（『日本の社会史』一〈岩波書店〉所収、一九八七）
石母田正「古代史概説」（『岩波講座　日本歴史』一〈岩波書店〉所収、一九六二。『石母田正著作集』一二〈岩波書店、一九九〇〉に再録）
『日本の古代国家』（岩波書店、一九七一。『石母田正著作集』三〈岩波書店、一九八九〉に再録）
「国家と行基と人民」（同『日本古代国家論　第一部』〈岩波書店〉所収、一九七三。『石母田正著作集』三〈岩波書店、一九八九〉に再録）
井上光貞『日本古代国家の研究』（岩波書店、一九六五）
『日本古代の国家と仏教』（岩波書店、一九七一）
『日本古代思想史の研究』（岩波書店、一九八二）
河音能平「「国風文化」の歴史的位置」（『講座日本史』二〈東京大学出版会〉所収、一九七〇。『中世封建制成立史論』〈東京大学出版会、一九七一〉に再録）
北山茂夫『飛鳥朝』（文英堂、一九六八）
黒田俊雄「中世における顕密体制の展開」（黒田『日本中世の国家と宗教』〈岩波書店〉所収、一九七五。『黒田俊雄著作集』二〈法藏館、一九九四〉に再録）
「仏教革新運動の歴史的性格――とくに宗教の近代化をめぐって――」（黒田『日本中世の社会と宗教』〈岩波書店〉所収、一九九〇。『黒田俊雄著作集』二〈法藏館、一九九四〉に再録）
正倉院文書研究会『正倉院文書研究』一―（吉川弘文館、一九九三―　）
関　晃「律令国家の政治理念」（『日本思想史講座』一〈雄山閣出版〉所収、一九七七。『関晃著作集』四〈吉川弘文館、一九九七〉に再録）
高取正男『神道の成立』（平凡社、一九七九）
田島　公「日本、中国・朝鮮対外交流史年表―大宝元年〜文治元年―」（奈良県立橿原考古学研究所附属博物館編『貿易陶磁―奈良・平安の中国陶磁―』〈臨川書店〉所収、一九九三）
津田左右吉『文学に現はれたる我が国民思想の研究』（東京洛陽堂、一九一六。『津田左右吉全集』別巻第二〈岩波書店、一九六六〉に再録、一九七七年に岩波文庫として刊行）
東野治之「「日出処」と「日本」」（『水茎』一〇所収、一九九一。「日出処・日本・ワークワーク」と改題して東野『遣唐使と正倉院』〈岩波書店、一九九二〉に再録）
中村　史『日本霊異記と唱導』（三弥井書店、一九九五）
西嶋定生『中国古代国家と東アジア世界』（東京大学出版会、一九八三）
『日本歴史の国際環境』（東京大学出版会、一九八五）
福岡猛志「律令国家と行基」（『歴史学研究』五〇〇所収、一九八二）
山尾幸久「古代国家と文字言語」（『歴史評論』五五五所収、一九九六）
山下有美『正倉院文書と写経所の研究』（吉川弘文館、一九九九）

九）
「五月一日経「創出」の史的意義」（『正倉院文書研究』6所収、一九九九）
吉川真司「天皇家と藤原氏」（『岩波講座　日本通史』五〈岩波書店〉所収、一九九五）
吉田一彦『日本古代社会と仏教』（吉川弘文館、一九九五）
「多度神宮寺と神仏習合―中国の神仏習合思想の受容をめぐって―」（梅村喬編『古代王権と交流4　伊勢湾と古代の東海』〈名著出版〉所収、一九九六）
吉田　孝『律令国家と古代の社会』（岩波書店、一九八三）

中世

松尾剛次

網野善彦『増補　無縁・公界・楽』（平凡社、一九八七）
家永三郎『中世仏教思想史研究』（法藏館、一九四七）
石母田正『中世的世界の形成』（東京大学出版会、一九五七）
井上光貞『日本古代の国家と仏教』（岩波書店、一九七一）
『新訂　日本浄土教成立史の研究』（山川出版社、一九七五）
稲葉伸道『中世寺院の権力構造』（岩波書店、一九九七）
今堀太逸『神祇信仰の展開と仏教』（吉川弘文館、一九九〇）
追塩千尋『中世の南都仏教』（吉川弘文館、一九九五）
大隅和雄・西口順子編『シリーズ　女性と仏教』全四巻（平凡社、一九八九）
笠原一男編『日本宗教史研究入門』（評論社、一九七一）
笠原一男『女人往生思想の系譜』（吉川弘文館、一九七五）
黒田俊雄『日本中世の国家と宗教』（岩波書店、一九七五、『黒田俊雄著作集』二〈法藏館、一九九四〉に収録）
『日本中世の社会と宗教』（岩波書店、一九七五、『黒田俊雄著作集』三〈法藏館、一九九五〉に収録）
佐々木馨『中世国家の宗教構造』（吉川弘文館、一九八八）
佐藤弘夫『日本中世の国家と仏教』（吉川弘文館、一九八七）
末木文美士『日本仏教思想史論考』（大蔵出版、一九九三）
平　雅行『日本中世の社会と仏教』（塙書房、一九九二）
田村芳朗『鎌倉新仏教思想の研究』（平楽寺書店、一九六五）
辻善之助『日本仏教史　上世編、中世編一〜五』（岩波書店、一九四四、四七、四九、五一）
永村真『中世東大寺の組織と経営』（塙書房、一九八九）
西口順子編『仏と女』（吉川弘文館、一九九七）
橋本初子『中世東寺と弘法大師信仰』（思文閣出版、一九九〇）
細川涼一『中世の律宗寺院と民衆』（吉川弘文館、一九八七）
松尾剛次『鎌倉新仏教の成立―入門儀礼と祖師神話』（吉川弘文館、一九八八。一九九八年に新版刊行）
『勧進と破戒の中世史』（吉川弘文館、一九九五）
『鎌倉新仏教の誕生』（講談社、一九九五）
『日本名僧論集』全十巻（吉川弘文館、一九八二―一九八三）
『日本仏教宗史論集』全十巻（吉川弘文館、一九八四―一九八五）

近世

朴澤直秀

朝尾直弘「「将軍権力」の創出」（『歴史評論』二四一・二六六・

二九三所収、一九七〇・一九七二・一九七四、朝尾直弘『将軍権力の創出』〈岩波書店、一九九四〉に再録）
伊東多三郎『近世史の研究』一（吉川弘文館、一九八一）
大桑　斉『寺檀の思想』（教育社、一九七九）
『日本近世の思想と仏教』（法藏館、一九八九）
柏原祐泉・藤井学編『近世仏教の思想』（『日本思想大系』五七〈岩波書店、一九七三〉）
北村行遠『近世開帳の研究』（名著出版、一九八九）
児玉　識『近世真宗の展開過程』（吉川弘文館、一九七六）
埼玉県立文書館編『埼玉県寺院聖教文書遺品調査報告書』II 解説・史料編（埼玉県教育委員会、一九八四）
清水紘一『キリシタン禁制史』（教育社、一九八一）
杣田善雄「近世前期の寺院行政」（『日本史研究』二二三所収、一九八一）
高埜利彦『近世日本の国家権力と宗教』（東京大学出版会、一九八九）
竹田聴洲『竹田聴洲著作集』全九巻（国書刊行会、一九九三―一九九七）
圭室諦成監修『日本仏教史III　近世・近代編』（法藏館、一九六七）
圭室文雄『江戸幕府の宗教統制』（評論社、一九七一）
『日本仏教史　近世』（吉川弘文館、一九八七）
辻善之助『日本仏教史　近世編之一―四』（岩波書店、一九五二―一九五五）
豊田　武『宗教制度史』（『豊田武著作集』五、吉川弘文館、一九八二）
中村元・笠原一男・金岡秀友監修・編集『アジア仏教史　日本編VII　江戸仏教』（佼成出版社、一九七二）
奈倉哲三「近世の信仰と一揆」（『講座　一揆』四〈東京大学出版会〉所収、一九八一）
『真宗信仰の思想史的研究』（校倉書房、一九九〇）
「近世人と宗教」（『岩波講座　日本通史』近世二〈岩波書店〉所収、一九九四）
尾藤正英「日本における国民的宗教の成立」（『東方学』七五所収、一九八八、尾藤『江戸時代とは何か』〈岩波書店、一九九三〉に再録）
『幕末民衆文化異聞』（吉川弘文館、一九九九）
深谷克己「幕藩制国家と天皇」（北島正元編『幕藩制国家成立過程の研究』〈吉川弘文館〉所収、一九七八、「寛永期の朝幕関係」と改題のうえ、深谷『近世の国家・社会と天皇』〈校倉書房、一九九一〉に再録）
藤井　学「江戸幕府の宗教統制」（『岩波講座　日本歴史』（旧）近世三〈岩波書店〉所収、一九六三）
「近世初期の政治思想と国家意識」（『岩波講座　日本歴史』近世二〈岩波書店〉所収、一九七五）
三浦俊明『近世寺社名目金の史的研究』（吉川弘文館、一九八三）
森岡清美『真宗教団と「家」制度』（創文社、一九六二、増補版刊行、一九七八）
安丸良夫『神々の明治維新』（岩波書店、一九七九）
吉井敏幸「近世初期一山寺院の寺僧集団」（『日本史研究』二六六所収、一九八四）

『歴史公論』一一一　近世の仏教（雄山閣出版、一九八五）

近現代

孝本貢

赤澤史朗『近代日本の思想動員と宗教統制』（校倉書房、一九八五）
赤松俊秀・笠原一男編『真宗史概説』（平楽寺書店、一九六三）
『明治の仏教』（評論社、一九七六）
池田英俊『明治の新仏教運動』（吉川弘文館、一九七六）
『論集　日本仏教史　明治時代』（雄山閣、一九八七）
『明治仏教教会・結社史の研究』（刀水書房、一九九四）
池田英俊編『図説　日本仏教の歴史　近代』（佼成出版社、一九九六）
池田英俊・大濱徹也・圭室文雄編『日本人の宗教の歩み』（大学教育社、一九八一）
井上順孝・阪本是丸編『日本型政教関係の誕生』（第一書房、一九八七）
大濱徹也・圭室文雄・宮田登・根本誠二編『日本宗教史文献目録I』（岩田書院、一九九五）
笠原一男博士還暦記念会編『日本宗教史論集　下巻』（吉川弘文館、一九七六）
柏原祐泉『日本近世近代仏教史の研究』（平楽寺書店、一九六九）
『近代大谷派の教団』（東本願寺出版部、一九八六）
『日本仏教史　近代』（吉川弘文館、一九九〇）
岸本英夫編『明治文化史　宗教編』（洋々社、一九五四）
孝本貢編『論集　日本仏教史9　大正・昭和時代』（雄山閣、一九八八）
蔡錦堂『日本帝国主義下台湾の宗教政策』（同成社、一九九四）
坂本是丸『国家神道形成過程の研究』（岩波書店、一九九四）
桜井匡『明治宗教史研究』（春秋社、一九七一）
佐々木宏幹編『大系：仏教と日本人　一二　現代と仏教』（春秋社、一九九一）
信楽峻麿編『近代真宗教団史研究』（法藏館、一九八七）
『近代真宗思想史研究』（法藏館、一九八八）
柴田道賢『廃仏毀釈』（公論社、一九七八）
真宗教学研究所編『近代大谷派年表』（東本願寺、一九七七）
曹洞宗宗務庁編『宗教集団の明日への課題』（曹洞宗宗務庁、一九八四）
圭室諦成監修『日本仏教史III　近世・近代編』（法藏館、一九六七）
圭室諦成『明治維新　廃仏毀釈』（白揚社、一九三九）
圭室文雄『神仏分離』（教育社歴史新書、一九七七）
田丸徳善・村岡空・宮田登編『日本人の宗教III　近代との邂逅』（佼成出版社、一九七三）
『日本人の宗教IV　近代日本宗教史資料』（佼成出版社、一九七三）
田村芳朗・宮崎英修編『講座日蓮4　日本近代と日蓮主義』（春秋社、一九七二）
中央大学人文科学研究所編『近代日本形成と宗教問題』（一九九二）

辻善之助『明治仏教史の問題』（立文書院、一九四九）
徳重浅吉『維新政治宗教史研究』（目黒書店、一九三四）
戸頃重基『近代社会と日蓮主義』（評論社、一九七二）
『近代日本の宗教とナショナリズム』（冨山房、一九六六）
中村元・笠原一男・金岡秀友監修・編集『アジア仏教史　日本編Ⅷ　近代仏教』（佼成出版社、一九七二）
『アジア仏教史・日本編Ⅸ　現代仏教』（佼成出版社、一九七六）
新田　均『近代政教関係の基礎的研究』（大明堂、一九九七）
日本宗教史研究会編『日本宗教史研究』一―五巻（一巻・組織と伝道　二巻・布教者と民衆との対話　三巻・諸宗教との交渉　四巻・救済とその論理　五巻・共同体と宗教）（法藏館、一九六七―一九七四）
羽賀祥二『明治維新と宗教』（筑摩書房、一九九四）
福嶋寛隆編『神社問題と真宗』（永田文昌堂、一九七七）
藤井正雄『現代人の信仰構造』（評論社、一九七四）
藤田定興『寺社組織の統制と展開』（名著出版、一九九二）
二葉憲香編『国家と仏教　近世・近代編』（永田文昌堂、一九八〇）
『続　国家と宗教　近世・近代編』（永田文昌堂、一九八一）
文化庁編『明治以降宗教制度百年史』（原書房、一九八三）
法藏館編集部編『講座　近代仏教』全六巻（一九六一―一九六三）
法藏館編『近代の宗教運動』（一九八六）
宮地正人『天皇制の政治史的研究』（校倉書房、一九八一）
峰島旭雄編『近代日本の思想と仏教』（東京書籍、一九八二）
村上重良編『大系：仏教と日本人　一〇　民衆と社会』（春秋社、一九八八）
村上専精・辻善之助・鷲尾順敬編『明治維新　神仏分離史料』（東方書院、一九二六―一九二九）（圭室文雄編『新編明治維新神仏分離史料』名著出版、一九八四、復刻）
望月歓厚編『近代日本の法華仏教』（平楽寺書店、一九六八）
森岡清美『真宗教団と「家」制度』（創文社、一九六二）（一九七八、補訂版）
『現代社会の民衆と宗教』（評論社、一九七五）
森岡清美編『近現代における「家」の変質と宗教』（新地書房、一九八六）
『家の変貌と先祖の祭』（日本基督教団出版局、一九八四）
文部省宗教局編『宗教制度調査資料』全九巻（原書房、一九七七―一九七八）
安丸良夫『神々の明治維新』（岩波新書、一九七九）
安丸良夫編『大系：仏教と日本人　一一　近代化と伝統』（春秋社、一九八六）
安丸良夫・宮地正人校注『日本近代思想大系5　宗教と国家』（岩波書店、一九八八）
山崎宏・笠原一男監修『仏教史年表』（法藏館、一九七九）
『日本近代仏教社会史研究』（吉川弘文館、一九六四）
吉田久一『日本の近代社会と仏教』（評論社、一九七〇）
『近現代仏教の歴史』（筑摩書房、一九九八）

『別冊 あそか』二号「近代宗教一〇〇年の証言」（日本仏教協会、一九六八）
『歴史公論』九六「特集 明治仏教の世界」（雄山閣出版、一九八三）
日本宗教史研究年報編集委員会編『日本宗教史研究年報』1号—7号（佼成出版社、一九七八—一九八六）
日本仏教研究会編『日本の仏教』4号「近世・近代と仏教」（法藏館、一九九五）
日本近代仏教史研究会『日本近代仏教史研究』1号—3号（一九九四—一九九六）

南都

蓑輪顕量

石井公成『華厳思想の研究』（春秋社、一九九六）
石田茂作『写経より見たる奈良朝仏教の研究』（東洋文庫、一九三〇。原書房より復刊、一九八二）
石田瑞麿『鑑真―その戒律思想』（大蔵出版、一九七四）
上田晃円『日本上代における唯識の研究』（永田文昌堂、一九八五）
鎌田茂雄他校注『鎌倉旧仏教』（『日本思想大系』一五、岩波書店、一九七一）
北畠典生編著『日本中世の唯識思想』（永田文昌堂、一九九七）
島地大等『日本仏教教学史』（明治書院、一九三三）
『教理と史論』（明治書院、一九三一。中山書房より復刊、一九七八。）
末木文美士『日本仏教思想史論考』（大蔵出版、一九九三）
鶴岡静夫編『古代寺院と仏教』（名著出版、一九八九）
永村 真『中世東大寺の組織と経営』（塙書房、一九八九）
根本誠二編『論集奈良仏教 三 奈良時代の僧侶と社会』（雄山閣出版、一九九四）
花山信勝『法華義疏の研究』（山喜房仏書林、一九七八）
速水侑編『論集奈良仏教 一 奈良仏教の展開』（雄山閣出版、一九九四）
平井俊英『三論教学の研究』（春秋社、一九九〇）
平岡定海・山崎慶輝編『日本仏教宗史論集 二 南都六宗』（吉川弘文館、一九八五）
平岡定海『東大寺宗性上人之研究並史料』三冊（日本学術振興会、一九五八〜一九六〇。臨川書店より復刊、一九八八）
深浦正文『唯識学研究』上・下（永田文昌堂、一九五四）
富貴原章信『日本唯識思想史』（大雅堂、一九四四）
『日本中世唯識仏教史』（大東出版社、一九七五）
普賢晃寿『日本浄土教思想史研究』（永田文昌堂、一九七二）
細川涼一『中世の律宗寺院と民衆』（吉川弘文館、一九八七）
松尾剛次『勧進と破戒の中世史』（吉川弘文館、一九九四）
蓑輪顕量『中世初期南都戒律復興の研究』（法藏館、一九九九）
南都仏教研究会『南都仏教』（東大寺図書館）一号〜現在。
『理想』六〇六「特集 華厳の思想」（理想社、一九八三）

天台

大久保良峻

浅井円道『上古日本天台本門思想史』（平楽寺書店、一九七三）

安藤俊雄・薗田香融校注『最澄』(『日本思想大系』四、岩波書店、一九七四)
石田瑞麿『日本仏教における戒律の研究』(在家仏教協会、一九六三。中山書房より復刊、一九七六。その後、石田『日本仏教思想研究』一〈法藏館〉に収載)
大久保良峻『天台教学と本覚思想』(法藏館、一九九八)
古宇田亮宣編『和訳天台宗論義二百題』(隆文館、一九六六)
佐藤哲英『叡山浄土教の研究』(百華苑、一九七九)
塩入亮忠『伝教大師』(日本評論社、一九三七。名著出版より復刊、一九八三)
色井秀譲『戒潅頂の入門的研究』(東方出版、一九八九)
島地大等『天台教学史』(明治書院、一九二九。中山書房より復刊、一九七八。また隆文館より普及版が発行されている)
『教理と史論』(明治書院、一九三一。中山書房より復刊、一九七八)
清水谷恭順『天台密教の成立に関する研究』(文一出版、一九七二)
末木文美士『平安初期仏教思想の研究—安然の思想形成を中心として』(春秋社、一九九五)
菅原信海『山王神道の研究』(春秋社、一九九二)
薗田香融『平安仏教の研究』(法藏館、一九八一)
多賀宗隼『慈円の研究』(吉川弘文館、一九八〇)
多田厚隆・大久保良順・田村芳朗・浅井円道校注『天台本覚論』(『日本思想大系』九、岩波書店、一九七三)
田村晃祐編『最澄辞典』(東京堂出版、一九七九)
田村晃祐『徳一論叢』(国書刊行会、一九八六)
『最澄教学の研究』(春秋社、一九九二)
田村芳朗『本覚思想論』(春秋社、一九九〇)
硲　慈弘『日本仏教の開展とその基調』(三省堂、一九四八。名著普及会より復刊、一九八八)
速水　侑『平安貴族社会と仏教』(吉川弘文館、一九七五)
福井康順『日本天台の諸研究』(法藏館、一九九〇)
福田堯穎『天台学概論』(文一出版、一九五四。中山書房より復刊、一九九〇)
三﨑良周『台密の研究』(創文社、一九八八)

真言

武内孝善

大山公淳『神仏交渉史』(高野山大学、一九四四。のち臨川書店から復刻、一九七五)
小田慈舟『十巻章講説』(高野山出版社、一九八四—一九八五)
勝又俊教『密教の日本的展開』(春秋社、一九七〇)
『弘法大師の思想とその源流』(山喜房佛書林、一九八一)
加藤精一『密教の仏身観』(春秋社、一九八九)
金岡秀友『密教の哲学』(平楽寺書店、一九六九。講談社学術文庫に収録、一九八九)
金山穆韶『真言密教の教学』(高野山大学出版部、一九四四。臨川書店から復刻、一九七三)
『弘法大師の信仰観』(高野山大学出版部、一九四四)
佐藤隆賢『空海教学の研究—空海の真言観とその展開』(山喜

房佛書林、一九九五）
静　慈圓『空海密教の源流と展開』（大蔵出版、一九九四）
高神覚昇『密教概論』（甲子書房、一九三〇。大法輪閣より改訂新版、一九八九）
高木訷元『空海思想の書誌的研究』（『高木訷元著作集』四、法藏館、一九九〇）
『空海―生涯とその周辺』（吉川弘文館、一九九七）
竹内信夫『空海入門―弘仁のモダニスト』（筑摩書房、一九九七）
栂尾祥雲『密教思想と生活』（高野山大学出版部、一九三九。臨川書店より復刻、一九八二）
那須政隆『弘法大師空海の研究』（『那須政隆著作集』法藏館、一九九七）
『現代語の十巻章と解説』（高野山出版社、一九七五）
羽毛田義人『空海密教』（阿部龍一訳、春秋社、一九九六）
長谷宝秀『十巻章玄談』（六大新報社、一九四六）
福田亮成『空海思想の探究』（大蔵出版、二〇〇〇）
松長有慶『密教の相承者―その行動と思想』（評論社、一九七三。『密教』と改題し中公文庫に収録、一九八九）
『空海思想の特質』（『松長有慶著作集』三。法藏館、一九九八）
宮坂宥勝『人間の種々相―秘蔵宝鑰〈空海〉』（筑摩書房、一九六七。『密教世界の構造―空海『秘蔵宝鑰』』と改題し復刻、一九八二）
村上保壽『空海と智の構造』（東方出版、一九九六）
森田龍僊『真言密教の本質』（藤井佐兵衛、一九二七。臨川書店より復刻、一九八三）
『弘法大師の入定観』（藤井佐兵衛、一九二九。臨川書店より復刻、一九七三）
守山聖真『文化史上より見たる弘法大師伝』（国書刊行会より復刻、一九七三）
吉田宏晳『空海思想の形成』（春秋社、一九九三）
渡辺照宏・宮坂宥勝『沙門空海』（筑摩書房、一九六七。ちくま学芸文庫、一九九三）

禅　船岡誠

家永三郎「道元の宗教の歴史的性格」（『中世仏教思想史研究』〈法藏館〉所収、一九四七）
石井修道『道元禅の成立史的研究』（大蔵出版、一九九一）
石山力山「日本禅宗の成立について」（『日本の仏教2　アジアの中の日本仏教』〈法藏館〉所収、一九九五）
今枝愛真『禅宗の歴史』（〈日本歴史新書　増補版〉至文堂、一九八六）
『中世禅宗史の研究』（東京大学出版会、一九七〇）
『道元―坐禅ひとすじの沙門』（〈NHKブックス〉日本放送協会、一九七六）
上田純一「大徳寺・堺・遣明船貿易をめぐる諸問題」（『講座蓮如』四〈平凡社〉所収、一九九七）
荻須純道『日本中世禅宗史』（木耳社、一九六五）
『禅宗史入門』（〈サーラ叢書〉平楽寺書店、一九七七）

鏡島元隆「日本禅宗史—曹洞宗—」（『講座　禅』四〈筑摩書房〉所収、一九六七）
鏡島元隆・鈴木格禅編『十二巻本「正法眼蔵」の諸問題』（大蔵出版、一九九一）
菅原昭英「山中修行の伝統からみた道元の救済観について」（『日本宗教史研究』四〈法藏館〉所収、一九七四）
鈴木大拙「日本における三つの思想類型」（『禅思想史研究』一〈岩波書店〉所収、一九四三）
『日本的霊性』（〈岩波文庫〉岩波書店、一九七二）
竹内道雄『曹洞宗教団史』（〈昭和仏教全集〉教育新潮社、一九七一）
『日本の禅』（春秋社、一九七六）
『道元』（〈人物叢書・新稿版〉吉川弘文館、一九九二、旧版は一九六二）
竹貫元勝『日本禅宗史』（大蔵出版、一九八九）
『日本禅宗史研究』（雄山閣出版、一九九三）
玉村竹二『日本禅宗史論集』全三巻（思文閣出版、一九七六—一九八一）
辻善之助『日本仏教史　中世編・近世編』（岩波書店、一九四七—一九五五）
袴谷憲昭『本覚思想批判』（大蔵出版、一九八九）
原田正俊『日本中世の禅宗と社会』（吉川弘文館、一九九八）
藤岡大拙「禅宗の日本展開」（『仏教史学』七—二所収、一九五八・一〇）
船岡　誠『日本禅宗の成立』（〈中世史研究選書〉吉川弘文館、一九八七）
古田紹欽「日本禅宗史—臨済宗—」（『講座　禅』四〈筑摩書房〉所収、一九六七）
松本史朗『縁起と空—如来蔵思想批判』（大蔵出版、一九八九）
柳田聖山「日本禅の特色」（『禅学研究』五七、一九六九・二）

浄土　　市川浩史

赤松俊秀『鎌倉仏教の研究』（平楽寺書店、一九五七）
『続鎌倉仏教の研究』（平楽寺書店、一九六六）
『親鸞』（〈人物叢書〉吉川弘文館、一九六一）
家永三郎『中世仏教思想史研究』（法藏館、一九四七）
『日本思想史学の方法』（名著刊行会、一九九三）
市川浩史『親鸞の思想構造序説』（吉川弘文館、一九八七）
『日本中世の光と影—「内なる三国」の思想—』（ぺりかん社、一九九九）
井上光貞『新訂　日本浄土教成立史の研究』（山川出版社、一九七五。『井上光貞著作集』七〈岩波書店、一九八五〉に再録）
『日本古代の国家と仏教』（岩波書店、一九七一。『井上光貞著作集』八〈岩波書店、一九八六〉に再録）
伊藤唯真・玉山成元編『法然』（『日本名僧論集』六、吉川弘文館、一九八二）
『法然上人と浄土宗』（『日本仏教宗史論集』五、吉川弘文館、一九八五）
大隅和雄『中世思想史の構造』（名著刊行会、一九八四）
「鎌倉仏教とその革新運動」（『岩波講座　日本歴史』

五・中世一〈岩波書店〉所収、一九七五）
「鎌倉仏教と民衆」（溝口雄三他編『アジアから考える』七〈東大出版会〉所収、一九九四）
大隅和雄・西口順子編『シリーズ　女性と仏教』全四巻（平凡社、一九八九）
笠原一男『親鸞と東国農民』（山川出版社、一九五七）
『女人往生思想の系譜』（吉川弘文館、一九七五）
川崎庸之「いわゆる鎌倉時代の宗教改革について」（『歴史評論』一五、一九四八。『川崎庸之歴史著作選集』二〈東大出版会、一九八二〉に再録）
「鎌倉仏教」（『岩波講座　日本歴史』中世一、一九六二。『川崎庸之歴史著作選集』二〈東大出版会、一九八六〉に再録）
黒田俊雄『日本中世の国家と宗教』（岩波書店、一九七五）
『歴史学の再生―中世史を組み直す』（校倉書房、一九八三）
『王法と仏法―中世史の構図』（法藏館、一九八三）
『日本中世の社会と宗教』（岩波書店、一九九〇）
『寺社勢力―もう一つの中世社会―』（〈岩波新書〉岩波書店、一九八〇）
（以上はすべて『黒田俊雄著作集』全八巻〈法藏館、一九九四―一九九五〉に再録）
重松明久『日本浄土教成立過程の研究』（平楽寺書店、一九六四）
平　雅行『日本中世の社会と仏教』（塙書房、一九九二）
高木　豊『鎌倉仏教史研究』（岩波書店、一九八二）
田村圓澄『法然』（〈人物叢書〉吉川弘文館、一九五九）
『法然上人伝の研究』（法藏館、一九五六。『田村圓澄日本仏教史』別巻〈法藏館、一九八三〉として再録）
「専修念仏の受容過程」（『歴史学研究』一五四、一九五一。『田村圓澄日本仏教史』一〈法藏館、一九八三〉に再録）
『田村圓澄日本仏教史』三、五（法藏館、一九八三）
千葉乗隆・細川行信編『親鸞』（『日本名僧論集』七、吉川弘文館、一九八三）
千葉乗隆・幡谷明編『親鸞聖人と真宗』（『日本仏教宗史論集』六、吉川弘文館、一九八五）
服部之総『親鸞ノート』（国土社、一九四八、『服部之総全集』一三〈福村出版、一九七三〉に再録）
『続親鸞ノート』（福村出版、一九五〇、『服部之総全集』一三〈福村出版、一九七三〉に再録）
古田武彦『親鸞』（清水書院、一九七〇）
『親鸞思想―その史料批判』（冨山房、一九七五。明石書店より再刊、一九九六）
松野純孝『親鸞―その生涯と思想の展開過程』（三省堂、一九五九）
『親鸞―その行動と思想―』（評論社、一九七一）
『現代思想』六　Vol.7-7「特集・歎異抄、親鸞の世界」（青土社、一九七九）
『現代思想』六　臨時増刊「総特集・親鸞」（青土社、一九八五）
『仏教』別冊一「親鸞」（法藏館、一九八八）

日蓮系　佐々木馨

浅井円道『日蓮聖人教学の探求』（山喜房佛書林、一九九七）
庵谷行亨『日蓮聖人教学研究』（山喜房佛書林、一九八四）
糸久宝賢『京都日蓮教団門流史の研究』（平楽寺書店、一九九〇）
川添昭二『日蓮—その思想・行動と蒙古襲来—』（清水書院、一九七一）
　　『日蓮とその時代』（山喜房佛書林、一九九九）
北川前肇『日蓮教学研究』（平楽寺書店、一九八七）
佐々木馨『日蓮と「立正安国論」』（評論社、一九七九）
　　『日蓮の思想構造』（吉川弘文館、一九九九）
　　『中世国家の宗教構造』（吉川弘文館、一九八八）
　　『中世仏教と鎌倉幕府』（吉川弘文館、一九九七）
末木文美士『日蓮入門』（筑摩書房、二〇〇〇）
鈴木一成『日蓮聖人遺文の文献学的研究』（山喜房佛書林、一九六五）
茂田井教亨『観心本尊抄研究序説』（山喜房佛書林、一九六四）
関戸堯海『日蓮聖人教学の基礎的研究』（山喜房佛書林、一九九二）
高木　豊『日蓮—その行動と思想—』（評論社、一九七〇）
　　『日蓮とその門弟』（弘文堂、一九六五）
高木・冠編『日蓮とその教団』（吉川弘文館、一九九九）
高木・小松編『鎌倉仏教の様相』（吉川弘文館、一九九九）
寺尾英智『日蓮聖人真蹟の形態と伝来』（雄山閣、一九九七）
戸頃重基『日蓮の思想と鎌倉仏教』（冨山房、一九六五）
中尾　堯『中山法華経寺史料』（吉川弘文館、一九六八）
　　『日蓮宗の成立と展開』（吉川弘文館、一九七三）
　　『日蓮信仰の系譜と儀礼』（吉川弘文館、一九九九）
中條暁秀『日蓮宗上代教学の研究』（平楽寺書店、一九九六）
原　慎定『日蓮教学における「罪」の研究』（平楽寺書店、一九九九）
宮崎英修『禁制不受不施派の研究』（平楽寺書店、一九五九）
望月歓厚『日蓮教学の研究』（平楽寺書店、一九五八）
立正大学日蓮教学研究所編『昭和定本日蓮聖人遺文』（身延山久遠寺、一九五二—一九五九）
　　『日蓮教団全史』上（平楽寺書店、一九六四）
渡邊宝陽『日蓮宗信行論の研究』（平楽寺書店、一九七六）

神仏習合　伊藤聡

阿部直義『法華神道論』（一仏浄土教団、一九三六）
伊藤正義『金春禅竹の研究』（赤尾照文堂、一九七〇）
今堀太逸『神祇信仰の展開と仏教』（吉川弘文館、一九九〇）
岩田　勝『神楽源流考』（名著出版、一九八三）
久保田収『神道史の研究』（皇學館大学出版部、一九七三）
黒田俊雄『日本中世の国家と宗教』（岩波書店、一九七五）
桜井徳太郎『神仏交渉史研究』（吉川弘文館、一九六八）
桜井好朗『中世日本文化の形成』（東京大学出版会、一九八一）
　　『祭儀と註釈—中世における古代神話』（吉川弘文館、一九九三）
佐藤弘夫『神・仏・王権の中世』（法藏館、一九九八）

柴田　實『日本庶民信仰史　神道篇』（法藏館、一九八四）
下出積與『日本古代の神祇と道教』（吉川弘文館、一九七二）
菅原信海『山王神道の研究』（春秋社、一九九二）
菅原信海編『神仏習合思想の展開』（汲古書院、一九九六）
鈴木泰山『禅宗の地方発展』（吉川弘文館、一九八三）
曽根正人編『論集奈良仏教　第四巻　神々と奈良仏教』（雄山閣出版、一九九五）
高木　豊『鎌倉仏教史研究』（岩波書店、一九八二）
高橋美由紀『伊勢神道の成立と展開』（大明堂、一九九四）
田村芳朗『本覚思想論』（春秋社、一九九〇）
辻善之助『日本仏教史　第一巻上世篇』（岩波書店、一九四四）
萩原龍夫編『伊勢信仰Ⅰ』（雄山閣出版、一九八五）
堀　一郎『我が国民間信仰史の研究』（創元社、一九五三）
三﨑良周『密教と神祇思想』（創文社、一九九二）
三輪正胤『歌学秘伝の研究』（風間書房、一九九四）
宮地直一『神道史』Ⅰ～Ⅳ（蒼洋社、一九八四）
山折哲雄『神と翁の民俗学』（講談社、一九九一）
山本ひろ子『変成譜―中世神仏習合の世界』（春秋社、一九九三）
『異神―中世日本の秘教的世界』（平凡社、一九九八）
『岩波講座東洋思想』第一六巻「日本思想2」（岩波書店、一九八九）
日本仏教学会編『仏教と神祇』（平楽寺書店、一九八七）

仏教民俗

林淳

伊藤唯真『仏教と民俗宗教』（国書刊行会、一九八四）
大森恵子『念仏芸能と御霊信仰』（名著出版、一九九二）
蒲池勢至『真宗と民俗信仰』（吉川弘文館、一九九三）
五来　重『宗教民俗集成』全八巻（角川書店、一九九五）
『高野聖』（角川書店、一九六五。増補版、一九七五）
『仏教と民俗』（角川書店、一九七六）
『続仏教と民俗』（角川書店、一九七九）
櫻井徳太郎『神仏交渉史の研究』（吉川弘文館、一九六八）
佐々木孝正『仏教民俗史の研究』（名著出版、一九八七）
柴田　実『中世庶民信仰の研究』（角川書店、一九六六）
真野俊和『日本遊行宗教論』（吉川弘文館、一九九一）
高取正男『民間信仰史の研究』（法藏館、一九八二）
竹田聴洲『民俗仏教と祖先信仰』（東京大学出版会、一九七一）
西海賢二『近世遊行聖の研究』（三一書房、一九八四）
堀　一郎『我が国民間信仰史の研究（二）宗教史編』（創元社、一九五三）
宮家　準『宗教民俗学』（東京大学出版会、一九八九）
宮田　登『日本人の宗教』（岩波書店、一九九九）
山路興造『翁の座』（平凡社、一九〇〇）
『葬送墓制研究集成』全五巻（名著出版、一九七九）
『講座日本の民俗宗教　第二巻　仏教民俗学』（弘文堂、一九八〇）
『歴史公論―特集日本の民俗と仏教』五二（雄山閣出版社、一九八〇）

『仏教民俗学大系』全八巻（名著出版、一九八六―一九九三）

仏教文学

吉原浩人

赤井達郎『絵解きの系譜』（教育社、一九八九）
石橋義秀他編『仏教文学とその周辺』（和泉書院、一九九八）
今成元昭編『仏教文学の構想』（新典社、一九九六）
今野達・佐竹昭広・上田閑照編『岩波講座　日本文学と仏教』全十巻（岩波書店、一九九三―一九九五）
伊藤博之・今成元昭・山田昭全編『仏教文学講座』全九巻（勉誠社、一九九四―一九九六）
井上光貞・上山春平監修『大系：仏教と日本人』全十二巻（春秋社、一九八五―一九九一）
大隅和雄・西口順子編『シリーズ　女性と仏教』全四巻（平凡社、一九八九）
黒田　彰『中世説話の文学史的環境　続』（和泉書院、一九九五）
黒部通善『日本仏伝文学の研究』（和泉書院、一九八九）
桜井徳太郎・藤井正雄他編『仏教民俗学大系』全八巻（名著出版、一九八六―一九九三）
林　雅彦『穢土を厭ひて浄土へ参らむ―仏教文学論―』（名著出版、一九九五）
林雅彦編『絵解き万華鏡　聖と俗のイマジネーション』（三一書房、一九九三）
林雅彦・渡邊昭五・徳田和雄編『絵解き―資料と研究―』（三弥井書店、一九八九）
廣田哲通『中世法華経注釈書の研究』（笠間書院、一九九三）
福田晃・廣田哲通編『唱導文学研究』一（三弥井書店、一九九六）
本田義憲・池上洵一・小峰和明・森正人・阿部泰郎編『説話の講座』全六巻（勉誠社、一九九一―一九九三）
牧野和夫『中世の説話と学問』（和泉書院、一九九一）
山崎　誠『中世学問史の基底と展開』（和泉書院、一九九三）
渡辺貞麿『仏教文学の周縁』（和泉書院、一九九四）
説話と説話文学の会編『説話論集』五「仏教と説話」（清文堂、一九九六）
『国文学　解釈と鑑賞』五五―八「地獄・極楽の文芸」（至文堂、一九九〇・八）
五五―一二「近現代作家と仏教文学」（一九九〇・一二）
五六―五「古典文学にみる女性と仏教」（一九九一・五）
五七―一二「物語・日記文学にみる信仰」（一九九二・一二）
五八―三「霊場信仰と文芸」（一九九三・三）
六一―八「風狂の僧・一休―その実像と虚像」（一九九六・八）
六一―一二「『法華経』と平安朝文芸」（一九九六・一二）
六二―三「『法華経』と中世文芸」（一九九七・三）
六三―一〇「親鸞と蓮如―史実と伝承の世界」（一九九八・一〇）

『国文学　解釈と教材の研究』三三―一二「親鸞と道元」（學燈社、一九八八・一二）
三七―七「仏教―死と生と夢と」（一九九二・六）
四一―八「仏教―知と言葉と」（一九九六・七）
季刊『文学』八―四「中世仏教の文化圏」（岩波書店、一九九七・一〇）

仏教美術

齋藤理恵子

安藤更生「白鳳時代は存在しない」（『芸術新潮』、一九五八・八）
太田博太郎『南都七大寺の歴史と年表』（岩波書店、一九七九）
大西修也『日本の古寺美術3法隆寺III』（保育社、一九八七）
大橋一章『寧樂美術の争点』（グラフ社、一九八四）
『論争奈良美術』（平凡社、一九九四）
「川原寺の造仏と白鳳彫刻の上限について」（『仏教芸術』一二八、一九八〇）
「勅願寺と国家官寺の造営組織」（『仏教芸術』二二二、一九九五）
久野　健「白鳳彫刻論」（『仏教芸術』二二三、一九九五）
『白鳳の美術』（六興出版、一九七八）
小林　剛『日本彫刻史研究』（養徳社、一九四七）
「白鳳彫刻史論」（『考古学雑誌』三〇―八、一九四〇）
関野　貞『日本の建築と芸術』上巻（岩波書店、一九四〇）
『朝鮮の建築と芸術』（岩波書店、一九四一）
田村圓澄・黄壽永編『百済文化と飛鳥文化』（吉川弘文館、一九七八）
西川新次『文化財講座　日本の美術5』（第一法規、一九七八）
平子鐸嶺「司馬鞍首止利仏師」（『史学雑誌』一八―六、一九〇七）
町田甲一「上代彫刻史における様式時期区分の問題」（『仏教芸術』三八・三九、一九五九）
『上代彫刻史の研究』（吉川弘文館、一九七七）
松原三郎「飛鳥白鳳仏源流考」（『国華』九三一・九三二、一九七一）
松原三郎・田辺三郎助『小金銅仏』（東京美術、一九七九）
水野敬三郎『日本彫刻史研究』（中央公論美術出版、一九九六）
水野清一「飛鳥白鳳仏の系譜」（『仏教芸術』四、一九四九）
源　豊宗「飛鳥時代の彫刻」（『仏教美術』一三、一九二九）
毛利　久『日本仏教彫刻史の研究』（法藏館、一九七〇）
「飛鳥大仏の周辺」（『仏教芸術』六七、一九六八）
吉村　怜『中国仏教図像の研究』（東方書店、一九八三）
「日本早期仏教像における梁・百済様式の影響」（『仏教芸術』二〇一、一九九二）
「止利式仏像と南朝様式の関係―岡田健氏の批判に答えて―」（『仏教芸術』二一九、一九九五）

仏教建築

山岸常人

浅野　清『法隆寺建築綜観』（便利堂、一九五三。補訂して『昭和修理を通して見た法隆寺建築の研究』〈中央公論

美術出版、一九八三〉として再刊）
『奈良時代建築の研究』（中央公論美術出版、一九六九）
伊藤延男『中世和様建築の研究』（彰国社、一九六一）
井上充夫『日本建築の空間』（鹿島出版会、一九六九）
上野勝久「文覚の造営事績と神護寺の鎌倉初期再建堂塔」（『日本建築学会計画系論文報告集』三九五所収、一九八九）
大岡　實『南都七大寺の研究』（中央公論美術出版、一九六六）
『日本建築の意匠と技法』（中央公論美術出版、一九七一）
大河直躬『番匠』（法政大学出版局、一九七一）
太田博太郎『南都七大寺の歴史と年表』（岩波書店、一九七九）
『日本建築の特質』（『日本建築史論集』Ⅰ、岩波書店、一九八三）
『社寺建築の研究』（『日本建築史論集』Ⅲ、岩波書店、一九八六。これには『中世の建築』彰国社、一九五七、「新和様の成立」を含む）
川上　貢『禅院の建築』（河原書店、一九六八）
黒田龍二『中世寺社信仰の場』（思文閣出版、一九九九）
櫻井敏雄『浄土真宗寺院の建築史的研究』（法政大学出版会、一九九七）
清水　擴『平安時代仏教建築史の研究』（中央公論美術出版、一九九二）
杉山信三『院家建築の研究』（吉川弘文館、一九八一）
鈴木嘉吉「南都の新和様建築」（『大和の古寺』三〈岩波書店〉所収、一九八一）
関口欣也「鎌倉五山と京五山―中世の大禅院とその伽藍―」（『名宝日本の美術』一三〈小学館、一九八三〉所収）
冨島義幸「五大堂の形態変化と五壇法の成立」（『建築史学』三三、一九九九）
永井規男「十三世紀後半における南都興律とその建築活動―新和様の成立に関する試論」（『仏教芸術』六八所収、一九六八）
「丹後国分寺建武再建金堂の成立背景」（『橿原考古学研究所論集　創立三十五周年記念』〈吉川弘文館〉所収、一九七五）
福山敏男『日本建築史の研究』（桑名文星堂、一九四三。綜芸舎より復刻、一九八〇。）
『日本建築史研究』（墨水書房、一九六八、改訂版、一九七二）
『寺院建築の研究』上・中・下（中央公論美術出版、一九八二・八三）
藤井恵介『密教建築空間論』（中央公論美術出版、一九九八）
宮本長二郎「飛鳥・奈良時代寺院の主要堂宇」（『日本古寺美術全集』二〈集英社〉所収、一九七九）
山岸常人『中世寺院社会と仏堂』（塙書房、一九九〇）
「仏堂納置文書考」（『国立歴史民俗博物館研究報告』四五所収、一九九二）
山岸常人他編著『建物の見方・しらべ方　江戸時代の寺院と神社』（ぎょうせい、一九九四）
山岸常人他著『朝日百科　日本の国宝　別冊　国宝と歴史の旅2

仏堂の空間と儀式』（朝日新聞社、一九九九）
奈良国立文化財研究所『近世社寺建築の研究』一―三（奈良国立文化財研究所、一九八八―一九九〇）
『奈良六大寺大観』（岩波書店、一九六八―一九七三。補訂版、一九九九―）
『大和古寺大観』（岩波書店、一九七六―一九七八）
『日本建築史基礎資料集成』（中央公論美術出版、一九七一―一九七八）
他に『建築史学』『建築学会論文報告集』『日本建築学会計画系論文報告集』を参照されたい。

補遺

日本仏教研究会

今井雅晴『親鸞と東国門徒』（吉川弘文館、一九九九）
今谷明・高埜利彦編『中近世の宗教と国家』（岩田書院、一九九八）
伊藤正敏『日本の中世寺院』（吉川弘文館、二〇〇〇）
大隅和雄編『中世の仏教と社会』（吉川弘文館、二〇〇〇）
大隅和雄・中尾堯編『日本仏教史　中世』（吉川弘文館、一九九八）
何　燕生『道元と中国禅思想』（法藏館、二〇〇〇）
神田千里『一向一揆と戦国社会』（吉川弘文館、一九九八）
佐藤弘夫『アマテラスの変貌—中世神仏交渉史の視座—』（法藏館、二〇〇〇）
女性と仏教東海・関東ネットワーク編『仏教とジェンダー』（朱鷺書房、一九九九）
末木文美士『鎌倉仏教形成論』（法藏館、一九九八）
曽根正人『古代仏教界と王朝社会』（吉川弘文館、二〇〇〇）
高木豊・小松邦彦編『鎌倉仏教の様相』（吉川弘文館、一九九九）
高埜利彦編『民間に生きる宗教者』（吉川弘文館、二〇〇〇）
中尾　堯『日蓮信仰の系譜と儀礼』（吉川弘文館、一九九九）
速水侑編『院政期の仏教』（吉川弘文館、一九九八）
松尾剛次『中世の都市と非人』（法藏館、一九九八）
松本史朗『道元思想論』（大蔵出版、二〇〇〇）
三橋　正『平安時代の信仰と宗教儀礼』（続群書類従完成会、二〇〇〇）
古田紹欽他監修『現代日本と仏教』四巻（平凡社、二〇〇〇）
P・スワンソン、林淳編『異文化から見た日本宗教の世界』（法藏館、二〇〇〇）

著者紹介（五十音順）

*は本書編集委員

安達俊英（あだち としひで）
一九五七年生れ。佛教大学文学部専任講師。

市川浩史（いちかわ ひろし）
一九五六年生れ。群馬県立女子大学文学部助教授。

伊藤聡（いとう さとし）
一九六一年生れ。早稲田大学文学部非常勤講師。

大久保良峻（おおくぼ りょうしゅん）*
一九五四年生れ。早稲田大学文学部教授。

上川通夫（かみかわ みちお）
一九六〇年生れ。愛知県立大学文学部助教授。

菊地大樹（きくち ひろき）
一九六八年生れ。東京大学史料編纂所古文書古記録部助手。

孝本貢（こうもと みつぎ）
一九四二年生れ。明治大学商学部教授。

齋藤理恵子（さいとう りえこ）
一九五七年生れ。早稲田大学文学部非常勤講師。

佐々木馨（ささき かおる）
一九四六年生れ。北海道教育大学教育学部教授。

佐藤弘夫（さとう ひろお）*
一九五三年生れ。東北大学大学院文学研究科助教授。

末木文美士（すえき ふみひこ）*
一九四九年生れ。東京大学大学院人文社会系研究科教授。

武内孝善（たけうち こうぜん）
一九四九年生れ。高野山大学文学部教授。

林淳（はやし まこと）*
一九五三年生れ。愛知学院大学文学部教授。

船岡誠（ふなおか まこと）
一九四六年生れ。北海学園大学人文学部教授。

朴澤直秀（ほうざわ なおひで）
一九七一年生れ。日本学術振興会特別研究員。

松尾剛次（まつお けんじ）*
一九五四年生れ。山形大学人文学部教授。

松下みどり（まつした みどり）
一九五八年生れ。相模女子大学非常勤講師。

蓑輪顕量（みのわ けんりょう）
一九六〇年生れ。愛知学院大学文学部助教授。

山岸常人（やまぎし つねと）
一九五二年生れ。京都大学大学院工学研究科助教授。

弓山達也（ゆみやま たつや）
一九六三年生れ。大正大学文学部講師。

吉原浩人（よしはら ひろと）
一九五五年生れ。早稲田大学第一・第二文学部教授。

吉村均（よしむら ひとし）
一九六一年生れ。㈶東方研究会研究員。

＊読者の皆さまへ――

日本文化のあらゆる面に大きな影響を与えてきた日本仏教の研究は、従来、宗派ごと学問領域ごとに分かれ、相互の交流を欠いてきました。

日本仏教研究会は、このような現状を打破し日本仏教研究の新たな発展を期することを目的とし、宗派・学問領域を超えて、日本仏教およびその周辺分野の研究者が、たがいに情報を交換し、討論することをそのおもな活動としています。

本シリーズ『日本の仏教』も、同じ問題意識から、すでに第Ⅰ期（全六冊）を刊行し好評を得たのにつづき、いま新たに第Ⅱ期（全三巻）を刊行し、世に問うものです。

読者諸賢のご意見、ご批判をお待ちしております。

日本仏教の研究法
―歴史と展望―
『日本の仏教』第II期・第2巻

2000年11月20日　初版第1刷発行

編　集　日本仏教研究会
発行者　西村七兵衛
発行所　株式会社　法藏館
京都市下京区正面通烏丸東入
郵便番号 600-8153
電 話 075-343-5656
FAX 075-371-0458
東 京 03-3666-6098
振 替 01070-3-2743

印刷　亜細亜印刷株式会社　製本　常川製本

ISBN 4-8318-0288-3 C1015　Printed in Japan

◆シリーズ『日本の仏教』第II期・全三巻

第1巻 仏教と出会った日本

＊目次＊

◆序論

〈日本的なるもの〉を見定めるために・末木文美士

仏教の日本的展開と諸思想・大久保良峻

◆思想がぶつかりあうとき

ヒンドゥー教と日本の宗教文化・上村勝彦／日本の神々と仏教・岡田莊司／中世神道と仏教・白山芳太郎／中世日本の禅僧と儒教・M・コルカット

◆「日本の思想」の開化

キリシタンと仏教・宮崎賢太郎／国学の展開と仏教・菅野覚明／陰陽道と仏教・林淳　ほか

◆近代の衝撃

近代キリスト教と仏教・加藤智見／近代と仏教・佐藤弘夫／仏教伝統と新宗教・対馬路人　ほか

◆「日本の思想」のゆくえ

日本の仏教と科学・養老孟司　ほか

第3巻 日本仏教の文献ガイド

（二〇〇一年六月刊行予定）

＊目次＊

I　思想

教行信証・山崎龍明／教時問答・大久保良峻／御文章・草野顕之／三教指帰・米田正弘／正法眼蔵・石井修道／立正安国論・佐藤弘夫　ほか

II　歴史

吾妻鏡・松尾剛次／愚管抄・佐々木馨／元亨釈書・市川浩史／唐大和上東征伝・蓑輪顕量　ほか

III　文学

源氏物語・佐藤勢紀子／今昔物語集・千本英史／釈迦の本地・小峯和明／徒然草・渡辺匡一／とはずがたり・阿部泰郎／日本霊異記・八重樫直比古　ほか

IV　関連諸学

一遍聖絵・松下みどり／往生要集・小原仁／花伝書・松岡心平／北野天神絵巻・米井輝圭／出定後語・末木文美士／簠簋内伝・林淳　ほか